地域主義の制度論的研究

成蹊大学アジア太平洋研究センター叢書

地域主義の制度論的研究

廣部和也 編

不磨書房

はしがき

　本書は，成蹊大学アジア太平洋研究センターの研究プロジェクトとして，2002年度から2004年度の3年間実施された，「アジア太平洋地域における地域主義の可能性――組織的・制度的分析」の成果である。プロジェクトを運営する基本的な考え方は，普遍的な制度と地域的な制度の関係がどうあるべきかを念頭に置きながら，一方において，個々の地域的国際組織を検討すること，他方において，国際連合やWTOのような普遍的・世界的国際組織において地域主義がどのように扱われているかを検討することであった。その上で，更に，それらの検討を前提に，アジア太平洋地域における地域的国際組織とはどのようなものが可能かを考察することが出来れば良いと考えていた。しかしながら，やや過大な構想であり，残念ながら，後者に至ることは出来ず，ほぼ前者の部分で終わっている。したがって，本書の題名も『地域主義の制度論的研究』とした。本プロジェクトにおいて地域主義の用語で対象としているのは，主に国際協力の分野の問題である。個々の地域的制度の紹介・分析・検討は，数多く見られるが，多くは安全保障の問題に関する分野であり，国際協力に関しては，幾つかの特定の地域的国際組織に集中している。また，地域的国際組織を横断的に捉えて，その制度を一般論的な観点から検討しようとするものは殆どみられない。しかも，そのような分析・検討に対処する理論的枠組や方法論が提示されているとは思われない。我々の検討も，そのような認識を前提に，個々の地域的国際組織を取り上げることから始まった。特に，地域的国際組織のモデルとして，その最も進化した組織体と思われるヨーロッパ共同体を検討することから始めたのである。その後，ASEANを中心に扱った。それぞれ，その制度や活動を取り上げることが試みられた。尤も，本書で扱っている対象は，研究会で検討したことの全てを取り上げているわけではない。例えば，ヨーロッパ共同体の個々の制度的な紹介や活動なども検討・分析をしたが，それらは文献としては数多く示されており，本書ではそれ自体を取り上げてはいない。本書では，多少なりとも一般論的性質を有する主題を取り上げたいと考えた。

　掲載されている論文を簡単に要約して述べれば次のようになるであろう。

　本書の構成は，全体として二つに分けてある。第Ⅰ部は，地域主義の展開，

第Ⅱ部は，国際社会の組織過程における地域主義である。

第Ⅰ部においては，地域的国際組織を個別的に取り上げると同時に，地域的国際組織としての何らかの特徴的な観点がないかを模索した。地域的国際組織を検討する場合，様々な方法が可能であるが，一方では，現在の状況の中で最も進化しているヨーロッパ共同体をモデルとし，他方において，現在アジアで実際に機能している地域的国際組織としてASEANを検討することとした。最初のジョゼフ・ワイラーによる「「憲法」という語句の力に関して──ヨーロッパ憲法の図像学──」は，ヨーロッパ共同体において最も今日的問題である憲法問題を検討したものである。ヨーロッパ憲法の制定は，地域的共同体の統合を更に進化させるような印象を持たれているが，否定的な観点から論旨が進められている。「憲法」の名を用いてはいるが，実態はあくまでも条約体制であり，通常の条約改正の手続きであれば，比較的容易に受け入れられるものが，憲法の語句が用いられることによって政治的意味合いを持つことになったという。ヨーロッパ共同体は，実質的な意味での憲法を既に有しているというのが著者の持論である。あえて憲法と「宣言」することで，無用の刺激を周囲に撒き散らす必要はないであろうとも指摘する。言うまでもなく，ヨーロッパ憲法は，従来の国内法秩序で言う憲法とは異なるものであるが，現在のヨーロッパ共同体にとって（そして可能であれば全世界にとって），より重要なのは，複合的・多元的価値観を基本とした統治構造の構築であり，これまでヨーロッパ共同体が実現してきた寛容の原則をより強く推し進めるべきことであると主張する。一つの国家にまとめ上げるためにヨーロッパ憲法が作成されていると考えることは間違いであるという。

第2章のイモーラ・シュトレーホによる「地域的国際組織における司法制度の構築」は，紛争解決機関としての裁判所が地域的国際組織においてどのように機能しているかに焦点を当てている。地域的国際組織の重要な機能である紛争解決を最終的に担保する司法制度を検討するものである。最も進化している制度としてヨーロッパ裁判所の司法制度を中心に議論が進められている。すべての地域的国際組織に司法制度が存在するわけではなく，むしろ，司法制度を備えている地域的国際組織は少ない。実情から見ても，すべての地域的国際組織に機能するような普遍的な紛争解決モデルは存在しない。しかし，若干ではあるが，地域的国際組織の司法制度と紛争解決制度が実効的となるために必要

な共通の特徴とルールは存在しており，一連の「核となる」ルールを提示することが出来る。このような観点から，そのような「核となる」ルールとして，次の3つの点が検討されている。(1)強制的紛争解決制度は必要不可欠か否か。(2)構成，機能及び当事者適格の問題。(3)実効的手続及び執行メカニズムの必要性について。最後の点は，司法機関又は紛争解決機関が下した決定を尊重しない当事国に対する制裁の問題を検討するものである。これらのルールを，理論的視点のみならず，複数の地域的国際組織の経験に基づいた実践的視点からも分析・検討される。結論として主張されていることは，ヨーロッパ司法制度は中核的モデルとして捉えられるとしても，それをそのまま他の地域的国際組織に無条件に模倣することはすべきではなく，それぞれの地域で実効的に機能するように形を変えて持ち込むべきであるとしている。

第3章のチョ・ソンジュンによる「東アジアにおける多角主義的地域主義に向けて」においては，東アジアにおける地域主義貿易を，冷戦後にアメリカが多角的貿易制度に対する熱意を失ったこと，中国が台頭したこと，ガット24条の規制が実効性を持たなかったことに由来するものと分析し，今後，東アジアにおける地域主義は不可避だが，地域主義の欠点を回避できるように，複合的・多角的視点から制度化されるべきであるとする。著者が注目するのはAPECである。APECは，「開かれた地域主義」を提唱し，緩やかな制度を尊重し，競争と支配よりも調和を追及し，そして，WTOの補完物であり続け，それに取って代わろうとすることはないからである。東アジアにおける地域主義貿易の蓄積は十分なものではないが，APECのように，WTOや他の地域貿易協定との間で調和を求めつつ，地域貿易主義を展開すべきであり，そのため，APECの更なる活用が必要であるとの指摘がなされる。例えば，「開かれた地域主義」の下で，地域貿易協定に関する情報を共有できるようにするのである。APECは，自由貿易地域の活動を監視することもできよう。つまり，東アジアにおける地域貿易協定を既成事実として認識しながら，これらの協定が締結された後の運営段階を継続的に多角的監視の下に置くべきであるといい，新しい地域主義は，多角的貿易制度と両立し，閉鎖的ではなく，それと調和した方法で運用されるべきであるとする。

第4章の小沼史彦による「国際法形成の観点から見たASEAN——東南アジア非核兵器地帯条約を中心に——」においては，東南アジア非核兵器地帯条約

を素材として，それを生み出すにあたりASEANが如何に機能したかが検討・分析されている。2007年に加盟諸国によるASEAN憲章署名が行われ，国際法人格が与えられる方向性を明らかにしたASEANではあるが，地域の政治的文化的多様性という条件の下で，創設からつい最近に至るまで，制度化を目指さない独特の方法で発展を遂げてきた。そのため，国際法人格を持たないASEANは，国際法の研究対象として取り上げ難く，研究の蓄積も少なくならざるを得なかった。本章では，ASEANにおいて，非核兵器地帯条約の構想が如何に提唱され，それがどのような成立過程を経て条約に形成されたかを考察し，これらの検討・分析から，ASEANの独自性と国際法形成機能の意義を導き出している。この結果，ASEANの国際法主体性を明らかにしている。

第II部においては，「国際社会の組織過程における地域主義」として，広く紛争にどのように対処しているかを中心に，普遍的な制度の中で地域主義がどのように位置づけられているか，或いは，地域主義がどのように機能しているかを検討・分析している。第5章の廣部和也による「国際連合と地域主義――地域的国際組織との関係を中心に――」においては，国際連合において地域主義がどのように扱われているかを，地域的国際組織と国連の関係という観点から，特に，国連の側からどのように扱われているかを，その実践を通して考察している。国連憲章第8章に現われている扱いを基本に，平和構築に関する機能と国際協力に関する機能を，国際連合と地域的国際組織との協力関係を実践的な観点から検討する。国際連合の目的である国際の平和と安全及び国際協力が，平和構築とその要素である人権の保護という形で融合されている点を指摘する。

第6章の荒木教夫による「WTOにおける地域主義」においては，地域的貿易協定が世界的な体制の中でどのように位置づけられるべきかが検討される。GATT・WTOにおいて地域的貿易協定がどのように処理されているか，これまでのパネルおよび上級委員会報告やガット内部での議論の中で如何なる議論が展開されてきたかをGATT第24条との関連で分析・検討される。そして，第24条の改正にあたって考慮されるべき事項として，特に，経済的影響の計測，経済的効率性に優先する理由及び法規則の適用関係の3点について検討が試みられている。結論として，自由貿易体制の維持を基本とすべきだが，雇用流出など，自由貿易がもたらす不都合を抑制する装置としての地域貿易協定の締結は

不可避であることから，両者の調整が必要となること，そして，調整の際に前提となるべき自由貿易体制は「公正」なものでなければならない旨の指摘がなされる。

　第7章のキャレン・アルターによる「貿易協定の実施に有用な国際法メカニズムの構想」においては，紛争解決制度を有する貿易関連の法制度に焦点を当て，どのような時に，国際法制度は国際協定の遵守をよりよく促進するのかを検討する。紛争解決制度に関しいかなる形のものが国際的ルールの遵守の度合いを高めることになるのかを検討し，法の遵守を基礎とする限りにおいては裁判所が最も有用であるとし，法の遵守を達成するための国際裁判所にはどのような条件が必要かを分析・検討する。また，法制度のみでは処理できない外部要因の重要性を，ヨーロッパ裁判所とアンデス裁判所とを比較検討することによって明らかにする。そして，紛争解決制度のあり方は，法の遵守に大きな意味があるだけでなく，時として，政治過程にも影響を及ぼすことが指摘される。

　以上が本書の極めて簡単な紹介である。それぞれの詳しい内容は，それぞれの論考を検討して頂くしかない。地域的国際組織の研究は，数多くなされており，多くの成果が発表されているが，個々の国際組織を扱ったものが多い。本書に意味があるとすれば，多少なりとも地域的国際組織を横断的に或いは一般論的に考察することを意図していることであろう。特に，紛争解決制度については，そのような観点が明確に意識されている。それがどの程度の成果を上げているかは，読者の批判を待つしかない。われわれとしても，これを出発点として更に研究を進めたいものである。

2008年3月

廣部和也

目　次

はしがき

第Ⅰ部　地域主義の展開

1　「憲法」という語句の力に関して
　　——ヨーロッパの憲法の図像学——
　　　　　　　　　　　　　　　……………〔ジョゼフ・ワイラー〕（荒木教夫 訳）… 3
　　1　はじめに………………………………………………………………… 3
　　2　憲法装った条約——過程——………………………………………… 4
　　3　採択過程における憲法という語句の影響と反応 ………………… 8
　　4　汝らのいずれも，これら二人が神聖なる結婚により一緒になるべき
　　　　ではない原因または障害を知っているのであれば，汝らはそれを宣言
　　　　すべきである。これは初めて要請するものであり…（婚姻の予告 banns
　　　　of marriage）：国民投票の意味 …………………………………… 10
　　5　条約を装う憲法——実体——………………………………………… 15
　　6　「憲法条約」，ケルゼンとシュミット，「グローバル・ロー」現象
　　　　…………………………………………………………………………… 16
　　7　憲法的寛容の運命——憲法を持つことで寛容性を喪失するか——………19

2　地域的国際組織における司法制度の構築
　　　　　　　　　　　　……………〔イモーラ・シュトレーホ〕（荒木教夫 訳）… 31
　　1　序　論………………………………………………………………… 31
　　2　ヨーロッパ連合の司法制度——すべての地域的組織の中で——
　　　　最も進化した司法制度 ………………………………………………… 33
　　　　（1）ヨーロッパ裁判所の構成，管轄権および権能 (35)　（2）司法機
　　　　関相互間での対話——先決判決手続——(37)　（3）第一審裁判所および特
　　　　別裁判部 (40)　（4）小　括 (41)

目　次

　　3　地域的組織の司法制度および紛争解決の仕組み ……………………42
　　　　（1）　諸地域の司法制度の概要（42）
　　　　（2）　多国間モデルの検討——WTO——（52）　（3）　小　括（55）
　　4　ヨーロッパの司法制度——理念の実験室—— ………………………55
　　　　（1）　強制的紛争解決制度は必要不可欠か（56）　（2）　構成，機能および当事者適格の問題（56）　（3）　実効的手続および執行メカニズムの必要性（57）
　　5　結　　論 ………………………………………………………………58

3　東アジアにおける多角主義的地域主義に向けて
　　　　　　　………………………………〔チョ・ソンジュン〕(小沼史彦 訳)…61
　　1　はじめに ………………………………………………………………61
　　2　東アジアにおける地域主義貿易の歴史的背景 ……………………62
　　　　（1）　東アジアの奇跡と脆弱な地域主義貿易（62）　（2）　東アジアの地域主義貿易の原型——APEC 提唱以前——（64）
　　3　地域主義貿易における東アジアのパラダイム
　　　　——アジア太平洋経済協力会議（APEC）—— ……………………66
　　　　（1）　起源および制度的発展（66）　（2）　開かれた地域主義（68）
　　4　東アジアにおける新しい地域主義とその不満 ……………………71
　　　　（1）　現象の理解（71）　（2）　地域化した多角主義の多面的評価（74）
　　5　多角主義的地域主義に向けて ………………………………………81
　　　　（1）　均衡のとれたアプローチ（81）
　　　　（2）　多角化を促進するものとしての APEC（83）
　　6　結　　論 ………………………………………………………………84

4　国際法形成の観点から見た ASEAN
　　　　——東南アジア非核兵器地帯条約を中心に—— ……………〔小沼史彦〕…87
　　1　本章の目的 ……………………………………………………………87
　　2　東南アジア非核兵器地域条約（バンコク条約）の
　　　　成立とその後の展開 …………………………………………………90

（1）平和・自由・中立地帯（ZOPFAN）構想（*90*）（2）バンコク条約
　　　の成立過程（*92*）（3）バンコク条約成立後（*95*）
　3　バンコク条約に見るASEANの独自性および国際法形成機能 …………*96*
　　　（1）バンコク条約の概要（*96*）（2）ASEAN加盟国に対する意義（*98*）
　　　（3）国際社会における意義（*101*）
　4　結びにかえて ……………………………………………………………*104*

第Ⅱ部　国際社会の組織過程における地域主義

5　国際連合と地域主義
　　──地域的国際組織との関係を中心に──………………〔廣部和也〕…*109*
　1　はじめに …………………………………………………………………*109*
　2　国際連合憲章規定に見られる地域主義の意味 ………………………*111*
　3　国際連合と地域的国際組織との協力──平和と安全の維持── …*114*
　　　（1）協力関係の転換（*114*）（2）冷戦下における関係（*117*）
　　　（3）協力関係の展開（*126*）（4）協力関係の形態（*133*）
　4　国際連合と地域的国際組織の協力──国際協力── ………………*136*
　5　国際連合総会における決議 ……………………………………………*142*
　6　むすび …………………………………………………………………*147*

6　WTOにおける地域主義 ………………………………〔荒木教夫〕…*151*
　1　問題の所在 ………………………………………………………………*151*
　　　（1）地域的貿易協定が増大する理由（*151*）（2）地域的貿易協定の効
　　　果（*154*）（3）GATT/WTOにおける地域主義（*157*）
　2　GATT/WTOにおける地域的貿易協定の処理 ………………………*160*
　　　（1）地域的貿易協定の審査手続（*160*）
　　　（2）ガット24条の解釈および実行（*166*）
　3　24条の改正にあたって留意すべき問題 ………………………………*178*
　　　（1）経済的影響の計測（*179*）（2）経済的効率性に優先する理由
　　　（*181*）（3）法規制の適用関係について（*184*）

目　次

　4　結びにかえて …………………………………………………… *187*

7　貿易協定の実施に有用な国際法メカニズムの構想
　　　　　　　　　………………〔キャレン・アルター〕(荒木教夫 訳)… *189*
　1　序　論 ……………………………………………………………… *189*
　2　国際法上の制度は，国際的ルールの遵守の度合いを高めるか ……… *190*
　3　法令遵守の度合いを高める国際法上の制度 …………………… *195*
　　（1）　法制度の３つの機能的目的（*196*）（2）　構想の特徴1──第三者紛争解決機関を利用する権利に関するルール（アクセス・ルール）──（*198*）（3）　構想の特徴2──管轄権──（*202*）（4）　構想の特徴3──法的機関（legal body）の型──（*203*）（5）　構想の特徴4──制裁メカニズムの性質──（*206*）（6）　４つの変数の総合（*209*）
　4　法制度の構想では処理できない外在的要因の重要性──ヨーロッパ裁判所（ECJ）とアンデス裁判所（ACJ）の比較── ……… *209*
　　（1）　ヨーロッパ裁判所とアンデス裁判所の構想の類似性（*210*）
　　（2）　ヨーロッパ裁判所およびアンデス裁判所の利用実態（*211*）
　5　結論──国際法制度は国際政治に対して如何なる影響を与えるか── …… *219*

あ と が き ……………………………………………………………… *223*
索　　引（*225*）

第Ⅰ部　地域主義の展開

1 「憲法」という語句の力に関して
――ヨーロッパ憲法の図像学――

ジョゼフ・ワイラー

1 はじめに

　本章の主張の核心は単純である。ヨーロッパの新たな憲法を特徴づけているのは語句の問題であり，呼称の問題でしかないということである。ヨーロッパ憲法を制定する条約（以下，ヨーロッパ憲法条約という）に画期的ともいえる意義が与えられているのは，その内容ゆえではない。どう見てもありふれたものとしか思えない通常の改正条約に，憲法という名称が与えられたという事実ゆえである。

　憲法という語句の意味は，完全に統一されているわけではない。多義的であると同時に相反する意味合いを持つことの多いこの語句を的確にとらえるために，読者は複数のボール（論点）を同時に空中に維持しておかねばならないであろう。憲法という語句は，巨大な政治的影響力を（ボール1），憲法採択過程において（ボール2），そして，その後の憲法の存続過程において（ボール3）持ってきたし，これからも持ち続けるであろう。もちろん，憲法という語句の影響力が建設的なものとなるか後ろ向きなものとなるかは，観察者の価値基準次第である。しかし，彼らの価値基準がどのようなものであれ，語句の政治的影響は建設的である（ボール4）と同時に，後ろ向きである（ボール5）ことが示されるであろう。憲法という語句が与えるのは政治的影響に限られない。この語句は，ヨーロッパが選択する独特な憲法に内在する中核概念の意味（ボール6）を理解する手段ともなろう。

　いつもの私の習慣に従い，この種の論文では，叙述風の形式を維持したい。多様なボールの存在を通して示したカテゴリーを体系的に再構成するのは避けたい。しかし，読者は，少なくとも著者がヨーロッパ憲法を理解する鍵と考

ているこれらのカテゴリー（ボール）を心に留めておいてもいいだろう。

2　憲法を装った条約──過程──

　ヨーロッパ統合史を一瞥した場合，最近の憲法状況はどうなっているのだろうか。最近の状況は，以下のように解説されており，これが半ば公式のものといえそうである。

　「数十年にもわたって，（かつての呼称である）ヨーロッパ共同体，そして（後に成立した）ヨーロッパ連合は，条約に基礎を置く制度に基づいて運営されてきた。1950年代に考案されたこの制度は，前衛的な特徴を豊富に有していた。これらの前衛的特徴は，6カ国で構成されていた初期の「経済的」段階において，制度の運営に十分貢献した。しかし，連合が6カ国から9カ国に，さらに10カ国，12カ国，15カ国へと拡大するにつれ，当初の条約モデルは次第に老朽化していった。その後，1986年の単一欧州議定書，1992年のマーストリヒト条約などによって，改正作業は何度か行われた。共同体は，人口でいえば当初の2倍以上，構成国数でいうと当初のほぼ3倍となっており，冷戦後の国際社会において政治的野心を大きく成長させてきた。それにもかかわらず，共同体の運営機関は，依然として当初からの委員会―理事会―議会という構成を崩すことはなく，運営技術も，超国家的とはいえ，同一のままだったのである。さらに10カ国の加入によって拡大が見込まれているが，この拡大は，既存の運営制度を内部崩壊させるであろうと考えている人は多い。

　90年代には，二度にわたる政府間会議（IGCs）が相次いで開催された。そのとき利用された条約改正手続は，幾多の試練に耐えつつ使い古されてきたものであった。そのような中で，既存の制度を現状に適応させようと，拡大前の最後の試みが企てられた。アムステルダム条約の言葉遣いには切迫したものが見られるものの，それでも極めて遠慮がちだった。しかし，ニース条約が交渉されるころまでにはヒステリー状態といってよいほどになっていた。構成国を25カ国に拡大させる前に，ヨーロッパの制度的・憲法的構造を適切なものとする最後の機会は，まさにこのときだったといえよう。大方の意見によれば，ニース条約は失敗であった。制度の構造には，ほとんど手をつけないままだった。せいぜい閣僚理事会での構成国の加重投票数に少しばかりの調整が加えられた

1 「憲法」という語句の力に関して〔ジョゼフ・ワイラー〕

程度であった。しかも，この微調整は，政治的なスタンドプレイとして行われたにすぎない。25カ国の構成国と4億人以上の市民で構成される連合において，高い透明性を有し，かつ実効的で説得力を持つ決定過程を実現するよう機能的に考慮したものではなかった。

　ニース条約の失敗を受けて，異なったアプローチが要求された。もうこれ以上政府間会議は要らない，その代わり，幅広い分野の人々で構成され，より透明性の高い過程の中で決定を行う代表者会議（Convention）を開催しようというものであった。もはや条約は不要である，必要なのは憲法だということである。そして，今，われわれの前にあるのが，ヨーロッパ憲法条約である。細部の形式にこだわる法律家を除けば，皆これを憲法と呼び，署名捺印され，今や25カ国の連合構成国の批准を待っている。紛れもない『立憲化の瞬間』である」。

　とてつもなく無邪気な読者でさえ，これを読んで欠伸を抑えようとしていることだろう。そして，この文書を書いた人は，叩き潰されることを目的として説明しているに違いないと読者は推測していることであろう。学界にせよいずれの世界にせよ，子供時代の遊びが魅力を失うことはない。

　そこでまず，以下のような頭の体操をやってみよう。ヨーロッパ連合の25の構成国で批准されるために提示された新しい草案を想起して欲しい。一見したところ，草案中に「憲法」という語句は，まったく見当たらない。そこで，我々は何を見出すことになろうか。

　この草案は憲法らしく見えない。草案の英語版を見ると，全部で66,497語ある。種々の附属書と宣言を加えると154,183語にもなる。言うまでもなく，附属書も宣言も法的視点からいえば文書の不可欠の一部を構成する。比較のために言えば，米国憲法は5,800語である。国連憲章は8,890語である。公式の草案は2冊に印刷されており，2冊合わせた実際の重さは1キログラム弱もある。

　草案は憲法らしい書き方をしていない。典型的な憲法の前文は，威厳を持った形式で始まり，憲法の究極的な権威，すなわち人民に言及する。例えば，

　「我ら合衆国人民は，より完璧な統一を形成するために……」

　「フランス人民は，1789年の宣言によって明らかにされた人の権利および国家の主権の原則を尊重することを厳粛に宣言する……」

　「神および人間に対する責任を自覚し，その国民的および国家的統一を維持

し，並びに統一ヨーロッパの平等な一員として，世界平和に奉仕する気概を持って……ドイツ国民はその憲法制定権力に基づいてこの基本法を制定した……」

といった具合である。

現在，ヨーロッパの諸国民に提示されている草案の書き出しも，同じように意味深い。1951年にヨーロッパ石炭鉄鋼共同体を設立する最初の条約以来使われてきたのと全く同文なのである。すなわち，

「ベルギー国王は……」

で始まり，この後，国家元首の長いリストが続く。

「チェコ共和国大統領……全権代表としてギュイ・フェアホフシュタット首相，カレル・デ・グフト外相……を任命し，……彼らは全権委任状を交換し，それらが良好にして正当な形式であることを確認し，以下のように合意した……」

ある程度の知識のある読者であれば，上記の文書が条約の標準的書き出しであり，憲法ではないと考えても許されるであろう。文書の最後についても，同じように条約の形式であると考えても許されるであろう。草案中に以下の文章を目にするからである。

「本条約は，各締約国の憲法上の要件に従って批准されなければならない。批准書はイタリア政府に寄託されるものとする」。

そして，以下の文章が続く。

「以上の証として，全権代表は，本条約に署名した……」

このように，事物自体がすべてを物語っているのである（Res Ipsa Loquitur !）。

文書の内容，すなわち実体はどうなっているのか。草案は，基本権憲章を含めて，大体のところ，アムステルダム条約に挿入することが期待されていた内容であり，拡大へ秒読み状態となったニース条約でも確実に挿入が期待されていた内容である。例えば，連合の制度的構造および政策決定過程の修正は，道理にかなったものであり，およそ過激なものではない。連合の更なる民主化への承認も意義深いものであり，これも過激なものではない。他に見られるのは，基本権憲章（詳細は後述）が挿入されたことと言葉使いが適切に修正されたことである。興味深いことに，憲法条約の改正手続は改正されて，重層的な手続を規定している。すなわち，代表者会議（Convention）＋政府間会議の過程，

代表者会議を伴わない政府間会議の過程，ヨーロッパ理事会のみによる決定という手順である。しかし，憲法的見地から重要なのは，これら3つの過程のすべてが，これまでの考え方からすると，憲法改正に典型的に見られるような代物ではなく，むしろ条約改正に典型的なものだということである。これらすべての手続が必要としているのは，締約国政府間の全会一致であり，全構成国における国内手続による批准である。

したがって，この文書に「憲法」という語句がなかったら，我々が目にするのは拡大後のニース条約 bis という文書でしかないということになろう。

換言すれば，仮にニースでの政府間会議で，本憲法草案と実質的に同一の内容が提示されていたとしたら，その草案は，ヨーロッパ連合を設立する諸条約を，拡大に適切に適応させるものとして歓迎されたであろう。ニース条約の内容を解説するにあたり，誇張したほめ言葉を使用する者はいなかったであろう。ほとんどの構成国で，条約が公の注目を集めることはなかったであろうし，議論の対象にもならなかったであろう。現在連合で計画されているような数多くの国民投票を行う計画もまずもってなかったはずである。さらにまた，（多分，主流を構成していないヨーロッパの連邦主義者を除いて）憲法の必要性について討論が行われることもなかったであろう。代表者会議も，ヨーロッパのフィラデルフィアも，憲法談義も存在しなかったであろう。せいぜいのところ，憲法を装った古き良き条約が存在しただけであろう。

ここでさらにもう一つ別の表現を使って，「この空騒ぎはいったい何なのだ？」という論点を指摘しておきたい。実は以下のことが，数十年にもわたって共通の認識だったのではないか。すなわち，形式的には条約の体裁をとっていたものの，共同体およびその後身である連合の構造上の様式は，国際法関係の用語を使うよりも，憲法関係の用語を使った方が説明しやすい性質を持っていたということである。憲法学者にとってであれ国際法学者にとってであれ，ヨーロッパ法と構成国の国内法の関係にかかわる分野で重要な事項について，連合は，上記の見解からすれば，既に連邦国家と区別できないものとなっていたのである。すなわち，直接効果理論，およびその派生物たる優越性および黙示的権限理論は，連邦国家の連邦法と同じような位置づけをヨーロッパ連合法に確保しているのである。このような位置づけは，国際法が国家との関係で頭を悩ませている位置づけとは異なるのである。要するに，最近の代表者会議は

もちろんのこと，優越性原則規定を明確に規定した「憲法」草案のみならず，マーストリヒト条約やアムステルダム条約の締結時点よりはるか以前から，ヨーロッパ連合法は，すべての構成国国内において，最高の国内法 (supreme law of the land) だったのであり，個人が援用することが可能で，国内裁判所もそのようなものとして受け入れてきたのであった。さらにいえることは，理事会での決定は多数決により，かつ拘束力を持つことがますます一般化し，かつヨーロッパ議会が理事会との共同立法者としての地位をますます強化するようになり，かくして，決定に関する構造も制度的構造も次第に「憲法的」になっていたということである。このように理解すると，最近の「憲法化」という名の下に行われていることは，せいぜいのところ，「現状の」憲法秩序を法典化し，既存の複合的な取極めを，憲法的特徴を有した条約として形式化した程度のものでしかないのである。何故，こうも大騒ぎをするのだろうか。

3　採択過程における憲法という語句の影響と反応

　実をいえば，より適切な質問は，「何故，こんな空騒ぎが起こったのだろうか？」ということになろう。この質問に対しては，論争の余地のない解答が少なくとも一つ存在するように思われる。憲法をめぐるこの空騒ぎは，とにもかくにもヨーロッパ連合にとって必要であったのではないかという解答である。空騒ぎがなかったら，ヨーロッパ連合の拡大という現実を前にして，既存のヨーロッパ連合の設立基本諸条約を適応させることができなかったかもしれない。今回の憲法条約の内容が，ニース条約 *bis* でしかなかったとしても，ニース条約 *bis* は必要だったのである。というのは，ニース条約自体が何の魅力も提供できていなかったからである。魅力を提供する唯一の方法は，変化させるためのルールを変えることであった。もはや政府間会議 (IGC) では，「コンセンサス」によって憲法条約の本文を採択させることはできなかった。今回の採択をもたらしたのは，政府間会議とは別個に構成された代表者会議 (Convention) である。代表者会議は，複合型の政府間会議へと姿を変え，そうして，アムステルダムやニースのような伝統的な政府間会議では到達できなかったであろう条約文のコンセンサスによる採択を可能とした。もっとも，条文は慎ましいものでしかない。しかし，条文を支持する人々が説得力を持って

1 「憲法」という語句の力に関して〔ジョゼフ・ワイラー〕

主張するように，何もないよりははるかにましであろう。何故このような採択が可能となったのか。単に代表者会議の構成が適切であったとか，代表者会議で指導的立場にあった人々の能力が高かったためであるとか，あるいは決定のルールが異なっていたためといった理由のみによるのではなかった。これ以外に，憲法を起草せんとする使命感もまた大きな要因だった。この使命感こそが，何がしかの成果をもたらそうとする会議内部の原動力を説明するし，かつまた，自分達が歴史的に意義のある瞬間に遭遇しているのだという当事者の感覚を説明するのである。そして，こうした原動力と歴史感覚をもたらした，この使命感が，断固として草案を採択するべしという決意をもたらしたのである。憲法起草過程が，これまでの政府間会議でできなかったことを実現しつつあることが明らかになるや，そして，草案完成後では抜本的な修正が困難となるだろうことが明らかになるや，各国外相や政治的影響力の強い人々が会議に熱心に参加するようになった。彼らは，単にニース条約を改正しているのではなく，それをはるかに超えた (transcendent) 企てを実践しているのだと信じたし，少なくとも信じたふりをしなければならなかった。このように解釈してくると，代表者会議で成果があったというためには，憲法条約に憲法のふりをさせなければならなかった。ほとんどのことは，超越性 (transcendence) と「みせかけ」という言葉のみで説明できるのである。何はともあれ，憲法草案はこうした誇大広告とともに代表者会議で採択され，元首および政府首長に提示されたが，2003年12月に厳かに（またはあっさりと）承認を拒否された。しかし，2004年5月にヨーロッパ連合は拡大した。拡大という現実を前にして，2004年6月に開催されたサミットで，元首および政府首長は耐えることを強いられた。そして，代表者会議が作成したものに比べれば，制度に関して実質的に若干控え目になった一括法案が受諾されたのである。同時に，政府間サミットは，憲法的な意味合いを象徴的に反映する文章を排除するために，代表者会議が提出した条文の中に存在する極めて仰々しい憲法的な文面を条文から削除することに決定した。そして，憲法と考えられていた文書を，条約に通常付随する前口上である「ベルギー国王陛下……」で始まり，「署名した全権代表」で終わる文の間に嵌めこもうと決定したのである。

4 汝らのいずれも，これら二人が神聖なる結婚により一緒になるべきではない原因または障害を知っているのであれば，汝らはそれを宣言すべきである。これは初めて要請するものであり……（婚姻の予告 banns of marriage）：国民投票の意味

　憲法騒動は，必要不可欠な条文を規定するために欠くことのできない要素だったのかもしれない。しかし，条文内容に破滅をもたらす原因となる可能性もあろう。この騒ぎは私に何を想起させるかといえば，この堕落した時代に，何年も同棲して，子供を作り，そして今や家族も増えたところで公衆の面前において極めて伝統的な結婚式を挙げようなどと決意したカップルを想起させるのである。招待状をもらった人は，招待状をまじまじと見ながら思うであろう。この騒ぎはいったい何なのかと。宗教上の承認を得るために，婚姻の予告を掲げるのは賢明なことだろうか。既に生活を共にしてきたカップルが結婚の誓いを行うことは賢明なことだろうか。仮に誰かが進み出て，正当なものであるか否かに拘らず，結婚に対する異議や履行障害を申し立てたらどうするのだろうか。

　上述したように，現在構成国の批准を待っている文書の実質的内容を見たところで，現在進行中の憲法騒ぎを説明することはできない。それほど刺激的な内容ではないからである。多くの構成国が，文書を国民投票に付す旨の決定を行ったが，これは，代表者会議の原動力を説明するために前述したのと全く同一の「歴史的瞬間」を感じようとする意識（ヨーロッパ憲法を創設する意思）の帰結といってもよく，真に憲法上の必要性から招来したわけではない。他の構成国でも国民投票が行われるべきであるという要請が人々の間で増大しているのも同様に，ヨーロッパ憲法を創設する歴史的意義を共有すべきだという意思の帰結である。憲法条約の批准が政府の権限とされ，今日では政府が議会の多数派を支配しているのが一般的であるとき，当該政府の批准手続は順調に進むであろう。しかし，国民投票を実施する構成国数が増えるにつれ，拒否する構成国が出てくる可能性が大きくなるのは明らかであろう。しかも，敬意を表しつつ推定できることだが，拒否の理由は，新しい憲法に規定されている特定の

条文に関連したものではないだろう。また，実質的な内容全体にわたるものでさえないだろう。私の考えるところでは，拒否は国内政治に由来し，憲法条約自体とは関係のない問題に関わっているものと思われる。すなわち，国内の「反ヨーロッパ」的感情に関連するものである。極めて興味深いのは，拒否された場合，それは，新しいローマ条約の内容に対してではなく，ヨーロッパ憲法という理念そのものに対する否定的感情に基づいている可能性があることである。前述したように，けっして過激とはいえない内容がアムステルダムとニースの政府間会議で拒否されたにもかかわらず，代表者会議で全会一致による同意を獲得できたのは歴史的瞬間への参加という象徴性の力によるものであった。憲法をめぐる予想外の展開の中で，ヨーロッパ諸国民が憲法条約を最終的に拒絶するという現象を説明するのも，同じように「憲法」という象徴性の力であるといえるかもしれない。

　構成国の一部で憲法条約が拒絶されたシナリオを想定していただきたい。例えばマルタやエストニアが拒絶したからといって，憲法的構造がひっくり返ることはないだろう。

　法的ルールは極めて明快である。現行の諸条約は改正に際して全会一致が必要である。新しい条約も全構成国の批准を要する。現行条約の改正に必要とされる全会一致を回避するにはどうしたらよいか。これには種々の法的提案がなされた。憲法条約自身はどのような言い回しをしているのかというと，憲法条約は，形式的には現行条約を改正するものではなく，それを廃止している。

　「ヨーロッパ憲法を制定する本条約は，ヨーロッパ共同体設立条約，ヨーロッパ連合設立条約，並びに，これら二条約を補完または改正した行為 (acts) および諸条約に関する議定書に規定された条件の下で，当該諸条約を補完または改正した行為および諸条約を廃止するものとする。ただし，本条2項に従うものとする」(ヨーロッパ憲法条約IV 437(1))

　そして，新しい連合は，まさに新しい連合として概念化されている。

　「本条約によって設立されたヨーロッパ連合は，ヨーロッパ連合条約が設立したヨーロッパ連合およびヨーロッパ共同体を継承するものとする」ヨーロッパ憲法条約IV 438(1)

　かくして，素晴らしい新憲法秩序 (brave new constitutional order) への移行を阻止しようと断固反対する若干の構成国を前にして，我々が想像できる構図

は如何なるものか。それは，すべての「前向きの」構成国が，ぐずぐずしている構成国を後に残して，古い連合から脱退して新たな連合に加わるというものである。この推論には変型が多数存在する。しかし，法的視点から見れば，いずれも特に説得力があるというものではない。まず，この推論は，古い条約の下で一方的脱退が可能なのかどうかという問題を回避している。かつての条文は，一方的脱退を明確に規制する条項を有する新しい条約の条文とは対照的で不明確なのである。しかも，この推論は，新しい憲法条約の旧447条1項にある明示的な全会一致要件に反する主張でもある。また，現行諸条約にわずかな改正をほどこすには全会一致が要求され，改正が基本的な部分に関連するか，または基本的な部分に関わると容易に考えられるときには全会一致が免除されるような法理論をこの推論の根拠とすることも困難であろう。最後に，この推論は，新しい条約に対する憲法としての信頼性を弱めるであろう。というのは，この新しい条約は改正を全会一致によるべきことと規定する（443条3項）と同時に，下記のような有名な，そして不可解な抜け道を規定しているからである。

「本条約を改正する条約に署名してから2年経過した段階で，5分の4の構成国が批准し，1以上の構成国が批准手続に困難をきたしているときは，問題はヨーロッパ理事会に付託されるものとする」（ヨーロッパ憲法条約Ⅳ443条1項）。

新しい憲法は，改正について5分の1の構成国が批准できないときは，単にヨーロッパ理事会に照会することを規定するに過ぎないが，上記の構図によれば，新しい憲法が全会一致によることなく誕生し得ることを受諾するよう我々に要求するものとなろう。

全会一致を回避するための法的根拠づけは困難であろうから，それは表に出ることなく，法の引出しに身を潜め続けていることであろう。その代わり，法的ルールとほぼ同じくらい明確な政治的ルールが登場する。すなわち，すべての構成国は平等である，しかし，そうでない場合もあるということである。例えば，英国が拒絶しただけでは，結局のところは，英国が自らを排除することになるだけであろう。拒絶がフランスのみの場合であれば，憲法は再交渉されるであろう。英国，アイルランド，デンマークの拒絶は，憲法の妨げにはならないであろう。これに「古くからの忠実な構成国」が一国でも加われば，憲法は衰弱する。例えば，拒絶がポーランドのみの場合を考えてみよう。憲法は存

1 「憲法」という語句の力に関して〔ジョゼフ・ワイラー〕

続し続けるであろう。オランダの拒絶があれば，憲法は死滅するのである。この種の政治的駆け引きには，強烈な先例が存在する。アメリカ連合規約（1776年）の改正には全会一致を要した。しかし，13州のすべてが新たな合衆国憲法を直ちに批准したわけではなかった。それにも拘らず，連邦憲法は成立した。この事実は，連合のあり方から見れば恥ずべき違法でしかなかったが，憲法の誕生を妨げなかったことを示している。

上記の点に照らせば，誰もが以下のような結論を下したくなるであろう。すなわち，形式上は憲法を装ってはいるものの条約でしかなく，実質上は現状を法典化するものでしかない文書を「憲法的な」文書として語り続けることが原因で当該文書が拒絶されることにでもなれば，ヨーロッパは，大失敗をしでかすことになるであろう，と。というのは，この文書を拒絶すれば，憲法の失敗をもたらすだけではなく，憲法的な「現状」をも危殆に瀕せしめるからである。

しかし，私見によれば，この結論は，短絡的であろう。すべての構成国が国民投票の実施を決定し，急激に拒絶の危険性を増大させかねない状況を想像していただきたい。以下の三つのシナリオが想定できるのだが，実は，いずれの場合でも，憲法化したヨーロッパを望む人々にとって有利な状況となるのである。

シナリオ１：重要でない小さな構成国が拒絶する場合

この場合，外交と交渉により，表面的な譲歩をもたらす可能性が高い。そしてその後二度目の国民投票が行われてから批准が行われるであろう。拒絶が継続する場合はどうなるか。その場合でも，ヨーロッパは拒絶している構成国に対処する必要はないであろう。おそらくは，交渉によって，批准しない構成国に対して何らかの形式の特別な地位がもたらされるであろうが，他方で，その他の構成国は，立憲化事業を進めるであろう。全構成国による批准という「法律上の」形式は尊重されるであろうが，立憲化したヨーロッパでは何らかの形式による「事実上の」多数決という憲法慣行が存在するであろう。これがここでの明確なメッセージである。形式上は不可能なことが，実行を通じて実現されるであろう。

シナリオ２：拒絶する構成国の数が多く，かつ重要な構成国が含まれる場合

13

この場合，立憲化プロジェクトは挫折する。もっとも，現実に，この世が消滅するわけではない。要するに，2004年5月以降，そしてこれから当分の間，ヨーロッパは，内部分裂もさしたる問題もなくニース条約の下で機能し続けるであろう。行為者は，ルールが不十分だと認識すると責任を感じることもあるだろう。他の組織から眺めると，興味深い力が機能していると見えるだろう。象徴的に言えば，憲法条約の拒絶は，ヨーロッパの民主主義にとっては大きな勝利となろう。人民の意思によってエリートの企図が拒絶されるというのは，時として健全な経験となり得る。さらに，拒絶することで，ほとんど理解されていない以下のような民主主義的自制のひとつを訓練することにもなろう。その自制とは，特定多数決ルールが適用されるときのものである。このルールは，憲法改正に際して大体採用されているのだが，多数派は少数派を納得させる必要性があるということを受け入れなければならず，そして，有無を言わせずに少数派を踏みつけにしてはいけないということである。

シナリオ3：憲法条約が，すべての構成国の国民投票で承認を得る場合

この場合，この複雑な立憲化長編物語において，さらに二つの皮肉な変化 (vicissitude) がもたらされることになろう。上述したように，構成国は憲法条約を「ベルギー国王陛下」で始めて，「締約国およびその全権代表」という表現で締めくくる枠組の中に入れた。我々はこのような表現を，典型的な憲法用語，すなわち，「フランス人民」，「ドイツ国民」，「我ら合衆国国民」などに大きな価値を付与する用語と比較した。それでも，シナリオ3の下では，「国民」こそが，最後の勝者となるであろう。というのは，このヨーロッパ憲法条約が，すべての，または大半の構成国での国民投票によって憲法上の手続に従って承認されたということになれば，一種の民主的・憲法的正統性を持つことになり，かつ，その正統性は国際法的な枠組に見られる支配的傾向とは相容れないだろうからである。形式的には，ヨーロッパ憲法条約は，個々の構成国の国内手続に従って批准された条約に過ぎない。しかし，そもそもヨーロッパの国際条約で，半数以上の構成国の一般大衆による国民投票で承認された条約などというものが存在するであろうか。この事実が憲法裁判を含めてその後の憲法上の議論に与えるであろう影響を理解するのに，正真正銘の法現実主義者である必要はない。好むと好まざるとにかかわらず，このプロセスは立憲化過程を承認したものと

なるだろう。そして，ヨーロッパの諸国民は少なくとも何らかの意味で憲法制定権者として口を開いたことになるであろう。これが第一の皮肉な変化である。

　第二の皮肉な変化は，憲法としての眩さにほとんど値しない形式と内容を持つ文書（ヨーロッパ憲法条約）に，上述したような高貴な正統性と事実上の憲法としての地位が与えられるであろうことである。

5　条約を装う憲法——実体——

　これまで私が明らかにしてきたのは以下のことである。まず，公開の場においてある程度の討論と政治的な議論，そして，とりわけ国民投票をもたらしたのは何かというと，それは，文書の内容よりも「憲法」という単なる名称がもたらしたということである。こうした出来事は，これまでのヨーロッパ統合史上にはなかった過程である。

　同じことは，この文書が発効したときの，文書の生命についてもいえよう。伝統的な条約としての外観を持たせたとしても，人々がいたるところで憲法として言及していれば，結局のところ条約としての枠組に押し留めておくことはできないであろう。私の言いたいことは至極単純である。語彙が持っている相当程度の同化作用をもたらす暗示的な力についてである。言うまでもなく，「憲法」という言葉は，政治的意義を一つしか持たないわけではない。たとえば，英国政府がヨーロッパ憲法の企図を突然支持したことを政治的な理由から軽く考えようとしたとき，軽薄にもボウリングクラブを憲法にたとえたことがある。しかし，冗談ではない。ヨーロッパで議論が生じたときの状況では，「憲法」という語句は，構成国国内における立憲主義に由来する実体との関連性をしっかりと有しているのである。あらゆる階層の政治的アクターがヨーロッパ憲法について考えるか（もし考えるとすれば），もしくは議論するとき，またはヨーロッパ憲法に対して心理的に反応するとき，彼らが主として念頭において考えているのはボウリングクラブではない。自国の憲法である。実際に，英国内での憲法論議が極めて困難である理由の一つは，憲法について話すこと自体が多くの人々に脅威を感じさせているという事実にある。脅威を感じさせるのはなぜか。英国のような国家では，（形式的）憲法という考え方そのものに敵意を感じることが多いからである。

第Ⅰ部　地域主義の展開

　裁判所と判事，政治家，行政官，極めて重要となるメディア，そしてメディアを通じた一般社会といった諸々の法の解釈集団が，憲法というレンズを通してヨーロッパについて言及し，考察し，今後ヨーロッパと関わるのであれば（そして，そうなるのは確実であろうが），必然的に，憲法というレンズを通じた認識が，ヨーロッパ憲法の理解の実態を形成することになろう。私はこの実態が次にどのような形になるかを正確に予想することに興味はない。ヨーロッパ中の多様な政体において，憲法と立憲主義は様々な仕方で理解されている。ごちゃ混ぜのカクテルとでも言えよう。しかし，正確さは欠くが，次のように予測することはできる。このカクテルの中には，通常は国家の存在を前提として理解されている立憲主義がかもし出す多種多様な味わいが見出されるであろう。私は，上述した主張から，このことを示すことができる。ただ単に憲法と呼称するだけで，ヨーロッパの「立憲化」の意思を目の前にすることになり，例えばいずれかの構成国が批准を拒絶するようなとき，そのような非協力的態度に共感を示すことは困難となるであろう（憲法という語句の意義①非協力的態度を困難にする）。また，過去半世紀の間，構成国に時々爆発が生じているのだが，それはどのようなときか。それは十分確立した優越性の理論に構成国が直面したときであり，さらに，国内法，しかも，しばしば憲法的性質の国内法をヨーロッパ共同体法またはヨーロッパ連合法に従わせる必要があるという現実に直面したときである。この場合も先と同様に，設立基本条約を単に「憲法」と呼ぶことで，優越性や服従をめぐる論争に異なった色合いを与え，かつ条件づけることになろう（語句の意義②論争に新たな意義を付与）。

　さて，以下では語句の持つ政治的影響力の問題から，概念の意味に焦点を移してそれに集中したい。私はヨーロッパにおける最近の憲法状況を，二つの理論的問題（以下，6と7）に関連づけようと思う。

6　「憲法条約」，ケルゼンとシュミット，「グローバル・ロー」現象

　ここで私は，憲法ではなく，憲法条約という言葉を検討したい。概念的に言えば，最近のヨーロッパの憲法秩序（European constitutional arrangement）は，ヨーロッパの憲法論議を背景に理解されなければならないが，この論議は，何

16

年にもわたってケルゼンとシュミットという奇妙な組み合わせに支配されてきた。様々な意匠をこらしてヨーロッパの「根本規範」を表現し、それを明確にして理解しようとしてきたのはケルゼニアンであった。「根本規範」は、ヨーロッパの憲法的規律の権威が由来する淵源のことである。ケルゼニアンによるこの聖杯探しは、明確に認識されてきたかどうかはともかく、ヨーロッパの立憲主義を理論化する学術文献を大量に生み出すこととなった。しかも、この聖杯は、大体のところ、シュミット的な用語で理解されてきた。すなわち、聖杯探しは、権威の「究極的」淵源を求めるためであり、その権威は、極限状況すなわち、対立がある場合において重要となる。「究極的」淵源こそが「根本規範」の真の基準である。

　初期の「ヨーロッパ主義者」は、例えば、ヨーロッパ法と抵触する国内法に対するヨーロッパ法の優越性原則に典型的に表現される「根本規範」が、「中央」すなわちヨーロッパに移ったと主張するのを好んだ。この見解は、最近ではそれほど支持されてはいない。むしろ、究極的な権威は、法的にも事実においても、依然として構成国の憲法秩序にあると指摘する人々から異議を唱えられている。国内憲法秩序こそが、ヨーロッパ法の優越性を是認し、その優越性の要件を定め、そして一般的に優越性に制限を課すからである。

　後者の見解によれば、国家の「根本規範」がヨーロッパに移るのは、既存の国内憲法上の原則を抽出して、それらをヨーロッパの「憲法上の人民 (demos)」——この場合、ヨーロッパの諸国民が一つの国民 (one people) のように行動する——が採択した正式の憲法に規定するときのみであり、そのようなとき初めて事実上も法律上も憲法的権威がヨーロッパに移るということになろう。ヨーロッパの立憲主義に好意的な人も反感を持っている人も、大体においてこうしたケルゼン—シュミット的枠組のなかで議論を行っている。

　条約—憲法論争は、こうした枠組みを示す好例である。立憲主義というよりはむしろ国際主義（条約）の顕著な特徴としてここで典型的に示唆されるのは何であろうか。例えば改正手続は、多くの「立憲主義者」にとっては大変残念なことに、多数決という憲法的な方法に改正されなかった。依然として元のまま、全会一致によるのであり、従来の条約改正と同じ方法を踏襲したのである。最終的に構成国と政府が条文内容について支配的地位を有するということからすれば、それは憲法とはいえず条約でしかない。こうした考え方は、完全に典

型的なシュミットの例外主義的考え方である。

　こうしたとらえ方からすれば，ヨーロッパ憲法が「条約と憲法の両方の性質を有する」とか，「複合型」であるとか，これと同系統の表現をしたところで意味がない。何故ならば，シュミット的な構成概念によれば，こうした複合性は当然のことと考えられており，問題となっている複合的な憲法現象の「真の」かつ「本質的な」特性とは何かという問題こそ重要となるからである。例外論，すなわち，例外的瞬間での権力の行使，および行使される権力こそが，本質を特徴づけるものとされているのである。

　とはいえ，ヨーロッパ憲法は複合的であり，それがその本質である。日常的なレベルでいえば，ヨーロッパは立憲的であり，そのようなものとして受け入れられている。これは事実であり，この事実は，ヨーロッパ憲法が国際的な脈絡に「戻る」とき，例外的な憲法状況下で認められた安全装置が一時的なものでしかない（国家主権の優越）ことから，ある程度説明できる。最も根源的な問題は，何故日常的な瞬間よりも例外的瞬間を決定的瞬間と考え，それに特権を与えるのかというものである。結婚の本質を特徴づけるのは何か。離婚の例外的可能性もしくは不可能性か，またはともに暮らすという現実か？　実はこの二つは無関係ではない。離婚の可能性または不可能性は，ともに暮らすという日常的な現実に（微小でも）影響を与えるかもしれない。しかし，それでも，ともに暮らすという現実こそが，結婚という特別の関係を性格づけるだけでなく，結婚という制度自体を理解するのに不可欠なものでもある。今後，例外的権力と例外的瞬間における権力が，ますます架空の可能性でしかなく，意味のある現実的な選択肢ではなくなりつつあるので，こうしたことがますます妥当することになろう。ヨーロッパの状況では，この複合性は，例えばヨーロッパ憲法条約Ⅰ60条１項の意味を解きほぐそうとするとき，見事に表現されているのに気づく。同条は以下の通りである。

　「いずれの構成国も，自国の憲法上の要件（および複雑に絡み合った (enmeshed) 連合構成国たる地位の実態・著者追加）に従って，連合から脱退することを決定できる」

　私はこの点をさらに取り上げたい。ヨーロッパの複合性は，憲法条約という用語に集約されるのだが，複合性はヨーロッパが例外的な存在であることを示すものではない。私の見解では，複合性は，いたるところで見出される法状況

のひとつにすぎない。この法状況はグローバル・ローと呼称することもできる。グローバル・ローは，地球規模で広く行き渡っている普遍的国際規範を指しているのではない。グローバル・ローは，法の状況を表わすものである。その状況の中で，ほとんどすべての国家に関わる多くの事項に関する法の規範性は，国内（憲法）的および国際的淵源の混合物に言及することによってのみ論証できるのである。さらに，主権を国家の中に位置づけて，国家の憲法が国際的な規範の組み入れを決定するというシュミット的で人を宥めすかすような観念は，高度に統合が進んだヨーロッパ社会のみならず，一般的にグローバルな立憲主義が広がる中で，説得力を失いつつあるのである。

7 憲法的寛容の運命——憲法を持つことで寛容性を喪失するか——

「究極的な」権威と憲法上の「根本規範」の問題が大変重要だと思われる理由は，我々が我々の「国家的」憲法秩序全体を，単に法的服従や政治権力の問題としてのみ考えるのではなく，道徳的責務と自己の帰属意識の問題としても捉えるからである。我々は国家の憲法を，単に政府の権力を組織化し，国家機関と私人の関係または国家と他の機関との関係を調整するだけのものと考えるのではなく，それ以上のことを行うものと認識している。つまり，我々の憲法は，我々の政体の基本的価値を包摂しているとされ，それ故，国民としての，民族としての，国家としての，ヨーロッパ共同体としての，ヨーロッパ連合としての集合的自己帰属意識を反映させているといわれる。我々が我々の憲法を誇りに思い，愛着を持つのはまさにこうした理由のためである。憲法の目的は権力を制限することであり，権力を拡大することではない。憲法は個人の基本的人権を守る。そして，憲法は集団的帰属意識を明確にし，何らかの形式の民族的帰属意識がそうであるように，我々を不安から解放する。かくして，ヨーロッパ連合の憲法秩序に関する終わりのない退屈な議論が行われる中で，構成国の国内裁判所は，過去10年間，以前よりずっと積極的に自国の憲法を意識するようになった。これに関する判例は良く知られている。「新しいヨーロッパ法秩序」は，構成国間の国境を越えた関係に法の支配をもたらし，個人には，ヨーロッパ共同体法を通じて，構成国当局に対する権利を与えた。しかし，構成国の国内裁判所は，もはやこうした意味での「新しいヨーロッパ法秩序」を

積極的に構築しようとする先駆者ではない。最近の国内裁判所は，むしろ自国の憲法の門前に立ちはだかって，ブリュッセルの違法な侵食から自国の憲法を守ろうとする存在である。こうした対応を示したことで，国内裁判所は，国民から共感の声を得てきた。何故ならば国内裁判所は基本的人権を擁護するとともに，国民的一体性を守るものと認識されるからである。国家主権の擁護は過去のものとなった。今流行しているのは，憲法的独自性を主張して国民的一体性を守ることである。

このような理解を前提としたとき，シュミット的な究極的権威を正式にヨーロッパに認めつつ，適切なケルゼン的憲法を持たない（根本規範のない）ヨーロッパ憲法の規律に従うということは如何なる意味を持つのか。これは，秩序だった法の階層的理解と矛盾するだけでなく，構成国の憲法の中に神聖なものとして規定された深淵な価値と，これらの価値と結びついた集団的帰属意識とを危殆に瀕しめしめることにもなるのである。憲法理念そのものに対するまさに挑戦といえるわけである。

ミゲル・マドゥーロは新しい世代の優れたヨーロッパ憲法思想家のひとりだが，この問題について説得力のある表現を示している。

「ヨーロッパ統合は各構成国の憲法に挑戦しているだけではない。……憲法それ自体に挑んでいるのである。伝統的政治的共同体は憲法が明確にし，かつ提議してきたものであるが，ヨーロッパ統合は，伝統的な政治的共同体を前提としない憲法を想定している。……さらにヨーロッパ統合は，国家による法の独占，および法の階層的な秩序づけ（そこでは依然として憲法が「より高次の法」と認識されている）にも挑戦している」[1]。

この挑戦はそれほど脅威となるものであろうか。

ある程度はそういえる。近代の自由主義憲法は，政府が個人に対して行使す

---

[1] M. Maduro, We, The Court: The European Court of Justice and the European Economic Constitution（Oxford, Hart Publishing, 1998）at 175. マドゥーロ自身はヨーロッパ憲法の支持者ではない。私が本書を引用するのは，単にこの問題に関して彼が際立った分析を行っているからにすぎない。彼の分析は，「立憲主義を伴わない憲法」「耳を傾ける前に行う」といった表現を使ってディレンマを明確にするために私自身が書いた出来栄えのよくない論文よりも優れている。J. Weiler, *'We Will Do, And Hearken'*—*Reflections on a Common Constitutional Law for the European Union* in Roland Bieber & Pierre Widmer (eds.), The European Constitutional Area（1995 Zurich, Schulthess）.

る権力を制限することを目的とした。これは確かである。また，この憲法は，最良の新カント派的伝統の中で，基本的人権を明瞭にしてきたし，さらに，価値の共同体としての集団帰属意識をも反映させている。価値の共同体としての集団帰属意識は，より有機的色彩の強い集団帰属意識の定義よりもはるかに脅威が少ない。これらは近代自由主義的憲法の良い部分を反映している。しかし，月が暗い裏側を持つように，また良き人生もそうであるように，ここでも暗い部分は存在する。

　まず，憲法談義でのレトリックは，傾聴に値するであろう。たとえ偉大な人間至上主義者の発言であったとしても，軍事との関連性は否定されない。我々は近代的・自由主義的憲法の周囲で，「愛国心」を展開するよう要請されてきた。憲法上の愛国心は，憲法を「防衛する」よう要請されている。憲法を守ることを目的とした機関を有する国もある。その機関の名称はまさに国境を防衛する機関と類似しているのである。また，憲法に「忠誠を誓う」よう要求する国家も存在する。立憲民主主義国家には，「闘う」民主主義理論も存在しており，それによれば，民主主義が提供する諸々の利益は，立憲主義的民主主義それ自体を破壊しようとする人々には与えられない。この表現からすれば，良き立憲主義的自由主義者になるというのは，立憲主義的国家主義者になることのように思われる。つまり，憲法上重要となるのは，価値や権力の制限についてのみではなく，そのような価値を守るために内部に潜む権力も重要となるのである。

　自然法に「公然と」訴えかける立憲主義者はほとんどいないし，現代の憲法裁判所では皆無である。したがって，寓話の中の「憲法」とは異なり，我々の愛国心が形成される淵源としての憲法，そして我々が守らなければならない憲法の正式かつ規範的な権威は，法的視点からすると大体において法実証主義的である。このことは何を意味するのか。憲法の規範的権威は，憲法改正次第で深遠にもなるし，浅薄なものともなるということである。例えば，スイスやドイツでは，改正は特に厄介な政治過程ではない。そういうわけだから，ヨーロッパ連合の個々の構成国の憲法的一体性に多くの価値を認めるのは，自己賞賛と自己権限強化行為であり，憲法制定権力の資格を持つ我々に驚くほどの規範的権威を与えることになる。今日我々が憲法に与えている，ほぼ神聖に近い性質を考えていただきたい。これらの憲法は，例えばイタリア，ドイツ等々，

道徳的に堕落した第二次大戦世代の社会が採択した憲法でもあるのである。

国内裁判所は，自らの政体の憲法的な中核的価値，すなわち政体の独自性そのものを擁護していると考えているのだが，ヨーロッパ憲法に過度の権威を与えることを懸念して，ヨーロッパの新しい憲法状況に対する国内裁判所の熱意は幾分なりとも削がれるであろう。統治機構の政治部門に対する権力の制約は，広く認識されてきたように，司法機関の大規模な権限拡大を伴うと同時に，少なからぬ量のもっともらしいお説教を随伴している。最も大袈裟な言葉（レトリック）を頻繁に誘発するのは人権である。それでいて，我々の多様な政体において，憲法の条文は，特に人権ということになると，極めて類似している。国家の憲法的一体性およびその核心的価値の擁護に関わるとされる事件で，5人の判事が賛成して4人の判事が反対するような場合でも，双方の違いは，たいていの場合，解釈上のささやかな癖の差程度のものでしかない。

最後に，憲法の理念（エートス）には，絶妙なアイロニーも内在している。このエートスは，いみじくも，有機的で民族的な一体性という古い観念に疑いを抱いている一方で，まさしく同時に，黙示的にではあるが，憲法創造者たち，すなわち，憲法制定権者としての資格を持つ人民（constitutional demos），そして当然のことだが，憲法を解釈する人々に備わっているとされる独特の倫理性，叡智，そしてもちろん優秀性を賞賛する。

愛国心こそ，悪党の最後の隠れ家であることを示唆したのはサミュエル・ジョンソンであった。もちろん，ジョンソンは部分的に正しいにすぎない。愛国心が高貴なものであり得ることは言うまでもない。しかし，ジョンソンの指摘は，我々が憲法的愛国心——国家レベルであれ国境を越えるレベルであれ——を賞賛し，愛国心の攻撃に対してそれを性急に守ろうとするとき，覚えておく価値のある金言である。それでは如何にして我々は我々の憲法的伝統の中にあるすべての善なるものに敬意を払い維持し続けると同時に，我々の憲法的伝統と我々自身について，懐疑的に点検作業を行い続ければよいのだろうか。

我々の前にあるヨーロッパ憲法は，ヨーロッパに立憲主義を導入するものではない。実は，ヨーロッパ憲法は，既に我々が有している憲法秩序とは異なる形の憲法である。ヨーロッパ憲法は，漠然とした損失をもたらすかもしれない。現下の憲法秩序は，もちろん，多くの点で改善され得るものであるが，ヨーロッパの最も重要な憲法的新理念，すなわち憲法的寛容原則を取り入れている。

1 「憲法」という語句の力に関して〔ジョゼフ・ワイラー〕

　ヨーロッパ統合は，歴史的にいえば，構成国の新旧を問わず，それら構成国内部の，および構成国間の民主主義を確固たるものにするための主要な手段の一つであった（もっとも，歴史的保証，または，民主主義的保証を与えるものではない）。したがって，多くの者にとって，民主主義はヨーロッパの目的であり目標となる。しかし，これは人を惑わす発想である。民主主義は目標ではない。民主主義もまた手段であり，しかも，不可欠な手段ではある。目標は何か。まともで見苦しくない生活を送れるよう何度も何度も試みることであり，神に似せて作られた我々自身を讃えることであり，または世俗で神に相当するものを讃えることである。民主主義国家というものは，とどのつまり，そこに属する人々も含めて，時に善にもなるし悪にもなる。ハイダーのオーストリアの問題は，民主主義の欠如にあるのではない。問題は，ハイダーが「民主的に選出された」こと，そしてハイダーに投票しなかった人々でさえハイダーとハイダーの党が統治に関わるのを見て満足していることである。堕落した人々の民主主義は堕落するであろう。

　ヨーロッパは，先の大戦後，灰燼の上に築かれた。大戦中，よそ者と考えられた人々は徹底的に疎外された。この疎外は次に殲滅へと移行した。我々が考慮すべきことは，単に大虐殺の再発を防止することではない。再発防止は容易であり，西ヨーロッパで再び生じるようには思えない。もっとも，バルカン半島での出来事は，あのような悪魔が依然としてヨーロッパ大陸に存在することを我々に想起させるものではあった。困難なのは，より深いレベルで，こうした姿勢の淵源を処理することである。社会的・公共的空間で，良識の核心にあるのは，よそ者との関係である。人間の生存にとって，そして我々の多文化社会にとって，規範的にこれ以上重要なことは想像できないといってよい。

　よそ者を取り扱うにあたっては，人間らしい基本戦略が二つ存在するように思われる。この基本戦略は，西欧文明において決定的な役割を演じてきた。一つは境界を撤廃するというものである。つまり，「こちらに来て我々と仲間になろう」という精神に基づくものである。この戦略は崇高なものである。なぜならば，いうまでもなく，この観念は偏見を排除しようとするものであり，消し去ることのできない境界線が存在するという考え方を廃棄しようとするものだからである。しかし，「我々の仲間になる」という観念は，如何に善意に満ちたものであれ，よそ者に対して，我々の側にいて我々の仲間になれと誘いが

ちになるため，よそ者との関係では，よそ者の独自の帰属認識を奪う危険性を伴う。発言者にとっては，自分自身の優越性の確信と非寛容，そして傲慢さの微妙な兆候といえるかもしれない。もしもよそ者を容認できないならば，そのディレンマの解決策の一つは，よそ者を自分のように扱い，よそ者としないことである。もとより，この方法は逆のこと，すなわち排斥やら抑圧といった一層悪いことを行うよりは比較にならないほどましである。しかし，それでも「仲間にする」方法は，内面的にせよ外面的にせよ，危険性を伴う非寛容の形式なのである。

　よそ者と付き合う第二の方法は，民族ごとに画定されたものではない一定形式の帰属意識の妥当性を認識すると同時にその境界を越えることである。我々は相違を認識し，かつ尊重する。そして，個人として，そして集団として，我々自身が特別で独特であることを認識し尊重する。なおかつ，相違を超えて我々自身の本質的人間性を認め合う。ここで重要なことは，私が言及してきた二つの要素である。一方でよそ者としての帰属意識はそれ自体維持される。人は，外に出てよそ者を自分たちの仲間となるよう勧誘することで「よそ者を助ける」よう要請されない。境界を引きなおすよう要請されない。他方で，境界が維持されているにもかかわらず，そして，私とよそ者を区分けしている境界があるにもかかわらず，我々は境界を越えてよそ者をよそ者として受け入れるよう求められる。よそ者には人間としての尊厳が認められる。私という精神（soul）は，他者を抑圧したい衝動を取り除くことによってではなく，謙虚さを学び，抑圧の誘惑を乗り越えることで育まれる。

　最近のヨーロッパの憲法構造は，この第二の方法を提示しており，「他者」と付き合う戦略を洗練させている。憲法的寛容性は，ヨーロッパ共同体設立条約の前文に指摘されている。この規定は，最も基本的な政治哲学的目的を明瞭に表現したものである。すなわち，

　「ヨーロッパ諸国民の間に常に緊密化する結合の基礎を確立することを決意し，……」

　連合が如何に緊密でも，連合自体は異なる国民間の，異なる政治的帰属意識，異なる政治共同体の団結に留まるべきである。常に緊密化する結合は，異なる諸国民が一つになって混合物となることで実現できるかもしれない。これは，たいていの連邦国家および非連邦国家の仮想上の経験および／または事実上の

経験でもある。ヨーロッパを一つの国家とする理念またはそうなることを宿命とする考え方をヨーロッパが拒絶したことは，上述の通り，文化的であれ何であれ，異なったヨーロッパ諸国民の豊かな多様性を維持しようと意図されたものだと通常は理解されるし，諸国民の政治的自決を尊重したものとも考えられる。しかし，ヨーロッパの選択は，より深い精神的意味合いを有しているのである。

仮に，構成国間の相違が消滅し，類似したものとなり，一つになりたいと望むのであれば，常に緊密化する結合は，いうまでもなく容易となる。「他者の」帰属意識が私自身と同一に近くなればなるほど，私が当該他者と一体感を持ち，彼を受け入れることはより容易となる。他者が我と極めて類似したものであれば，他者を受け入れるのに多くを要求されない。他方で，ヨーロッパ連合の構成要素が相異なる帰属意識を維持し，相互に「異質なものであるという意識」を維持し，連合の構成要素が政治的な意味でひとつの肉体とならないのであれば，「常に緊密化する連合」をもたらすことは極めて困難となる。ここで寛容の原則が登場する。確かに，私自身の明確な独自性は境界線によって明らかにされているが，この境界線こそ，私とは異なる人々から私を区別するものである。他と区別される自己としての私の存在が継続するのは，存在論的にはこの境界線に依存し，心理的・社会学的には他者に対するこの感情の持続に依存するものである。「常に緊密化する結合」の中で，他者との結びつきを要求することは，極めて高度な寛容の精神を個人的にも社会的にも内面化することを要する。カント哲学の定言的命令に従って生きることが極めて意義深いのは，その定言的命令が私と異なる人々に拡大するときである。

政治的表現でいえば，寛容の原則は，ヨーロッパ共同体およびヨーロッパ連合の政治的組織化の中にはっきり現れており，このことは，立憲主義の通常の前提と異なる。通常の民主主義国では，民主主義的自制が要求される。すなわち，国民というものをどのように定義するにせよ，政体が一つの国民で構成されていると考えられている限り，政体の少数派が多数派の権威を受諾することが要求される。少数派自身が多数派と同一の国民に所属してはいないと考えているのに，多数派が少数派に服従を要求するとき，この要求は，通常，従属とみなされる。このことは憲法的規律に関して，尚のこと当てはまる。それでも，ヨーロッパ共同体においては，ヨーロッパの政体が異なった複数の国民で構成

されているにも拘らず，ヨーロッパ諸国民を憲法的規律に服せしめている。「私の同胞」が明確にした行動基準ではなく，多様な政治的共同体で構成される共同体——場合によっては他国民——が明確にした行動規準に拘束されることについて同意すること，これは，市民的寛容の際立った事例である。このようにして，私は，この種の内的（私自身に向けた）寛容と外的（他者に向けた）寛容を示すために，自己決定権を放棄するのである。

　憲法上の寛容の原則は，ここで検討中の取極めの中に現れる。それは連邦憲法的な規律でありながら，国家主権重視の憲法には見られない規律である。

　構成国内の憲法上のアクターがヨーロッパの憲法的規律を受け入れるのは，連邦国家の場合のように，法理論の問題としてではない。連邦国家の場合，アクターは，連邦の国民（constitutional demos）が有効とみなした規範に付随している高次の主権と権威に従属する。ヨーロッパの場合はどうか。ヨーロッパの憲法的規律が受け入れられるのは，自律的・自発的な従属行為としてである。この従属行為は，ヨーロッパが規律する個別分野の規範について見られるのだが，他者の意思，他者の政治的一体性，他者の政治共同体の集合的表明である規範への従属行為である。もちろん，そのように自発的に従属することは，それ自体，従来とは異なる型の政治的共同体を創造するものである。そうした政治的共同体に見られる独特の特徴の一つは，他者の共同体に根をおろし，そこに由来する拘束的な規律を受け入れようとする意思そのものである。ケベック市民は命じられる。カナダ国民の名において，あなたたちは従う義務がある，と。フランス人やイタリア人，そしてドイツ人は命じられる。ヨーロッパ諸国民の名において，あなたたちは従うよう求められる，と。いずれの場合においても，憲法的服従が要求される。受諾と従属が自発的なものであり，かつ繰り返されるならば，それは真に自由な行為をもたらすと同時に，集団的傲慢さと盲目的憲法崇拝からの解放行為（物神主義排撃！）をもたらすことになろう。そして，これは高次の憲法的寛容の表現なのである。

　憲法的寛容の原則は，一方通行的概念ではない。この原則は，構成国の国内レベルや，ヨーロッパ連合のレベルにおいて，憲法上のアクターにも憲法上の議論にも適用され，構成国間においても適用される。その様相は，概念から実行に移行することによって，すなわち，政治的・社会的現実としての憲法的寛容を検討する段階で明確にできるであろう。

1 「憲法」という語句の力に関して〔ジョゼフ・ワイラー〕

　私見によれば，憲法的寛容の原則が顕著に存在するのは行政の分野である。換言すれば，日常的な権力であれ，威厳のある権力であれ，ヨーロッパの諸政体で公権力を持つ人に植え付けられる習慣と実行の中においてである。最も日常的な行政レベルでいえば，数十年，数百年にもわたる実行をひっくり返し，同一書式，同一活字のヨーロッパ共同体市民の旅券を，自国民と同じ様に審査することを習得する入管職員を想像していただければよいだろう。税関職員，住宅供給担当官，教育関係者やヨーロッパ憲法秩序の規律に服するさらに多くの人々も類似した規律を実践するようになるだろう。

　同様に，政策決定の場でも，このような規律が日常的になるであろう。地方自治体であれ地方議会自体であれ，無数の分野において，個々の規範が，非公式にではあるにせよ，ヨーロッパレベルでの影響を受けることになろう。公共部門の多くの政策は，もはや他者の利益，すなわちヨーロッパの利益と調和しているか否かを検討せずして採用されることができないのである。

　治安判事から最高次の司法権に至るまでの司法機能についても考えていただきたい。否も応もなしに，他者の利益でしかないヨーロッパ法が，司法的・規範的構造の一部となっているのである。

　私は慎重に事例を選択してきた。選んだ事例は日常的かつ平凡なものであるが，同時に，最近まで重要な憲法的特質と考えられてきたものを覆すものでもあった。この転覆過程はヨーロッパ共同体内のレベルでも作動している。ヨーロッパ裁判所の判事またはヨーロッパ共同体の職員を想定していただきたい。ヨーロッパの独特な憲法的合意の下で，彼らの決定が実施されるのは，国内裁判所がその決定に従い，国内の公務員がそれを忠実に執行するときのみであることを彼らは理解しなければならない。しかし，国内裁判所の判事も国内の公務員も国政に関わる機関であり，彼らは国家から特に強力な忠誠心と習性を要求されているのである。このこともまた，ヨーロッパ共同体側に，一定の慎重さと寛容性を植え付ける契機となろう。

　ヨーロッパの憲法秩序を特徴づけるのは，例外的事例ではない。すなわち「根本規範」をここかしこに明確に位置づけることになるような極端な事例ではない。むしろ，ありふれた日常的な実行こそがヨーロッパ憲法秩序を特徴づけるのである。新しい職員規則が新しい方法で実施されるよう要求するが故に，思いもよらない方法で執行されたとしても，この結論に変わりはない。あらゆ

るレベルの無数の行政実務家たちは，実行を通じて潜在的な美徳を身につけていくのである。

それでは，非ヨーロッパ人はどうなるのか。域内と域外の区分によって不可避的に創られた境界線はどうなるのか。憲法的寛容の対象が，紫の旅券を保持している選ばれた人々に限られるとしたら，社会的道徳のエートスとしての，憲法上の寛容は，内部崩壊しないのだろうか。すべての共同体の国民をひとまとめにする新しい入国管理手続の事例に戻ろう。この状況を特徴づけるのは以下の事実である。すなわち，構成国と共同体の市民は同じグループだけれども，彼らは依然として別々の旅券を持ち別々の国民的帰属意識を持ち，彼ら自身の言語を使い，または時として英語だと言い繕われるあの独特のEurospeakで話すということである。このことは重大である。というのは，私が賞賛している日常の実行では，公務員は，はっきり区別される「他者」を相手にするのだが，あたかも自国国民として処遇するよう要請され習慣づけられるからである。我々は夢想家であってはならないし，また過度に愚直でもいけない。しかし，スピルオーバー効果を期待することはできる。そして，漸進的に多様な形式の寛容を習慣化させ，それと共に行政のエートスも変化させ，寛容をヨーロッパ人にも非ヨーロッパ人にも同じ様に拡大することが期待されよう。民数記の規律に記されるように，ヨーロッパと非ヨーロッパの境界線は不可避である。極めて大きな政体では，個人の比重は大変小さいものとなるので，民主主義は最も形式的な意味を除いて不可能となる。しかし，ちょうどハイ・ポリティクスのレベルで，共同体が，多様なエートスを持った構成国政府間の相互作用を調整してきたように，共同体は，あらゆる外国人を対象とする公務遂行についても，多様なエートスを調整することができよう。

ヨーロッパの既存の憲法的枠組を賞賛するからといって，その多くの仕様が大きく改善される必要がないというわけではない。仕様は改善できるし改善されるべきである。問題は改善の必要性ではない。内容でもない。そうではなく，必要とされる変化をもたらすべき形式である。

ここで解答されておらず，かつ解答不能な最後の問題を指摘しておきたい。それは，上で概略を示してきた形式的立憲主義の議論によって，そして，憲法という語句の力そのものによって，①今日までヨーロッパに大きく貢献してきた憲法上の主意主義が骨抜きにされるのではないか，そして，②ヨーロッパに

1 「憲法」という語句の力に関して〔ジョゼフ・ワイラー〕

とって重大な精神的根本規範であった寛容のエートスがヨーロッパから奪い去られるのではないかという問題である。

〔荒木教夫　訳〕
（2005年4月21日受領）

② 地域的国際組織における司法制度の構築

イモーラ・シュトレーホ

1 序　論

　20世紀は，それ以前に主流であった二国間主義から，多国間主義または地域主義へと国際関係の運営枠組みを転換させた。留意しておかなければならないことは，本書で我々が最も関心を持って取り上げている地域主義という現象は，常に社会的に構築されてきたものであり，自然の成り行きでできたものではないということである。地域主義の構想が具体化されるときに常にその核心に見られるのは，達成されるべき共通の社会的理由が特定されていることである。地域的組織を一般的に研究するときに，とりわけ，それに付随する司法制度を研究するときに，まずもって考慮されるべきなのは，この共通の社会的理由という要素である。

　本章のテーマ，すなわち地域的組織の司法制度および紛争解決の研究に関係して強調されなければならないのは，我々が20世紀後半に2つの重要な現象を経験してきたことである。1つは司法のグローバル化[1]であり，もう1つは地域的組織の裁判所と国内裁判所との対話である。

　司法化への動きは何を意味するのか。それは，権力に基礎をおく外交的な紛争解決から法的対話への移行という現象である[2]。こうした司法化への移行は，地域的組織の構成国にとって重要な決定となる。これら諸国は，法的対話とい

---

1) この問題に関する文献として，Slaughter, A. M. "Judicial Globalization." *Virginia Journal of International Law*, Vol. 40: 1103. Slaughter は，司法のグローバル化について広範囲にわたって取り扱っている。

2) Weiler, J. H. H. *The Rule of Lawyers and the Ethos of Diplomats: Reflections on the Internal and External Legitimacy of WTO Dispute Settlement*. Jean Monnet Working Paper Series WP 9/00.

う方法によって，大国の主導による紛争解決と取引を回避するからである。また，司法化は，ソフトローではなくハードローによる救済への転換でもある。我々が後で検討する究極的なモデルは，ヨーロッパ司法制度である。それは，ヨーロッパ共同体法の直接効果を構成国の国内法に及ぼすのであり，そして，個々の市民がヨーロッパ裁判所（European Court of Justice）を利用することを認めている。

　裁判所間の対話の重要性に関してであるが，対話に従事しようとするかどうかは個々の裁判所の意志に依存している。裁判所間の相互作用を検討するのは興味深い。裁判所の権限と管轄権は特定されているものの，すべての裁判所は司法のグローバル化に貢献しているのだし，人権保護および差別禁止といった普遍的主題はほとんどの裁判所にとって共通だからである。しかも，対話するのは，地域的組織の裁判所の判事だけではない。国内裁判所の判事も関わるのである。彼らは時として相互に照会し合い，または相互に法概念および解決方法を借用しあったりする[3]。我々は，このような対話が，ヨーロッパにおいて具体的に奨励されているのを見出す。たとえば，ヨーロッパ裁判所と国内裁判所の判事の間で開催される年次会合には，ヨーロッパ人権裁判所（ECHR）およびヨーロッパ自由貿易連合（EFTA）裁判所の判事が加わるだけでなく，米国連邦最高裁判所判事または他の大陸からの判事も参加しているのである。

　地域統合を進めるにあたり，紛争解決手続が必要不可欠となることはいうまでもない。以下で様々な地域的組織およびその司法制度を検討する前に，10種類の国際的または地域的紛争解決方法に言及しておきたい[4]。すなわち，交渉，周旋，仲介，国際審査委員会，調停，仲裁裁判，常設裁判所による司法的解決（これは本研究の対象である），地域的機関または取極の利用，当事者が選択する他の平和的手段，国連安保理もしくは他の国連機関または他の国際組織による紛争解決である。これらの方法は，いうまでもなく相互に排除しあわないし，それゆえ地域的または国際的組織には複数の方法が共存可能である。したがっ

---

3) Baudenbacher, C. "Judicial Globalization: New Development or Old Wine in New Bottles?" In Symposium: Judicialization and Globalization of the Judiciary, *Texas International Law Journal*, Vol. 38, p. 513.

4) Petersmann, E.U. "Dispute Settlement in International Economic Law − Lessons for Strengthening International Dispute Settlement in Non-Economic Areas." *Journal of International Economic Law*, p. 195.

て，法廷外で紛争を解決する可能性は排除されていない。このことも筆者は強調しておきたい。例えば，ヨーロッパ共同体において，委員会は共同体の超国家機関であり共同体利益の監視者であるが，共同体法違反の構成国との紛争をヨーロッパ裁判所外で解決しようとするにあたっては，委員会が重要な役割を演じているのである。

本章の主題はいたって単純である。ヨーロッパ裁判所の制度を，他の主要な地域的組織の司法制度と比較しつつ，前者の独創性と強度を示す一方で，ヨーロッパの制度は，他の地域的裁判所にそのままの形で模倣されるべきではなく，むしろ，ヨーロッパの制度は他の地域的組織において司法制度を設ける際に参照されるべき着想の淵源と考えられるべきだというものである。

2は，ヨーロッパ裁判所をすべての地域的組織の中で最も進化した司法制度として確認する。そして，構成国の国内裁判所判事とヨーロッパ裁判所判事の間で積極的に行われている特別な対話に焦点を当てる。3は，若干の主要な地域的組織とその司法制度または紛争解決制度を紹介する。それぞれの制度ごとに，我々は同一の事項を検討する。すなわち，裁判所の構成，上訴制度，市民の利用可能性，拘束力，解釈方法，手続の期間，実効性，使用言語である。4で議論されるのは，ヨーロッパの司法制度を単純に他の地域的組織に移し変えたとしても，その機能と実効性を保証するものではないということである。したがって，ヨーロッパのモデルは，理念の実験室として考えられるべきであることを指摘したい。

2　ヨーロッパ連合の司法制度
——すべての地域的組織の中で最も進化した司法制度——

まず第一に，ヨーロッパ連合は統合過程を進化させているところではあるが，連邦国家ではない。したがって，ヨーロッパ裁判所は，連邦最高裁判所ではないことに留意しなければならない。しかしながら，ヨーロッパ連合は，設立基本諸条約によって明らかなように，連合と構成国間の権力分立に基づいているという意味で連邦制に類似してはいる[5]。

---

5) See generally Jacobs, F. "Judicial Dialogue and the Cross-Fertilisation of Legal Systems." *Texas International Law Journal*, Vol. 38.

第Ⅰ部　地域主義の展開

　ヨーロッパ裁判所は，20世紀半ばにヨーロッパ石炭鉄鉱共同体を設立する最初の条約と共に創設された。ヨーロッパ経済共同体およびヨーロッパ原子力共同体が設立されると，ヨーロッパ裁判所は三共同体（European Communities）の裁判所となった。裁判所は，三共同体の構成国すべてに対して，強制的管轄権を有する。さらに構成国は，紛争を条約に規定する以外の解決方法に委ねることを禁止されている[6]。ヨーロッパ裁判所は，設立基本諸条約（Treaties），ヨーロッパ裁判所規程および手続規則に規定されたルールに従って機能する[7]。1988年に，第一審裁判所（Court of First Instance）が設立されて，ヨーロッパ裁判所を補完することとなったが，2005年に，ヨーロッパ共同体設立条約225条aに基づいて設けられた最初の司法パネルとして，ヨーロッパ連合行政裁判所（European Union Civil Service Tribunal）も第一審裁判所に附置されて，ヨーロッパ裁判所を補完している[8]。

　ルクセンブルクに置かれているこれらのヨーロッパ諸裁判所の任務は，ヨーロッパ連合と構成国が共同体法を正しく解釈し適用することを確保することにある。構成国以外に，自然人も法人も，行為（acts）を怠った共同体機関を相手取って提訴することができる[9]。ヨーロッパ裁判所は，いわゆる違反手続（infringement procedure）の枠組で，構成国が義務を履行したかどうかを決定するために，規則および命令（共同体機関の法規（acts））の合法性を審査する管轄権を有する[10]。この手続はヨーロッパ委員会の完全な自由裁量で開始される[11]。ヨーロッパ裁判所は，1988年以降，第一審裁判所の判決に対する上訴を審理する管轄権を有する（ヨーロッパ連合行政裁判所の上訴裁判所は，第一審裁判所）。また，国際協定の締結に際してヨーロッパ共同体の権限が関わるとき，意見を述べる権利も有する[12]。ヨーロッパ裁判所は，行政裁判所として，

6）　ヨーロッパ共同体設立条約292条は以下の通り。「構成国は，この条約の解釈または適用に関する紛争を，この条約に定める以外の解決方法に服させないことを約束する」。
7）　http://www.curia.eu.int/en/instit/txtdocfr/index.htm
8）　[2004] O. J. L 333/7. http://curia.europa.eu/en/instit/presentationfr/rapport/pei/fp2005.pdf
9）　Article 232 ECT.
10）　Article 230 ECT.
11）　Article 226-228 ECT.
12）　ヨーロッパ共同体設立条約300条6項は以下の通り。「ヨーロッパ議会，理事会，委員会または構成国は，締結しようとしている協定がこの条約の規定と合致しているか否かについてヨーロッパ裁判所に意見を求めることができる。裁判所が合致していないと判

職員の事件13)および損害賠償に関する訴訟14)について判断するために，行政行為の合法性を審理する管轄権も有する。しかしながら，裁判所の仕事で最も重要なのは15)，構成国の国内裁判所の判事との対話である。先決判決手続（preliminary reference）と呼ばれる手続である。国内裁判所の判事は，共同体法の解釈または有効性に関する裁定をヨーロッパ裁判所に求めることができるし，場合によっては求めなければならない16)。ヨーロッパ裁判所は，先決判決を下すが，それは拘束力を有する。

（1）ヨーロッパ裁判所の構成，管轄権および機能

ヨーロッパ裁判所は，25名の裁判官（各構成国から1人づつ）および8名の法務官で構成される17)。裁判官および法務官は，その独立性に疑いがなく，かつ，それぞれの構成国において，有能であると認められる法律家の中から，構成国政府の共通の合意によって任命される。任期は6年であり再選が可能である。ここで，裁判所構成員の任命について，興味深い点に言及しておきたい。ヨーロッパ憲法制定条約18)が新たな手続を導入したのである。それによれば，裁判官および法務官の任命は，ヨーロッパ裁判所と第一審裁判所の前構成員，および構成国最高裁判所の構成員から選ばれた7名で構成される委員会との協議を経る必要がある19)。

断したとき，当該協定はヨーロッパ連合条約第48条に従った場合においてのみ効力を生ずるものとする」。
13) Article 236 ECT.
14) Article 236 ECT.
15) 先決手続は，ヨーロッパ裁判所が毎年処理するケース全体の半分以上を占める。ちなみに2006年の全事件数は546であった。
16) ヨーロッパ共同体設立条約234条参照。司法の救済がそれ以上存在しない決定については，ヨーロッパ裁判所に諮問しなければならない。
17) 2007年1月1日以降，ヨーロッパ連合の拡大で，27名の裁判官が存在するが，法務官は8名のままである。他に裁判所事務局長（Registrar）が1名いるので，ヨーロッパ裁判所は36名で構成される。裁判所事務局長以外の裁判所構成員は，3名の法律家，すなわち調査官（referendaire）および3名の助手で構成される自身の官房（cabinet）を有する。
18) ヨーロッパ憲法制定条約は，ジスカール・デスタンを長とするヨーロッパ代表者会議での作業の帰結である。同会議は，2003年の夏に，テッサロニキで開催されたヨーロッパ理事会に草案を提出した。
19) 2004年10月29日にローマで署名されたヨーロッパ憲法を制定する条約Ⅲ-357条参照。OJ, C 310, 16 December 2004.

ヨーロッパ裁判所は，裁判官以外に8名の法務官で構成されるが，法務官はヨーロッパ裁判所の任務遂行を支援する。ヨーロッパ連合の大国（フランス，ドイツ，イタリア，スペイン，英国）は常に一名づつ法務官を任命し，残りの3名は他の構成国（2004年5月の拡大前は10カ国，現在は22カ国）が順番に選任する。法務官は，公開の法廷で，完全に公平かつ独立の立場から，ヨーロッパ裁判所に付託された事件について意見を述べる。興味深いことに，ローマ条約を最後に改正したニース条約[20]以降，裁判所規程20条5項が新たに規定された。同項は，裁判所が法務官の意見なしに判決を下すことを認めている[21]。この結果，30％近くの判決が，法務官の意見なしに下されている。法務官の職務は，検察官またはそれに類似した公務員の職務と混同されるべきではない。検察官の職務をヨーロッパ連合で担っているのはヨーロッパ委員会である。法務官は単独の「裁判官」として行動し，裁判所では，付託された事件に関する意見を自身の名において表明する。ただし，裁判所が，法務官の表明した意見に従う義務はない。法務官の任務は貴重である。というのは，裁判所は反対意見を示すことなしに裁判所の名で決定を下すからである。それゆえ，法務官の理由づけや法的意見は，裁判所の判決をよりよく理解するために重要となるし，また，事件を裁判所の判決と異なった角度から見るのに重要となる。

裁判所は非公開で討議される。その際の使用言語はフランス語である。しかしながら，ヨーロッパ裁判所の業務は，共同体のすべての公用語を使用して行われる[22]。したがって，裁判所には重要な部署として翻訳担当部門がある。2004年5月1日まで，公用語は11言語であった。2007年1月1日以降は23言語となる。書面手続中に当事者が送付するすべての文書は，フランス語に翻訳される[23]。すべての判決は，裁判所の翻訳官の手により全公用語に翻訳される。法務官はどの公用語で意見を書くこともできる。

---

20) 改正が効力を発生させたのは，2003年5月。
21) ヨーロッパ裁判所規程は，ヨーロッパ共同体設立条約附属議定書の1つとして存在する。規程は条約として扱われ，ヨーロッパ共同体にとって一次法である。規程20条5項は以下のように規定する。「裁判所は，事件が法の新たな問題を提起していないと考えるとき，法務官と審議したのちに，法務官の意見提出なしに事件を処理するよう決定できる」。
22) 実際には，ヨーロッパ裁判所，第一審裁判所，EU行政裁判所のいずれであれ，ヨーロッパ連合のすべての公用語を使用して提訴することができる。
23) 言うまでもなく，申し立ての言語がフランス語でない場合である。

裁判所での手続は書面で行われるが，当事者または裁判所が要求するときは，口頭審理も行われる。手続では，法務官の意見およびその翻訳も開陳される。手続に要する時間は，平均して21ヶ月前後である。この時間は長すぎると批判されている。「遅延した裁判は裁判拒否に等しい」というのがその理由である。しかしながら，事件数の増大，作業方法，裁判所のすべての決定をすべての公用語で利用可能とする必要性等々の理由から，大体において，この程度の期間はやむを得ないであろう。

（2）司法機関相互間での対話——先決判決手続——

ヨーロッパ裁判所の訴訟事件一覧表は，その多くを先決判決手続で占めている。ヨーロッパ裁判所は，ヨーロッパ共同体設立条約234条によって設けられたこの先決判決手続により，国内裁判所の裁判官との対話に従事する[24]。国内裁判所が照会してヨーロッパ裁判所が裁定を下す先決判決手続は，量的にヨーロッパ裁判所の取扱件数の最も大きな部分を占めてきただけではない。この手続は，ヨーロッパ裁判所が，国内裁判所との司法的対話の助力を得て，ヨーロッパ連合の憲法制度および法制度の最も重要な原則の多くを生み出した手段でもあった[25]。ヨーロッパ裁判所は，条文の目的を検討しつつ，目的的アプローチを使用して共同体法を解釈する。文理的または体系的な議論や，先例に基づく議論は，ヨーロッパ裁判所においてはそれほど説得力をもたない[26]。このアプローチは，ヨーロッパ裁判所が共同体法をダイナミックに解釈することを許容する。

国内裁判所の裁判官は，自己の法廷に系属している事件に判決を下すにあたり，共同体法の解釈[27]の必要性を感じ，そのため，ヨーロッパ裁判所の介入が必要と考えるたびに，ヨーロッパ裁判所に照会しなければならない。したがって，先決判決手続は，国内裁判所の裁判官がヨーロッパ裁判所に対して行

---

24) ヨーロッパ連合条約35条およびヨーロッパ共同体条約68条は，ヨーロッパ連合条約の第三の柱である「司法および内務事項」，および新たなヨーロッパ共同体条約の第4章「査証，庇護，移民」の枠組で，幾分異なった先決判決手続を設けている。
25) Jacob, *supra* note 5.
26) ヨーロッパ裁判所の解釈方法は，他の国際裁判所で使用される方法と大きく異なっている。むしろ，国内最高裁判所の方法に近いといえる。
27) さらに，管轄権並びに民事および商事事件の判決履行に関する1968年9月27日条約の解釈，契約上の債務に適用される法に関する1988年12月19日の条約の解釈についても。

う[28]。設立基本条約234条によれば，国内裁判所は先決判決をヨーロッパ裁判所に要請することができるとあり，事件に関する条文の解釈をヨーロッパ裁判所に求めるかどうかを決定するのは国内裁判所の裁判官次第となっている。しかしながら，国内裁判所の決定について，もはやそれ以上の司法的救済手段が存在せず，しかも共同体法の解釈または妥当性について対処するとき，国内裁判所の裁判官は，ヨーロッパ裁判所に先決判決を求めなければならない[29]。最終審の国内裁判所にとってのこの義務は，設立基本条約に組み込まれ，最終的にヨーロッパ裁判所が共同体法を解釈することになっており，誤った解釈を回避しようとしている[30]。この義務が緩和されるのは，一定の制限的条件下においてのみである[31]。国内裁判所の裁判官が，付託された事件の争点をヨーロッパ裁判所に照会すべく決定したとき，当該裁判官はヨーロッパ裁判所が先決判決を下すまで，国内裁判所の手続を中断する。

　先決判決手続は，国内裁判所の判事がヨーロッパ裁判所に提示する質問である。質問の起草は国内裁判所の判事の責任において行われる。ただし，ヨーロッパ裁判所は，かなり厳格なガイドラインを作成しており，質問が如何にして提示されるべきか，照会に記載されるべき情報は何か等々について定めている。国内裁判所の判事からの質問に回答すべきか否かを決定するのはヨーロッパ裁判所である。ガイドラインは，照会の受理可能性の基準となる。国内裁判所の判事がヨーロッパ裁判所に十分な事実上のおよび法的な情報を提供しなかったときは，ヨーロッパ裁判所は，照会が不十分であると認定し，受理不能を宣言する命令を出す。足りない情報が限定されるとき，追加情報を国内裁判所の判事に求めることもできる。それゆえ，実行上は，国内裁判所の判事が質問をすると，ヨーロッパ裁判所は，これに回答しなければならないと常に認識してきている。ごく稀なことだが，国内裁判所の判事の質問が仮説に基づくも

---

[28]　ヨーロッパ共同体設立条約234条で使用される「裁判所」という観念は，早くからヨーロッパ裁判所の注意を引いていた。ヨーロッパ裁判所はこの観念に特定の意味を付与した。ECJ 17 September 1997, Dorsch Consult, C-54/96, ECR. p. I-4961 参照。
[29]　ECJ 27 March 1963 Da Costa, 28-30/72, ECR p. 75.
[30]　この義務を無視すると，一定の条件の下で，構成国の責任問題を生じさせることになるか，ヨーロッパ共同体設立条約226条に規定された違反手続を引き起こすことになる。
[31]　ECJ 6 October 1982 CILFIT, 283/81, ECR p. 3415. 類似の質問が既にヨーロッパ裁判所に提起されていたとき，または，解答が極めて明瞭であるとき（このような状況を多く生じさせないように，裁判所は厳格な条件を課している）。

ので，それゆえヨーロッパ裁判所の回答を促すものではないと，ヨーロッパ裁判所が述べたことがある。国内裁判所の判事が，解釈を希望している共同体法について明らかに混乱をきたしているように思われるので，ヨーロッパ裁判所が質問を再構成したこともある。いずれにせよ，この独創的で他では見られないヨーロッパ裁判制度の特徴は，国内裁判所の裁判官とルクセンブルクに所在するヨーロッパ裁判所の裁判官との対話を上手く処理しており，共同体法の統一的解釈を可能としている。

　ヨーロッパ裁判所は，共同体法秩序を維持するための最高の保護者である。ヨーロッパ裁判所は，共同体法を適用する権限を付与された唯一の司法機関ではない。構成国の裁判所も共同体の裁判所となる。国内裁判所も，構成国当局が原則として履行責任を負っている共同体法の履行について審査する管轄権を持つからである。設立条約および二次法の多くの規定は，構成国国民に個人的権利を直接付与しており，国内裁判所はこの権利を認めなければならない。それゆえ，共同体法の実効的適用を確保するため，そして，国内裁判所で適用可能な規則についての解釈の相違から共同体法の解釈が多様化するのを防止して，すべての構成国における共同体法の統一的適用を確保するため，設立条約は，ヨーロッパ裁判所と国内裁判所の間に上下関係を設けるのではなく，協力制度を規定した。この協力制度は，国内裁判所の裁判官がヨーロッパ裁判所に共同体法の解釈を要求することを認める。ヨーロッパ裁判所が，直接効果や優越性といった共同体法の最も重要な原則を発展させたのは，この協力制度とそれを利用してヨーロッパ裁判所の回答を要求した国内裁判所の質問によるところが大きいのである。直接効果や優越性といった原則は，基本的人権および比例性原則を承認しただけでなく，共同体法制度の司法化にも寄与したのである。多くの研究者たちは，特にヨーロッパ統合過程の最初の10年間におけるヨーロッパ裁判所の力の入れ様は計り知れないほど大きいものがあることに同意している。

　ヨーロッパ裁判所が下した判決は，照会した国内裁判所が適用するばかりでなく，ヨーロッパ連合内のすべての裁判所で同じ問題が提起されたときも適用される。言うまでもなく，そうなることが，この制度自体の存在理由である。すなわち，ヨーロッパ連合法が，ヨーロッパ連合で統一して適用され得ることである。さらに，このような判決は，ヨーロッパ連合法の対象外である分野に

ついての構成国の国内法にも影響を与える。先決判決手続の使用は，それゆえ極めて重要である。ヨーロッパ裁判所の設立当初，同裁判所は国内裁判所の裁判官にこの対話の可能性を気づかせることに努力を集中していた[32]。ヨーロッパ裁判所は，拡大する度に，新たな構成国に対してこの可能性について気づかせようと努力してきた。今日，国内裁判所の裁判官は，先決判決手続を大いに利用している。構成国の多くの裁判官が，この対話を利用しているという現象は注目に値するものであり，興味深い[33]。

（3） 第一審裁判所および特別裁判部

80年代の終わり頃，ヨーロッパ裁判所に，独立した裁判所が付加された。第一審裁判所である。ヨーロッパ裁判所は上訴裁判所でもあるわけだが，上訴審としての事件数は，取扱事件数のほんのわずかでしかない。第一審裁判所は25名の裁判官からなる。法務官はいない。ただし，事件ごとに，裁判官の中から法務官を任命し，意見を述べさせることはできる。もっとも，第一審裁判所が，裁判所規程49条を援用して法務官を任命できるとしても，現実に任命したのは，過去10年間で2件か3件しかない。ヨーロッパ裁判所とは対照的に，裁判官は各国一人の制約がない。裁判官の数は，裁判所規程によって決定される（ヨーロッパ共同体設立条約224条）。このことは，ヨーロッパ共同体設立条約を改正することなしに，増大する作業量に適応できることを意味する。つまり，裁判所に幾分なりとも柔軟性を与えている[34]。裁判官は自国政府のみならず，ヨーロッパ裁判所からも独立して任務を遂行する。

第一審裁判所は，個人または企業を対象にして共同体機関が行った措置に対して，個人および企業が提起した訴訟を処理するが，この措置が個人または企業に直接かつ個別に影響を及ぼすものである場合も彼等は提訴できる（無効，不作為，損害賠償請求のための訴訟）。上述したように，判決はヨーロッパ裁判

---

32) 設立当初，ヨーロッパ裁判所は，接触することを望んであらゆる種類の問題に答えることを望んでいた。毎年，ヨーロッパ裁判所は，国内裁判所の裁判官と意見を交換し，如何にして対話が改善できるか検討するのを歓迎している。
33) オーストリア，オランダ，ドイツの裁判官は，スペインまたはポルトガルの裁判官よりも多くの問題を提起する。
34) 第一審裁判所が，ヨーロッパ裁判所の負担を軽減するために設立されたことを想起する必要がある。

所への上訴が可能である。ただし，法の解釈適用の問題に限定される。

最近行われた第一審裁判所の変更で興味深いのは，ヨーロッパ共同体設立条約が，一定の分野，例えば，公務員に関する事件，または知的財産権および工業所有権の分野について，第一審裁判所とヨーロッパ裁判所の下に「司法パネル」の設立を規定したことである。2005年10月以降，新たな特別裁判部であるヨーロッパ連合行政裁判所が司法パネルとしてヨーロッパ司法制度に追加された。同裁判部は，7人の裁判官と1人の事務総長（registrar）で構成される。これまでのヨーロッパ裁判所と異なり，国籍裁判官を少なくとも1人選任するという制度を初めてやめたことは注目してよいだろう。また，これら7人の裁判官を選任する過程も極めて独創的なものである。というのは，裁判官の任命について理事会に提案を行うのは，これまでとは異なり構成国ではなく，特別委員会が設けられて，この委員会が「入札」を行い，7人の最も有能な候補者を裁判官として指名したからである。この新しい裁判所は，共同体とその職員との間の紛争を審理する権限を持つ。判決は，第一審裁判所に上訴することができる。

ヨーロッパ共同体設立条約225条によれば，第一審裁判所は裁判所規程に規定される事項について，「先決判決」を下す管轄権を行使することができる。ただし，現在までのところ，規程に定められた事項はない[35]。

(4) 小　　括

ヨーロッパ裁判所の示す規範は，国内化するようになった。そして，今やヨーロッパ裁判所は，ヨーロッパの法的風土の中で，なくてはならない機関となっている。かくして，ヨーロッパ裁判所以外の国際裁判所または地域的裁判所が実効的な機能を果たすことができるか否かは，大体において，構成国がこれらの裁判所の指示に従うのは何故かという点についての理論的根拠次第であると認識されるのである。

---

[35] この権限の移転に関する興味深い論文と討論については，2005年にベルリンで開催されたヨーロッパ憲法ネットワーク年次総会に提出された文書を参照。www.ecln.net.

3 地域的組織の司法制度および紛争解決の仕組み

以下では，主要な地域的組織を取り上げ，その司法機関の主な特徴を明らかにしようと思う。その前に，ここで検討する国際的または地域的司法機関とは何かについて，主たる基準を指摘しておきたい。第1に，常設性である。すなわち，裁判所の存在は，一定の事件が存在するか否かに関係なく存在するものでなければならない。この基準は，アドホックな仲裁裁判所を除外させるだけでなく，常設仲裁裁判所，または調停と仲裁に関するヨーロッパ安全保障協力機関（Organization for Security and Cooperation in Europe）裁判所などの機関も除外する。これらは，持続性はあるものの，単に制度的枠組とアドホックな調停または仲裁のために専門家名簿を用意しているにすぎない。第2に，国際法的文書（条約または他の国際法的文書）によって設立されていなければならない。第3に，付託された事件を処理するにあたり，国際法に依拠しているものでなければならない。第4に，事件は手続規則に基づいて決定されるものでなければならない。手続規則は，事件に先立って存在しており，通常は当事者が修正できないものでなければならない。最後に，裁判所の裁定は，法的拘束力を持たなければならない[36]。

(1) 諸地域の司法制度の概要

(a) ヨーロッパ

ヨーロッパ大陸では，少なくとも3つの主要な地域的司法制度が検討されなければならない。設立時期の順でいうと，ヨーロッパ人権裁判所，ヨーロッパ裁判所（既に2で検討），ヨーロッパ自由貿易連合裁判所である。後二者の裁判所の起源は，西ヨーロッパを2つの貿易ブロックに分割した帰結である。これらのブロックの起源は，2つの思想的系譜に遡ることができる。それぞれの思想は，1950年代のヨーロッパにおいて政治的安定性と経済的繁栄を確保する最も適切な型は何かを提示する。「統合派」の見解は，フランスが主唱し，そして特にドイツが強く支持した。これらの諸国は，関税同盟に基づき，単一の

---

36) See generally Romano, C. "The Proliferation of International Judicial Bodies: the pieces of the puzzle." *NYU Journal of International Law and Politics*, Vol. 31

ヨーロッパ市場を創設し，さらには強力な政治的統一（union）を希望した。「多元派」は，英国が主導し，北欧諸国およびスイスが強力に支持した。この見解の支持者は，より緩やかな自由貿易協定を望んだ。「統合派」の企図は，ヨーロッパ経済共同体をもたらした。共同体は独特な司法制度であるヨーロッパ裁判所の創設に至った。「多元派」はヨーロッパ自由貿易連合を創設したが，固有の司法制度は持たなかった。しかし，1992年，両グループを包含するヨーロッパ経済協定（EEA）が締結されると，正式にヨーロッパ自由貿易連合裁判所が創設された[37]。後述するように，両裁判所の相互作用は，単に形式的だけのものではない。両者間では，相互に影響を与えるような対話が継続している。ただし，この対話は幾分均衡を失しているように思われる。というのは，ヨーロッパ裁判所の判例法は，量の面から行っても多様性の面からいっても，ヨーロッパ自由貿易連合裁判所のそれをはるかに上回っているからである。それゆえ，ヨーロッパ自由貿易連合裁判所が，その判決で，ヨーロッパ裁判所の判例法に言及するのは必然的かもしれないが，ヨーロッパ裁判所が自身の決定でヨーロッパ自由貿易連合裁判所の決定に言及する場合は相当程度限定されることになろう。

(i) ヨーロッパ人権条約

1959年に設立されたヨーロッパ人権裁判所は，人権保護分野で最も古い国際裁判所である。同裁判所は，国際司法裁判所をモデルとして設立され，人権および基本的自由の保護に関するヨーロッパ条約に規定された締約国国民の基本権保護を目的とした。ヨーロッパ人権裁判所は，つい最近になって，常設的で常時稼動する司法機関へと変容した[38]。人権裁判所は国内裁判所と協働してヨーロッパ人権条約を解釈する。さらに，その判例を通じて，多くの基本原則を展開してきた。裁判所が使用した解釈方法は，しばしば「発展的（evolutive）解釈」と呼称される。

ヨーロッパ人権裁判所は，ヨーロッパ人権条約締約国数と同数の裁判官で構成される（現在45名）。裁判官の任命方法は，民主的であり，興味深い。すな

---

37) ヨーロッパ経済共同体が設立されたのは1957年で，ヨーロッパ自由貿易連合は1960年である。後者の目的は，前者のそれよりも常に制限的であることが意図されていた。
Preston, C. "EFTA, the EU and the EEA" in John Redmond ed., *The 1995 enlargement of the European Union,* Aldershot: Ashgate, p. 14.
38) 議定書第11が効力を発生したのは1998年11月1日である。

わち，ヨーロッパ人権条約22条によれば，裁判官は，各締約国が指名する候補者の中から，ヨーロッパ審議会の議員総会が選出すると規定する。裁判官は，6年の任期で選出され，独立した地位を有する。裁判官は，如何なる国家をも代表しない。人権裁判所の決定は過半数の投票で行われ，全会一致でないときは，いずれの裁判官も反対意見を付すことができる[39]。裁判所のすべての最終判決は，被告である関係諸国を拘束する。

いずれの締約国も（国家の申し立て），または，この条約の違反による犠牲者であると主張する個人も（個人の申し立て），条約に定める権利を締約国が侵害したことを根拠として，直接裁判所に申し立てを行うことができる。手続は公開で行われ，対審制である。口頭審理が行われるのは極めて稀であるが，行われる場合はこれも公開である。裁判所の公用語は英語とフランス語である。

学者の中には，ヨーロッパ人権裁判所がヨーロッパ裁判所と特別な関係を築くに至ったと指摘する人もいる[40]。ヨーロッパ共同体の基本権原則と重複するヨーロッパ人権条約規定については，人権裁判所は注意深くヨーロッパ裁判所の判例を検討し，裁判による抵触を回避するであろう。しかしながら，抵触が生じたとしても，そのような抵触は，ヨーロッパ人権条約およびヨーロッパ共同体設立条約のそれぞれの目的および背景状況の相違から，正当化することが可能であろう。また，理念の重要な「授与者」としてのヨーロッパ人権裁判所は，構成国国内の最高裁判所との対話に積極的に参加することはない。

(ii) **ヨーロッパ自由貿易連合（EFTA）**

ヨーロッパ自由貿易連合裁判所は，ある程度ヨーロッパ裁判所をモデルとして設立された[41]が，管轄権は制限されている。ヨーロッパ経済協定（EEA）[42]は，1992年にヨーロッパ共同体とヨーロッパ自由貿易連合の構成国間で作成された[43]。ヨーロッパ経済協定によって創設されたヨーロッパ経済地域は，2

---

39) ヨーロッパ人権条約45条2項は以下のように規定している。「判決が，その全体であれ一部であれ，裁判官の全会一致の意見でないときは，いずれの裁判官も個別意見を表明する権利を有する」。

40) Baudenbacher, C. "Judicial Globalization: New Development or Old Wine in New Bottles?" In Symposium: Judicialization and Globalization of the Judiciary, *Texas International Law Journal*, Vol. 38, p. 512.

41) ヨーロッパ連合の司法制度であるヨーロッパ裁判所については，3でより詳細に検討する。

42) ヨーロッパ経済協定法（EEA法）は，実質的にヨーロッパ共同体法とほぼ同一である。

つの柱から成る。ヨーロッパ共同体とヨーロッパ自由貿易連合である。ヨーロッパ経済協定108条に基づいて，ヨーロッパ自由貿易連合裁判所が設立され，同裁判所は，外交による紛争解決モデルから裁判所による司法的解決へと転換を図っている。このようにして，ヨーロッパ共同体とヨーロッパ自由貿易連合を構成する諸国は，ヨーロッパ経済協定の実効的履行を確保しようとしているのである[44]。

　ヨーロッパ経済協定の要諦は，ヨーロッパ共同体とヨーロッパ自由貿易連合の間に同質性を維持することである[45]。それゆえ，ヨーロッパ自由貿易連合裁判所は，概して，ヨーロッパ裁判所の判例法に従うか，または考慮することを余儀なくされている。ヨーロッパ自由貿易連合裁判所の主要な権限は，ヨーロッパ経済協定の締約国が同協定法を侵害した場合に提起される訴訟の処理である。事件は，ヨーロッパ自由貿易連合監視委員会（Surveillance Authority）によって提訴され，関係するヨーロッパ自由貿易連合構成国は，ヨーロッパ自由貿易連合裁判所の判決に従うために必要な措置をとらなければならない。無効確認訴訟（actions for nullity）は，ヨーロッパ経済協定締約国または個人が，監視委員会の決定に対して提起できる。無効確認手続における裁判所の判決は，当事者を拘束する。さらに，ヨーロッパ自由貿易連合裁判所は，勧告的意見も述べる。ただし，勧告的意見に法的拘束力はない[46]。

43) ポルトで署名。1992年の時点で，ヨーロッパ自由貿易連合構成国の7ヶ国は，オーストリア，フィンランド，アイスランド，リヒテンシュタイン，ノルウェー，スウェーデン，スイスであった。今日，ヨーロッパ経済地域構成国は，ヨーロッパ連合の15ヶ国，および，アイスランド，リヒテンシュタイン，ノルウェーの3カ国である。1992年にヨーロッパ自由貿易連合構成国であった7ヶ国のうち，3カ国がヨーロッパ連合に加わり，スイスは，ヨーロッパ経済協定を批准しなかった。
44) Baudenbacher, C. "The EFTA Court — an Example of Judicialisation of the International Economic Law." *European Law Review*, Vol. 28, p. 882. ヨーロッパ経済地域は，独自の機関を作るかわりに，ヨーロッパ自由貿易連合裁判所でその活動を規律している。
45) しかしながら，ここで注目するに値するほど興味深いことは，ヨーロッパ共同体設立条約とヨーロッパ経済協定の目的と背景の相違の故に，ヨーロッパ共同体のすべての「憲法的」原則がヨーロッパ経済地域に移植されたのではないことである。例えば，直接効果原則はヨーロッパ経済地域に取り入れられてはいない。ただし，優越性原則と国家責任原則は，ヨーロッパ経済地域でも承認されている。
46) ヨーロッパ共同体の司法制度（先決判決手続）と異なり，国内裁判所がヨーロッパ自由貿易連合裁判所に意見を求める義務は存在しない。それにもかかわらず，最近，ノルウェー最高裁判所は，ヨーロッパ自由貿易連合裁判所の勧告的意見は「相当な評価 due account」をもって受け入れられなければならないと述べた。

ヨーロッパ自由貿易連合裁判所規程によると，裁判官は，その独立性が疑いの余地なく，かつ，それぞれの国において最高の司法官に任命されるのに必要な資格を有する者，または有能であることが広く認められた法律家の中から選任される[47]。ヨーロッパ自由貿易連合を構成する政府の共通の合意によって，6年の任期で任命されるこの選任過程は必ずしも透明ではなく，批判に晒されている。しかしながら，裁判官の独立性は疑問をもたれていない。いずれの構成国も自国の裁判官を選任できる。したがって，今日ではヨーロッパ自由貿易連合裁判所に3名の裁判官がおり，さらに特定の事件で正規裁判官が任務を遂行できないとき，裁判官の地位につくことが要請され得る6名の臨時裁判官が任命されている。

　裁判所の手続は，ヨーロッパ裁判所の手続を手本として作られ，同一の解釈方法を採用している。しかしながら，興味深いことに，ヨーロッパ共同体設立条約292条に類似した規定は存在しない。292条は，構成国がヨーロッパ共同体設立条約の解釈または適用に関する紛争を，設立条約に規定された方法以外で提起することを不可能とする規定である。したがって，ヨーロッパ自由貿易連合裁判所に権限がある場合は別にして，ヨーロッパ自由貿易連合構成国は，構成国間の紛争を依然として他の手段で解決することができる[48]。

　ヨーロッパ自由貿易連合裁判所における審議および評決は秘密であり，ヨーロッパ裁判所と同様に公開されない。裁判官が個人的な反対意見を明らかにすることもないし，事件について法務官が個人的意見を与えることもない。このようにして，ヨーロッパ自由貿易連合裁判所は「外部世界に対して統一した顔」を示すのである[49]。このような方法が採用されたのは，ヨーロッパ裁判所およびヨーロッパ自由貿易連合裁判所において反対意見を公開する制度が採用されると，裁判官の間で国家的な敵対関係を生み出すかもしれないので，その危険性を恐れたためである。

　さらに興味深いのは，裁判所の業務言語が英語であることである。単一の言

---

47) ヨーロッパ共同体のヨーロッパ裁判所の裁判官に要求されるのとまさしく同一の適性。
48) Sevon, L. "The EEA Judicial System and the Supreme Courts of the EFTA States." *European Journal of International Law*, Vol. 3, p. 334.
49) Baudenbacher, C. "Judicial Globalization: New Development or Old Wine in New Bottles?" In Symposium: Judicialization and Globalization of the Judiciary, *Texas International Law Journal*, Vol. 38, p. 512.

語を使用し，事件数も少ないことから，ヨーロッパ自由貿易連合裁判所は，決定であれ勧告的意見であれ，短期間で出すことができる。実際に，所要時間は1年以内であり，これは裁判所にとって重要な長所である[50]。

(b) アメリカ

90年代は，南北アメリカで経済統合過程が具体化するのを目の当りにした時代であった。北米自由貿易協定（NAFTA），メルコスールの創設，そして，事実上南アメリカ大陸全体を包含する自由貿易地域を創設するための，アンデス共同体とメルコスール間の最近の協定は，今後さらなる地域経済統合へ向かう傾向を加速させることを予期させる。その一方で，米州自由貿易地域（FTAA）創設のための交渉も，実質的に進行している。もっとも，当初，2005年の設立が計画されていたが，遅れている模様である[51]。

(i) 北米自由貿易協定（NAFTA）

長期にわたって，米国とカナダの貿易は，ガット等の多角的ルールによって規律されてきたが，1989年に，両国は二国間協定を締結することを決定し，この協定は，1994年に北米自由貿易協定（NAFTA）に引き継がれた。協定の主たる目的は，貿易障害を撤廃すること，物品およびサービスの動きを容易にすること，公正な競争条件を促進することである。

統合過程にある北米自由貿易協定の主たる紛争解決手続は20条に規定されている。興味深いのは，紛争解決手続が単一ではなく，5種類存在することである。協定は，一般的紛争解決手続を規定している。この規定は，司法化の観点からすると，後述するように，WTOの枠組ほど進化してはいない。上訴の権利も存在しないし拘束力もない。私人および非政府機関たる当事者は，基本的に手続から排除されており，法令遵守は実際上困難であることが明らかにされている。さらに実行が示すのは，北米自由貿易協定当事国の性向である。これら諸国は，北米自由貿易協定のパネルではなく，WTOの紛争解決制度を利用する傾向にある。また，北米自由貿易協定は，構成国からの輸入品も含めて，アンチダンピングおよび相殺関税を再検討するため，二国間のアド・ホックな

---

50) 後述するように，これは重要な問題である。ヨーロッパ裁判所の手続では，2年程度かかるからである。

51) Lavranos, N. "An Introduction into the Regional Economic Integration Process of the Americas." *Zeitschrift für Europarechtliche Studie*, Vol. 4, p. 129.

パネルも規定している。このパネルには，非政府機関たる当事者の参加も許されている。パネルの決定は拘束力を有し，限られた範囲ではあるが，上訴の権利も認められる。しかしながら，パネリストの選任は，極めて政治的であり，紛争が生じるたびに問題の種となっている。

最後に，協定11章の侵害については，特定された紛争解決手続が存在する。この手続は，構成国の市民が他国政府を相手取って提訴するもので，アド・ホックな裁判所で処理される。北米自由貿易協定の紛争解決制度は，詳細なルール，厳格な時間の制約を伴うパネル裁定制度，当事者を直接拘束しないパネル報告を基礎としている。北米自由貿易協定の紛争解決制度は，「ルール志向的」で準司法的なWTOの紛争解決了解よりも「権力志向的」と言われている[52]。

(ii) **アンデス共同体**

アンデス共同体の創設は1969年に遡る。構成国は，ボリビア，チリ，コロンビア，エクアドルであり，後にペルーとヴェネズエラが加盟し，1973年にはチリが脱退した。1993年になってようやく実施可能な自由貿易協定が作成された。1995年には，共通対外関税が設定され，翌年，統合過程が動き始めた。アンデス共同体の主たる目的は，貿易障害の撤廃と，共通対外関税を採用して関税同盟を完成させることである。

アンデス共同体の機関は，ヨーロッパ共同体のそれと類似しており，理事会，委員会，5名の裁判官で構成される裁判所（エクアドルの首都キトに所在）がある。裁判官は構成国国民でなければならず，自国で最高の司法官としての資格を有する者でなければならない。任期は6年で，一度だけ再選が可能である。興味深いことに，ヨーロッパ裁判所の法務官に類似した地位を創設する可能性がある[53]。

裁判所の手続は，ヨーロッパ裁判所のそれと酷似している。無効確認手続，非法令遵守手続，先決判決手続といった具合である。アンデス共同体の制度的枠組で印象的なのは，それが最終的な到達点としての自由貿易協定ではないという事実を隠していないことである。したがって，その将来は，メルコスール

---

52) Lavranos, N. "An Introduction into the Regional Economic Integration Process of the Americas." *Zeitschrift für Europarechtliche Studie*, Vol. 4, p. 132.
53) ヨーロッパ裁判所の法務官の職務については，ヨーロッパ裁判所に関する前節を参照。

または米州自由貿易協定と結び付く可能性を暗に示している。

(iii) メルコスール（MERCOSUR）

ラテン・アメリカでの統合構想自体は，長い歴史を持つ。しかし，ラテン・アメリカに共通市場を設けようという企図が登場するのは，主として1980年代の初めから民主的統治形態が登場する時代になってからのことにすぎない。率先して唱導したのはブラジルとアルゼンチンであり，北米自由貿易協定が1991年に動き始めて以降，北米の動きに対応して登場したといえる。

メルコスールは，アルゼンチン，ブラジル，パラグアイ，ウルグアイ間で1991年に創設された。チリとボリビアは準加盟国であった[54]。1995年までに共通市場を完成させることが計画されたが，共通の対外関税すら存在しておらず，今日までのところ，不完全な関税同盟でしかない。ただし，自由移動は実現されており，域内では関税も存在しない。また，非関税障壁の撤廃も計画されている。今日では，約90％以上の物品が4加盟国すべての市場を自由に流通している。

メルコスールの制度的構造もまた，ヨーロッパ共同体に着想を得たものである。ただし，超国家性または自律的（超国家的）中央機関という観念は拒絶している。メルコスールの主要構成国に反対されたためである。それゆえ，メルコスールは政府間的構造を基礎に機能している。今日でも以下で述べる2つの型の手続を除けば，紛争解決メカニズムは現実には存在せず，独立した司法機関は存在しない。

第1の型の手続は，構成国からの申し立てに関連する。この手続は，15日間の直接交渉を必要とする。解決しないときは，3名の仲裁裁判官で構成されるアド・ホック仲裁裁判所に仲裁を要請することも可能である。仲裁裁判官のうち，1名は各紛争当事国が任命し，第3の裁判官は，紛争当事国の合意によって任命される。裁判官は，当事国が提出した仲裁裁判官候補10名のリストから選任される。彼等は紛争の主題となるであろう事項について有能であることが認められた法律家である。裁判所は多数決で60日以内に判決を下す。反対意見は付さない。必要とあれば，30日間の延長が可能である。投票は秘密である。判決に上訴は認められず，紛争当事国を拘束する。別段の記述がない限り，判決には15日以内に従わなければならない。

---

54) アスンシオン条約（1991年3月，パラグアイ）の署名。

第I部　地域主義の展開

　第2の型の手続は，私人の申し立てに関する。私人は，差別的であるか制限的であるか，または不公正な競争の効果をもたらすような国家の法的もしくは行政的措置の適用または是認に対して申し立てを行うことができる。申し立てはメルコスールの国家セクションに提起する。国家セクションは，申し立てを共通市場グループに付託する。このグループは，申し立てを拒絶するか，または申し立てに対して助言を行い，かつ支持するために専門家委員会を招集するかどうかを決定する。ただし，この手続はほとんど使われたことがない。その原因は，執行が可能で直接拘束力を持つ決定を下すことのできる独立した機関が欠如しているからである。また，メルコスールの機関がメルコスール法を侵害した構成国に対して手続を開始できないという事実も，法の実効的執行を制約している[55]。

(iv)　**米州人権条約**

　米州人権裁判所は，1978年に発効した米州人権条約によって創設された（当事国は，アルゼンチン，バルバドス，ボリビア，コロンビア，コスタ・リカ，ドミニカ，エクアドル，エル・サルバドル，グレナダ，グアテマラ，ハイチ，ホンデュラス，ジャマイカ，メキシコ，ニカラグア，パナマ，パラグアイ，ペルー，ウルグアイ，ヴェネズエラ）。裁判所の設立は翌年で，所在地はサン・ホセ（コスタ・リカ）である。同裁判所は，国際社会で承認された人権を侵害する国家を裁判に服させる。こうした任務を明示的に委任された世界で2番目の地域的司法機関ということになる[56]。

　裁判所は，自律的機関であり，その目的は米州人権条約の解釈と適用である。裁判所が勧告的意見を出す管轄権は，今日存在しているいずれの国際的な司法機関よりも広い。というのは，裁判所は，条文上，人権条約の解釈のみならず，米州諸国の人権保護に関する他の条約を解釈する権限も付与されているからである。勧告的意見は，若干の国によって援用され，このことを通じて，裁判所の意見に重要な評価が与えられている。

　係争事件の管轄権は，勧告的意見と同様には機能していない。理由の1つは，

---

55) Lavranos, N. "An Introduction into the Regional Economic Integration Process of the Americas." *Zeitschrift für Europarechtliche Studie*, Vol. 4, p. 147.
56) これに先立って創設された最初の地域的司法機関は，前述したヨーロッパ人権裁判所である。Cerna, C. "The structure and the functioning of the Inter-American Court of Human Rights (1979-1992)." *British Yearbook of International Law*, Vol. 63, p. 135.

裁判所が必ずしも国際的監視と保護メカニズムを実効的に果たすべく運営されるよう義務づけられてはいないからである。確かに，多くの米州諸国には，依然として独裁主義と貧困が存在しているし，教育も欠如している。また，諸国間の経済的繁栄の相違が大きいことも過小評価するべきではない[57]。その上，そもそも個人が裁判所に提訴する権利を有さないのである。

裁判所は7名の裁判官で構成される。すべて構成国の国民でなければならない。任期は6年であり，一度だけ再選が可能である。裁判官は，人権分野で最も高い道徳的権威と優れた能力を有する法律家の中から選任される。裁判官は独立しており，審議は非公開である。裁判官の中から2年の任期で選ばれる裁判長のみが，常勤であり，他の裁判官は非常勤として在職する。

裁判所の構成で興味深いのは，人権条約55条が想定する状況下で特別選任裁判官を任命できることである。裁判官は訴訟当事国の国民であっても事件を審理する権利を保持する。そのとき，裁判所に自国国籍を有する裁判官を持たない訴訟当事国は，特別選任裁判官として，自らが選任した裁判官を法廷に送り込むことができる。構成国が関わる事件を審理する裁判官のいずれもが訴訟当事国の国民でないときにも，特別選任裁判官の任命が行われる。そのようなときは，訴訟当事国が，事件を審理する特別選任裁判官を個別に任命することができる。審理は公開で行われ，判決はすべての裁判官が出席する法廷の過半数で決定される。一般的に別段の決定がない限り，審議は非公開で行われる。

(c) アフリカ

西アフリカ経済通貨連合（Economic and Monetary Union of West Africa）

西アフリカ経済通貨連合は，西アフリカの8カ国（ベナン，ブルキナ・ファソ，象牙海岸，ギニア・ビサウ，マリ，ニジェール，セネガル，トーゴ）間の統合過程の産物である[58]。連合が創設されたのは，この地域で続いている経済的問題を構造的に解決する方法を見出すためであった。主たる目的は，経済の強化および共通市場の創設であった。連合は超国家的特質を備えた真の統合計画を有しており，この計画は，ヨーロッパ連合をモデルとして作成された。連合

---

57) See generally Davidson, S. *The Inter-American Court of Human Rights*. Darmouth: Aldershot, and especially, chapter 2 The Inter-American Court of Human Rights in context, p. 7.
58) 7カ国間で，1994年に設立。ギニア・ビサウが1997年に加わる。

の目的は，統一された域内市場の創設，および経済的に強力で魅力ある市場をもたらすための予算方針の調和である。連合が今日のアフリカ大陸で最も進化した地域的組織であることは確かであるが，真の単一市場に転換するためには，なお多くの努力が積み重ねられなければならない。

西アフリカ経済通貨連合が我々の研究にとって興味深いのは，そこで創設された司法制度がヨーロッパ連合の裁判所をそのままモデルとしていることである。構成，機能，規程およびほとんどの手続規則は，ヨーロッパ裁判所のそれをそのまま採用している。8名の裁判官が連合裁判所を構成し，所在地は，ワガドゥグ（Ouagadougou，ブルキナ・ファソ）である。構成国の理事会が裁判官を任命する。任期は6年である。裁判官の中から1人が裁判所長として選任される。所長の任期は3年である。法務官も裁判官から選ばれる。1999年以降，裁判所は常設となっている。業務言語はフランス語である。これまでに裁判所が重要な活動を行ってきたことはない。若干の事件のうち，最も関心を引くのは職員の地位に関する事件程度である。

司法制度を生み出すことと，それに実体を与えることは別個のことである。それゆえ，地域的組織の司法制度に力強さと権威を創り出すことが極めて重要となる。成功するかどうかの重要な決め手となるのは裁判所の構成と委ねられた職務であるが，さらに重要な要素は，地域的組織の構成国，とりわけ，その国内裁判所が地域的裁判所の決定を受諾し，かつ，それに従うことである。

（2） 多国間モデルの検討——WTO——

世界貿易機関（WTO）は，国家間の貿易に関するルールを地球規模で取り扱う唯一の国際組織である。WTOが目指すのは，貿易を自由化することで，物品およびサービス提供者，並びに輸入業者および輸出業者が，WTO構成諸国においてビジネスを円滑に遂行するのを援助することにある[59]。WTOは，構成国が直面する貿易問題を解決するための交渉の場である。紛争を穏便に解決するため，WTO協定は当たり障りのない紛争解決手続を規定した。

WTOにおける紛争解決手続は，紛争解決に関する了解（DSU）によって規律される。紛争解決に関する了解3条2項によれば，「世界貿易機関の紛争解決制度は，多角的貿易制度に安定性及び予測可能性を与える中心的な要素であ

---

59) WTO構成国たる150カ国（2007年1月11日時点）。

る」。この手続は，強制的でかつ準自動的なものである。WTO の紛争解決メカニズムは，単一の司法機関ではなく，3 つの機関で構成される。紛争解決機関（DSB），パネル，および上級委員会である。

紛争解決機関は，WTO の全構成員の代表で構成される機関である。それゆえ，紛争解決機関は，真の司法機関というよりは，WTO 一般理事会の分身とみなすことができる[60]。紛争解決機関は，実際に事件を詳細に検討する機関ではない。WTO 構成員間の紛争は，いずれかの当事者の要請で，そして，他の外交的手段を尽くした後で，事件ごとに設立されるパネルに付託される。パネルは，3 名（例外的に 5 名）の専門家で構成される。パネルのメンバーは当事者が選任するが，彼等は個人的資格で行動する。WTO のパネルは，公開の審理を行わない。構造上，独立性の確保の保証も欠いている。こうした性質は，仲裁裁判を強く想起させる。また，パネルは常設機関ではなく，そのため，個々のパネルは，当事者が設定したか，または予め決められている付託条件を満たさなければならない。この場合，紛争解決に関する了解の標準的な付託条件が適用される。パネルは，付託された事項について客観的評価を行わなければならない。評価には，事件の事実の客観的評価（パネルにとって，事実認定は紛争解決制度全体にとってもっとも弱い部分であることが強調されなければならない），並びに，関連する対象協定の適用可能性，および，それらの協定との適合性に関する客観的評価も含まれる。さらに，紛争解決機関が対象協定に規定された勧告を行うか，または裁定を行うにあたり，パネルは紛争解決機関を援助するために必要な他の認定も行わなければならない。

パネルは，紛争解決了解に規定された作業手続に従う義務がある。しかしながら，パネルは，紛争当事者と協議した後で，他の手続を決定することができる。パネル報告は，上訴されないときでさえ，最終的ではない。報告が最終的となるためには，紛争解決機関で採択されなければならない[61]。

パネルとは対照的に，上級委員会は，より明確に司法的な特徴を示している。上級委員会は，アド・ホックなパネルの認定に対する上訴を受理する常設機関

---

60) Romano, C. "The Proliferation of International Judicial Bodies : the pieces of the puzzle." NYU Journal of International Law and Politics, Vol. 31, p. 719.

61) See the article of Ehlermann, C. D. "Experience from the WTO Appellate Body." In Symposium: Judicialization and Globalization of the Judiciary, *Texas International Law Journal*, Vol. 38, p. 469.

であり，7名の委員から成る。上級委員会は，報告書が扱った法的問題，およびパネルが展開した法解釈に関する上訴のみ審理することができる。パネルとは対照的に，上級委員会の手続は詳細な手続規則によって規律される。これらの規則の大半は，ウルグアイ・ラウンドで交渉されなかった。それゆえ，紛争解決了解に記載されてはいない。手続規則は紛争解決機関自体が規定したものである。例えば，事件が上訴された場合，紛争当事者の国籍と上級委員会のメンバーの国籍とが同一であろうとあるまいと，事件の処理とは無関係であるというルールがその一例である。パネルと同様，上級委員会でのすべての手続も，口頭審理を含めて非公開である。準司法的な性質を有する紛争解決制度にはなじみづらいルールである。

パネルと上級委員会での審理手続の所産たる報告は，直ちに拘束力を持つわけではない。拘束的となるのは，紛争当事国と紛争解決機関の間で，報告について議論した後に，紛争解決機関が報告を採択したときのみである。紛争解決機関が，パネルと上級委員会の認定を拒絶できるのはコンセンサスによってのみである。したがって，拒絶は理論的に可能であるとしかいえない。仮にこのような制度でなかったとしたら，WTOの紛争解決手続は，拘束力ある性質の決定を下せる手続とはならないであろう。

WTOの構成国は，一般的な当事者適格を有し，かつ提訴する決定権を有する。しかしながら，構成国は，付託条件（term of reference）の中で，法的な請求および侵害されたWTO規定を明示しなければならない。パネルは，外部から専門家の意見を求めることができる。WTO協定の解釈方法は，国際法の解釈ルールに基づいている。条約法に関するウィーン条約31条1項によれば，「条約は，文脈によりかつその趣旨及び目的に照らして与えられる用語の通常の意味に従い，誠実に解釈するものとする」。上級委員会は，主に条約規定の通常の意味に依拠している。したがって，後述するように，ヨーロッパ裁判所の解釈方法とは相当に異なっている。後述するように，後者は解釈にあたって，目的と趣旨に依拠しているからである。

WTOの方法は効率的で，パネルと上級委員会が個々のケースで決定を下すにあたり，わずかの遅れしか出さない。手続の長さは，パネルの決定には平均9ヶ月，上級委員会に上訴されたときは12ヶ月である。また，構成国は150にも及ぶものの，業務言語は，英語，フランス語，ドイツ語の3ヶ国語のみであ

る。パネルおよび上級委員会の会合および審理は通訳なしで行われる。このことは時間を節約するのに大いに有用である。以上から，WTO の紛争解決手続を純粋に裁判手続と性格づけるのは誤りであろう。むしろ，準司法的メカニズムとも，混合型制度ともいえる。当分の間，このようなメカニズムで運用され続けるであろう。紛争の20％が紛争解決機関外で解決されていることにも留意しておくべきであろう。

（3） 小　　括

ここで我々が指摘できるのは以下のことである。地域的組織の内部に設けられる紛争解決または司法制度の構造と特異性を決定するのは，大体において，地域的組織の目的と組織の置かれた状況とである。

4　ヨーロッパの司法制度──理念の実験室──

主要な地域的組織の様々な紛争解決メカニズムを検討してきたところで，我々が確認できるのは，ヨーロッパ連合がヨーロッパ裁判所というもっとも進化した司法制度を有していることである。これまで述べてきたように，多くの地域的組織は，ヨーロッパ裁判所に倣って自らの制度を構築してきた。本章で述べてきたように，ヨーロッパの司法制度は，そのまま他の地域的組織に移しかえられるモデルとしてよりも，地域的組織の特定の目的と状況に合わせた修正を施しつつ，着想の源として扱われるべきであろう。

多様な紛争解決メカニズムの研究から，我々は，以下のような結論を引き出すことができる。すなわち，すべての地域的組織に適応して機能するような標準的で理想的な紛争解決モデルは存在しないということである。しかし，地域的組織の司法制度と紛争解決制度が実効的となるために必要な共通の特徴とルールは若干存在しており，一連の「核となる」ルールとして調査し提示することはできる。

いずれのルールも，理論的視点からのみ示され分析されるのではなく，複数の地域的組織の経験に基づいた実践的視点からも提示され分析される。実効的な司法的保護は地域統合過程で不可欠である。ルールはそれ自体で執行可能となるわけではないからである。紛争解決および執行メカニズムはいかなる法制

度にとっても必要な要素である。

（1）強制的紛争解決制度は必要不可欠か

　第1の論点は，独占的かつ強制的な司法制度を選択するか宣言的な司法制度を選択するかである。前者の場合，地域的組織を形成する国家は，独占的権限を有する司法制度の設立を受諾し，他の紛争解決方法を代替的に利用することができない。強制的制度なので，国家は紛争解決のために設けられた制度の管轄権受諾を宣言する必要がない。というのは，地域的組織に加盟することで，自動的に当該組織の司法制度の権限を承認したことになるからである。これとは逆に，後者の場合，地域的組織の構成国は，任意的紛争解決制度を受諾するにすぎず，この制度が当該国家にとって実効的となるのは，国家がその権限を承認する旨宣言したときのみである。

　両タイプの司法権は，ヨーロッパ裁判所に見出すことができる。ヨーロッパ裁判所は，ヨーロッパ共同体の枠組では独占的で強制的な管轄権を有すると同時に，ヨーロッパ連合の枠組では独占的ではあるが宣言的管轄権しか持たないからである。

　新しい地域的組織を創設するとき，当事者は，超国家的裁判所が絶対的に必要であるかどうかを決定しなければならない。また，反対する国家がある場合には，そもそも超国家的裁判所が実現可能であるかどうかも決定しなければならない。ヨーロッパ人権裁判所のように，強制管轄権が承認されるのは進化の証拠といえる。初めから進化してはいるものの，それほど活動もせず，権威も感じられない司法制度を持つより，紛争解決制度は地域的組織が進化する過程で徐々に改良される方が望ましい。

　地域的組織の構成国は，創設された紛争解決メカニズムを強化するために，他の紛争解決方法に訴えることを制限するだろうし，一方的な対抗措置に訴えることも制限するであろう。

（2）構成，機能および当事者適格の問題

　司法機関の構成員の独立性は，地域的組織が創設する司法制度または紛争解決制度の構造と機能にとって「最も」重要な要素である。それゆえ，将来の裁判官の選任過程および必要条件は文句のつけようのないものでなければならな

い。司法制度の機能が実効的となるかどうかの鍵は，紛争解決手続にあまり時間をかけないことである。というのは，たいていの地域的組織は特に経済法に関連しており，この分野での裁判の遅延はさらなる損害をもたらすので，手続の迅速さは，裁判が望ましいものとなるために不可欠な要素だからである。業務言語の選択も，したがって，きわめて重要となる。

　ヨーロッパ連合およびWTOにおけるように，上訴を可能とすべきかどうかの決定も行わなければならない。さらに，（北米自由貿易地域またはヨーロッパ連合にある特別裁判部のような）特別な裁判所または裁判部の存在が望ましいのかどうか，一般的な管轄権を持つ単一の裁判所が望ましいのかどうかも決定しなければならない。

　ヨーロッパ裁判所の先決判決手続の研究は，地域的組織の裁判所と当該組織の構成国の国内裁判所裁判官との協力が如何に重要であるかを示している。そこでは多様な形態の協力方法と作業方法が可能である（ヨーロッパ共同体，ヨーロッパ自由貿易連合）。このような裁判官同士の対話は，後方支援（例えば翻訳や研究サービス，決定に関する情報共有のための共通のデータベース開発など），人的資源，知識，言語を必要とする。すべての地域的組織がこれらを用意できるわけではないが，この種の対話が目指すものは計り知れないほど貴重である。しかしながら，以下の点を強調しておかなければならない。ある裁判所が他の裁判所を理解する能力，そしてまた，裁判所間の相互の関係の性質は，個々の裁判官が受けた教育，および彼らが他の裁判所との間で有する特別な結びつき次第であることが多いということである。それぞれの裁判所には，男であれ女であれ，多様な個人的経歴を持つ裁判官が勤務している。そうした個人的資質が，裁判官同士の司法上の対話の行われ方を規定しているともいえよう。

　最後に，地域的組織の司法制度または紛争解決メカニズムの前で，だれが当事者適格を有すべきかを考察することも重要である。地域的組織の構成国および機関のみが当事者適格を有すべきか，私人にも認めるべきか。私人が国際的／地域的組織の裁判手続を直接利用することを認めるべきか否か，といった問題である。

（3）　実効的手続および執行メカニズムの必要性

　地域的組織を設立し，その任務を明らかにする設立基本文書には，結果を意

識したルールが規定されなければならない。しかも，そのルールは公布されるだけでなく確実なものでなければならない。

　私人の権利の法的保護は不可欠である。いうまでもなく，国際経済取引は，私権の行使を伴い，これらの権利は確保されなければならない。それゆえ，自由貿易地域を基礎とした地域的組織にとって，権利の確保は重要であるとともに有用である。

　法的保障は不可欠である。したがって，ルールには，以下が含まれるものと考えられる。比例原則の尊重，恣意的な公権力行使からの保護，裁判を受ける権利，裁判拒否の禁止である。

　地域的組織と構成国の国内裁判所との相互作用は，執行レベルでも確実なものとする努力が必要である。ルール志向的な手続と実効的執行メカニズムが設定されなければならない。したがって，司法機関または紛争解決機関が下した決定を尊重しない当事国について，罰金または金銭的制裁を加える可能性（例えばヨーロッパ共同体条約228条）もまた，検討されなければならない。

5　結　論

　司法化は最近の国際社会の一般的な傾向であり，ほとんどの地域的組織に見出すことができる。ヨーロッパ連合の司法制度は，最も古い制度の一つであり，最も進化した司法制度である。他の地域的組織に見られる紛争解決メカニズムまたは司法制度のほとんどは，ヨーロッパ連合のそれに強く着想を得たものであるか，着想そのものをまるごと受け入れたものであった。しかしながら，主たる地域的組織のいくつかをよく見てみると，創設された司法制度が成功し，その機能が順調に確保されるのは，それぞれの地域的組織の目的と背景が十分に考慮されているときであることが分かる。確かなことは，一定の地域でうまく作動したモデルを他の地域に移し変えただけでは十分ではないということである。

　ヨーロッパ連合の司法制度は，順調に機能している事例として，または着想の淵源として役立てることができる。とは言うものの，地域的組織の設立を願う諸国は，むしろ，地域的組織の実効的司法制度または紛争解決制度に不可欠な「核となる」一連のルールに焦点をあてて議論を行わなければならない。こ

2 地域的国際組織における司法制度の構築〔イモーラ・シュトレーホ〕

れらのルールは，司法制度の強制的性質，その構成，機能，手続，執行メカニズムに関わる。本章では，最も重要な要素を明確に示した。これらのルールは，それらが運用される地域的組織に最もよく適合するよう状況に合わせて修正されなければならない。したがって，ヨーロッパ連合の司法制度は，そのまま移し変えられるべきではない。何故ならば，ヨーロッパ連合の司法制度は，ヨーロッパ連合の目的と事情に独特のものだからである。

〔荒木教夫 訳〕
(2005年3月26日受領)

3　東アジアにおける多角主義的地域主義に向けて

チョ・ソンジュン

1　はじめに

　変動する現代史を通じて，東アジアは，他に例を見ないその独特な経済的活力のために常に注視に値するものであった。日本経済は，戦災から復興し，そして主要な経済大国へと発展した。ほどなく，新興工業経済地域（韓国，台湾，香港，シンガポール）は，日本の成功を模倣し，そして追従した。これらの国々は，総じて「東アジアの奇跡」と呼ばれて賞賛された。20世紀末の金融危機でさえ，そのような経済的活力を抑えることはなかった。さらに最近になって，グローバル化の新たな担い手である中国が，世界の工場として台頭してきた。

　東アジア地域経済全般にわたる典型的な特徴の1つは，ガットとWTOに象徴される多角的貿易制度を支持してきたことである。東アジア地域の経済は，輸出志向の成長戦略を追及することができ，事実，追求してきた。東アジア地域経済は，米国が戦後国際経済の枠組みである多角的貿易制度に全力を傾けていたことを，十分に利用した。また，冷戦対立期に米国がこの地域に深く関わっていたことも利用した。しかし，1980年代になって，アメリカが旧ソビエト連邦を圧倒して冷戦期の対立が収まり始めたとき，多角的貿易制度を擁護するアメリカの熱意は弱まった[1]。覇権後の時代になると，アメリカは「縮小する巨人症候群（diminishing giant syndrome）」に罹患し，アメリカが通商政策を策定するにあたり，アンチダンピング手続や輸出自主規制（VERs）といった

---

[1] See ANNE O. KRUEGER, AMERICAN TRADE POLICY: A TRAGEDY IN THE MAKING 31 (1995); Ernesto M. Hizon, *Virtual Reality and Reality: The East Asian NICs and the Global Trading System*, 5 ANN. SURV. INT'L & COMP. L. 81, 113 (1999).

措置を採用して，国内向けの保護主義をもたらし，また，スーパー301条を利用した対外的一方主義も招いた[2]。

興味深いことに，アメリカ国内における保護主義の高まりと東アジア諸国に対する市場開放圧力は，この地域における経済超大国としての中国—アメリカの影響力を減じることはあっても，アメリカに取って代わることはないであろうが—の勃興と重なっている[3]。とりわけ，東アジア諸国間の国際的な結びつきは，金融危機以降，強まっているように見える。しかしながら，重要なことは，最近の経済動向に見られるこのような変化が，必ずしも東アジア諸国間に新たな地域主義が生ずることを正当化するものではないことである。地域主義一般はもとより，とりわけ東アジアの地域主義は，他の地域と同様，東アジアに多くの危害をもたらす。

東アジアにおける地域主義は不可避的ではあるのだが，地域主義の欠点を回避できるように，多角的に調整されるべきであるというのが本章の主張である。2では，東アジアにおける地域貿易協定の歴史的背景を素描する。3では，アジア太平洋経済協力会議（APEC）を，東アジアにおける開かれた地域主義の典型的モデルとして描写する。4では，東アジアにおける現時点の新しい地域主義を紹介し，論評する。そして5では，解決策として，「多角主義的地域主義（Multilateralized Regionalism）」の概念を提唱する。

2　東アジアにおける地域主義貿易の歴史的背景

（1）　東アジアの奇跡と脆弱な地域主義貿易

伝統的に，東アジアには地域貿易協定（RTA）がほとんど存在しないことはよく知られている。東南アジア諸国連合（ASEAN）を除けば，この地域には，目立った地域貿易協定は存在しなかった。地域貿易協定が少なかったのはなぜだろうか。多くの要因が考えられるが，もっぱら歴史的・政治的な要因に帰せ

---

2) See Jagdish Bhagwati & Douglas A. Irwin, *The Return of the Reciprocitarians: US Trade Policy Today*, 10 WORLD ECON. 109（1987）.

3) Carlyle A. Thayer, *ASEAN Ten Plus Three: An Evolving East Asian Community?*, in 2 COMPARATIVE CONNECTIONS: AN E-JOURNAL ON EAST ASIAN BILATERAL RELATIONS 52（2001）, *available at* http://www.csis.org/pacfor/cc/004Q.pdf（last visited Nov. 25, 2004）.

しめることができよう。第1に，産業革命のもたらした技術的優越をもって武装した西洋帝国主義列強が，東アジアに進出して以来ずっと，この地域は，権力闘争の舞台へと変容してしまい，大小の，そして熱戦であれ冷戦であれ多様な戦争にさらされ，傷つけられてきた。植民地としての経験，多くの戦争に由来する根の深い憤怒感，そして多様な民族性と言語がもたらす多様な文化など，これらの相互作用と蓄積が，この地域に正式な協定が極端に少ない事実を裏付ける[4]。それゆえ，かつてスカラピーノ (Robert Scalapino) が述べたように，「アジア化 (Asianization)」の過程は，いまだに実現していないのである[5]。

東アジアで地域主義が脆弱であることを説明するにあたって考慮すべきもう1つの重要な側面は，アメリカと東アジア諸国との間の緊密な二国間経済提携関係の存在である。戦後国際経済秩序の主たる設計者として，かつまた冷戦期の西側資本主義の擁護者として，アメリカは，東アジア諸国に継続して深く関わってきたのである。アメリカは，日本と新興工業経済地域 (NIEs) に対して，大きな輸出市場を提供した。アメリカは，一般特恵制度 (GSPs) に見られるように，これらの国々のために貿易ルールを曲げさえした[6]。主要な東アジア諸国が経済的にアメリカに依存してきたことが，東アジア諸国間に地域連合を形成することを不要とさせてきたものと思われる。

正式な地域的制度がなかったので，明らかに東アジア諸国は，より精力的に世界市場に溶け込もうとしてきた。地域主義貿易が脆弱だったため，旧ガットやWTOのような，多角的貿易制度に強く関わることに傾倒したのである[7]。「新興工業経済地域 (NIEs)」，すなわち，シンガポール，韓国，香港，そして台湾は，海外重視の，輸出志向型発展戦略を採用し，成長することができた。1960年代の「第1の地域主義」の期間に，ラテンアメリカ諸国が採用した，内

---

4) Paul M. Evans, *Regional Institutions, Regional Identities, in* EASTERN ASIA: AN INTRODUCTORY HISTORY 451-58 (Colin Mackerras ed., 3d ed. 2000).

5) RobeRTAcalapino, "*Regionalism in the Pacific: Prospects ad Problems for the Pacific Basin*", 26 THE ATL. COMMUNITY Q. 174, 178 (1988) (「アジア化」とは，「多様な政治的，文化的特質を有するアジア諸国相互およびアジア諸国間関係のネットワークの拡大と深化」であると定義されている).

6) *See generally* USTR, *Generalized System of Preferences, available at* http://www.ustr.gov/Trade_Development/Preference_Programs/GSP/Section_Index.html (last visited on Jan. 6, 2005).

7) *See notably* ROBERT Z. LAWRENCE, REGIONALISM, MULTILATERALISM, AND DEEPER INTEGRATION (1996).

向きの輸入代替戦略とはまったく対照的であった[8]。さらに最近になって，中国が，自国経済を，古い冷戦中の隠匿的立場から新たなグローバル化の担い手へと変容させてきている。1970年代末に「開放」路線を採用して以来ずっと，中国は，拡大し続ける自国経済を，世界市場制度の本流に組み入れようとしてきたのであり，ついには，WTO への加盟を認められた[9]。

(2) 東アジアの地域主義貿易の原型——APEC 提唱以前——

前述の歴史的事実と民族的・文化的異質性の存在は，正式な地域的経済制度を政府主導で設定しようという動向には不利に作用した。このような制度は，国際法に基づき法的拘束力を有する一定水準の義務が要求されたであろうからである。はたせるかな，東アジアの地域主義貿易の原型は，この地域の財界が提案した非公式な制度的取極めの基礎の上に構築された[10]。ASEAN は，この傾向の例外に相当するが，例外であることについては，以下で述べるように合理的な理由がある。それと同時に，アメリカとの冷戦戦略上の同盟関係と結びついた東アジア諸地域の輸出志向型発展戦略は，太平洋対岸の貿易パートナー，すなわちアメリカとの強固な経済的紐帯を当然の如く強調した。この現実を明らかに示している事実として，次のことを指摘できる。すなわち，東アジアの地域主義について計画が提唱される際には，そのほとんどの計画が，太平洋またはアジア太平洋として表示されているのである。

1967年，太平洋経済委員会（PBEC）が，アジア太平洋地域における多国籍企業の経営者によって創設された[11]。委員会の使命は，貿易および投資の自由化を促進することにより，ビジネスに適した環境をこの地域に建設すること，「市況情報 (market intelligence)」を交換すること，そして，財界のメンバーが

---

8) *See* JAGDISH BHAGWATI, THE WORLD TRADING SYSTEM AT RISK (1991).

9) *See* Frederick M. Abbott, *Reflection Paper on China in the World Trading System: Defining the Principles of Engagement, in* CHINA IN THE WORLD TRADING SYSTEM: DEFINING THE PRINCIPLES OF ENGAGEMENT 4 (Frederick M. Abbott ed. 1998).

10) *See* Dajin Peng, *Invisible Linkages: A Regional Perspective of East Asian Political Economy*, 46 INT'L STUD. Q. 423 (2002)（東アジアにおける「華人地域のビジネスネットワーク」と「サブリージョナルな経済地域」に基づく，非公式の経済統合に光を当てている）。

11) *See generally* PBEC, Overview, *available at* www.pbec.org（last visited on Dec. 22, 2004）.

議論をするためのビジネス・フォーラムを提供することであった。その使命を遂行するにあたって，PBECは，諸政府と適切な実務関係を確立した。そしてこの実務関係は，協力の促進，政策の提言，および／またはロビー活動のために活用されたのである[12]。

1980年には，太平洋経済協力会議（PECC）が創設された。これは，地域経済協力および統合のために正式な制度を確立する大胆な新しい試みであり，広範な参加者を擁するものとされた。しかしながら，鳴り物入りで始まったこの計画も，すぐに，非公式の地域的経済フォーラムという，より実践的な計画へと変更された。この新たな試みは，ASEANに取って代わるかもしれず，アメリカおよび／または日本がこの地域を支配するかもしれないと恐れられたためである。興味深いことに，PECCは，独特な「三者」構造となっており，各メンバーの派遣代表は，実業界，学界，そして政府の代表によって構成されている[13]。PECCは，この地域におけるその突出した地位のために，APECにおける唯一の非政府オブザーバーという名誉ある地位を獲得し，あらゆるレベルでAPECと密接に協力し続けてきたのである[14]。

東アジアにおける非公式かつ経済主導の地域主義の例外は，東南アジア諸国連合（ASEAN）である。ASEANは，1967年に原加盟5カ国（インドネシア，マレーシア，フィリピン，そしてタイ）によって創設された。後に，ブルネイ（1984年），ベトナム（1995年），ラオスおよびミャンマー（1997年），そしてカンボジア（1999年）が加盟した。非植民地化および冷戦から生じた変化に直面して，ASEANの主要な使命は，創設以来，経済よりも政治的課題，すなわち地域の平和と安全に集中した[15][16]。当初は，制度上の重点が政治的協力に置か

---

12) Harry Harding, *International Order and Organization in the Asia-Pacific Region*, in EAST ASIA IN TRANSITION: TOWARD A NEW REGIONAL ORDER 336 (Robert S. Ross ed. 1995).

13) *See* Kenneth W. Abbott & Gregory W. Bowman, *Economic Integration for the Asian Century: An Early Look at New Approaches*, 4 TRANSNAT'L L. & CONTEMP. PROBS. 187, 206-07 (1994).

14) PECC, PECC and APEC, *available at* www.pecc.org/trade/pecc_and_apec-content.htm (last visited on Dec. 5, 2004).

15) ASEAN, *Overview, available at* http://www.aseansec.org/64.htm (last visited on Dec. 24, 2004).

16) *See* Mark Beeson, *ASEAN plus Three and the Rise of Reactionary Regionalism* (2003), *available at* http://eprint.uq.edu.au/archive/00000496/ (last visited on Dec. 28, 2004).

れていたので，市場統合や相互依存といった経済的価値よりも，主権の独立や不干渉などのような政治的価値が優先されていた[17]。1992年になって，はじめて ASEAN 加盟諸国間に自由貿易地域を設立した[18]。貿易自由化事業についていえば，ASEAN の業績はそれほど目覚しいものではなかった。開発途上国である ASEAN 加盟国は，急激な自由化と市場開放戦略よりも，漸進的なそれを望んだのである[19]。

3　地域主義貿易における東アジアのパラダイム
――アジア太平洋経済協力会議（APEC）――

（1）　起源および制度的発展

1989年，オーストラリアのホーク（Robert Hawke）首相は，アジア太平洋地域において，経済協力開発機構（OECD）を範とした経済協力機関の形成を提案した[20]。この提案には，国際貿易社会に対する巧妙な政治的メッセージが含まれていた。すなわち，ウルグアイ・ラウンド交渉が万一失敗に終わった場合，アジア太平洋地域自体が，EC や NAFTA のような経済・貿易ブロックへと変容するかもしれないというものである[21]。この地域の経済大国である日本は，時宜を得た，そして大胆なこの提案を，直ちに歓迎した。その上，極めて実際的な国家である日本は，近隣諸国を説得して，この大きな計画にアメリカを加えたのである[22]。

APEC の原メンバーは，オーストラリア，ブルネイ，カナダ，インドネシア，日本，韓国，マレーシア，ニュージーランド，フィリピン，シンガポール，タイ，そしてアメリカである。中国，台湾，香港，メキシコ，チリ，そしてロシ

---

17)　*Id.*

18)　ASEAN, *Southeast Asia: A Free Trade Area*, available at http://www.aseansec.org/viewpdf.asp?file=/pdf/afta.pdf（last visited on Dec. 24, 2004）.

19)　*See* Thomas C. Fischer, *A Commentary on Regional Institutions in the Pacific Rim: Do APEC and ASEAN Still Matter?*, 13 DUKE J. COMP. & INT'L L. 337, 353（2003）.

20)　*See* Merit E. Janow, *Assessing APEC's Role in Economic Integration in the Asia-Pacific Region*, 17 NW. J. INT'L L. & BUS. 947, 953（1997）.

21)　*Id.*

22)　*Id.*, at 954.

3 東アジアにおける多角主義的地域主義に向けて〔チョ・ソンジュン〕

アが，続いてこの組織に加盟した。当初から，APECの制度上の立場は慎重なものであった。APECは，管轄権が競合するかもしれない既存の組織に対して，注意深く制度上の位置づけを行った。既存の組織との関係で，APECは，公式には，競争と支配よりも，調和を，さらに補完性さえ追求した。例えば，ASEANとの関係で，APECは，APECに対するASEANの重要性を承認することによって，ASEANと疎遠になることを回避した[23]。加えて，APECは，多角的貿易制度およびウルグアイ・ラウンド交渉への強力な関与を繰り返し表明した[24]。とりわけ，「APECソウル宣言」において，APECのメンバーは，APECの制度的存在根拠を明らかにした。それは，多角的貿易制度の精神でアジア太平洋の経済協力を行うということであり，「開かれた地域主義」と名づけられたものである[25]。

1993年，アメリカ大統領クリントンは，経済首脳会議を主催することによって，APEC会合を閣僚級から首脳級へと格上げした。こうしたアメリカの立場は，共和党大統領時代の敵対的姿勢とは異なって，魅力的で宥和的なものであったし，ウルグアイ・ラウンド交渉が大詰めを迎えるにあたって，新しい時代における，この地域の経済協力の到来を告げるものであった。ASEAN所属メンバーは，アメリカの主導権が，この地域における強引な自由化を促進することに対して疑念を持ったのだが，日本，韓国，台湾といった，他のメンバーは，実際的な観点からASEAN諸国を説得した[26]。

APECの形態は，形式ばらないことであり，緩やかな制度尊重主義である[27]。APECは，正式な条約によって創設されたものではないばかりか，正式な憲章

---

23) Joint Statement of the First Ministerial Meeting (Canberra, Australia, November 6-7, 1989), *available at* http://www.apecsec.org.sg/apec/ministerial_statements/annual_ministerial/1989_1st_apec_ministerial.html (last visited on Dec. 26, 2004).
24) *Id.*
25) Joint Statement of the Third Ministerial Meeting (Seoul, Korea, November 12-14, 1991), *available at* http://www.apecsec.org.sg/apec/ministerial_statements/annual_ministerial/1991_3th_apec_ministerial.html (last visited on Dec. 26, 2004). *See generally* C. Fred Bergsten, *Open Regionalism*, 20 WORLD ECON. 545, 548 (1997).
26) *See* Martin Rudner, *Institutional Approaches to Regional Trade and Cooperation in the Asia Pacific Area*, 4 TRANSNAT'L L. & CONTEMP. PROBS. 159, 168-69 (1994).
27) *See generally* Sungjoon Cho, *Rethinking APEC: A New Experiment for a Post-Modern Institutional Arrangement*, *in* WTO AND EAST ASIA; NEW PERSPECTIVES 405-06 (Mitsuo Matsushita & Dukgeun Ahn eds. 2004) [hereinafter Cho, Rethinking APEC].

も憲法も持たない。APECは，正式な意思決定機関も持たなければ紛争解決メカニズムも持たない。APECが行う公約は，法的拘束力を持たず，それゆえに，強制することはできない。この制度的柔軟性のために，若干の構成国，特にASEAN諸国のような比較的小さな国々は，アメリカの積極的な貿易自由化への動きに不安を感じるかもしれない[28]。しかし，他方でこの柔軟性は，正規の外交上の仕組みの下であれば生じたであろう不要な政治的膠着状態を防いでいるのである。とりわけ，中国，香港，および台湾は，「サミット」の名の下ではなく，「経済首脳会議」の名の下で，独立したメンバーとしてAPECの会合に出席し続けることができたのである[29]。同様に，APECは，「天安門後」の時期に，アメリカと中国に対して，多様な政策論議のための「非対決的」なフォーラムを提供したのである[30]。

最後に，APECは，これまで長年にわたって東アジアに存在した地域的経済制度の伝統，すなわち有力な私人の影響力に追随した。1996年，「APECビジネス諮問委員会（ABAC）[31]」が創設された。ABACは，アジア太平洋経済協力賢人会議（EPG）や太平洋ビジネス・フォーラム（PBF）のような，以前から存在する，どちらかというとアドホックな性格を有していた諮問機関に取って代わったのである。

（2） 開かれた地域主義

APECが多角的貿易制度に強く肩入れしたことは，APECを特徴づける性質となった。APECは，WTOの補完物であり続け，それに取って代わろうとすることはなかった。ウルグアイ・ラウンド交渉の成功とWTOの設立が不確実であったとき，APECはWTOの設立に賛成した。そして，動向を窺っている人々に対して，強い影響を与えるメッセージを精力的に送った[32]。

内向きで差別的な地域ブロックとは全く対照的に，APECが貿易と投資を自由化することで生じる利益は，開かれた地域主義の原則に基づいて，メンバー

---

[28] Fischer, *supra* note 19, at 341-42.
[29] Cho, *Rethinking APEC, supra* note 27, at 406.
[30] Janow, *supra* note 20, at 997-98.
[31] *See* APEC, APEC Business Advisory Council（ABAC）, available at http://203.127.220.67/apec/business_resources/apec_business_advisory.html（last visited on Dec. 6, 2004）.
[32] Cho, *Rethinking APEC, supra* note 27, at 413-14.

と非メンバーの双方で分かち合うようになっている[33]。1994年，APECは「ボゴール宣言」と呼ばれる大胆な自由化の青写真を発表した。これは，各メンバーが，2020年（先進国は2010年）までに，アジア太平洋地域における本格的な貿易および投資の自由化の達成を約束するものであった[34]。この青写真は，その後の一連の提案によって詳述され，実行され，そして迅速に処理されさえした。一連の提案とは，1995年の「大阪行動指針（OAA）[35]」，1996年の「APECマニラ行動計画（MAPA）[36]」，そして1997年の早期自主的部門別自由化（EVSL）プログラムなどである[37]。OAAは，2つの部分からなっている。第1部は，貿易および投資の自由化に関するものであり，第2部は，経済的および技術的協力を扱っている[38]。MAPAは，自発的かつ一方的な自由化計画を対象とする「個別行動計画（IAPs）」と，OAAの第1部に見られる15の中核領域を扱う「共同行動計画（CAPs）」からなっている[39]。EVSLは，IAPsの履行にあたって15の分野を特定した。これらの分野では自由化の促進が可能であり，自動車，民間航空機，そして電気通信なども対象となっている[40]。さらに最近になって，APECは，その自由貿易志向的な焦点を補正し，「開発」問題に光を当て始めた。こうした動きは，1999年にシアトルで発生したグローバル化へ

---

[33] Joint Statement of the Sixth Ministerial Meeting (Jakarta, Indonesia, November 11-12, 1994), *available at* http://www.apecsec.org.sg/content/apec/ministerial_statements/annual_ministerial/1994_6th_apec_ministerial.html (last visited on Dec. 26, 2004).

[34] APEC Economic Leaders' Declaration of Common Resolve (Bogor, Indonesia, November 15, 1994), *available at* http://www.apecsec.org.sg/apec/leaders_declarations/1994.html (last visited on Dec. 26, 2004).

[35] Joint Statement of the Seventh Ministerial Meeting (Osaka, Japan, November 15-17, 1995), *available at* http://www.apecsec.org.sg/content/apec/ministerial_statements/annual_ministerial/1995_7th_apec_ministerial.html (last visited on Dec. 27, 2004) [hereinafter Osaka Ministerial Meeting].

[36] Joint Statement of the Eighth Ministerial Meeting (Manila, Philippines, November 22-23, 1996), *available at* http://www.apecsec.org.sg/content/apec/ministerial_statements/annual_ministerial/1996_8th_apec_ministerial.html (last visited on Dec. 27, 2004) [hereinafter Manila Ministerial Meeting].

[37] Joint Statement of the Ninth Ministerial Meeting (Vancouver, Canada, November 22-25, 1997), *available at* http://www.apecsec.org.sg/content/apec/ministerial_statements/annual_ministerial/1997_9th_apec_ministerial.html (last visited on Dec. 4, 2004) [hereinafter Vancouver Ministerial Meeting].

[38] Osaka Ministerial Meeting, *supra* note 35.

[39] Manila Ministerial Meeting, *supra* note 36.

[40] Vancouver Ministerial Meeting, *supra* note 37.

の抗議運動，2001年の9.11テロ攻撃，そしてWTO体制の下で実施されたドーハ開発ラウンドの開始といった，一連の出来事が背景にある[41]。

貿易および投資の自由化というこの野心的なスキームは，範囲と深さの両方の点からWTOを凌いでいるのだが，それは，非拘束的性格と自発的行動主義を特徴とするAPECの緩やかな制度化（soft institutionalization）によって可能となった。APECの実験的な「小規模の非公式主義[42]」または「ミニ・ラテラリズム[43]」は，WTOを世に送り出す前のリハーサルとなったのである。これに関連して，ある中国当局者は，「WTOは素晴らしい宴会であり，APECは料理を用意する厨房のようなものである」[44]と指摘している。この緩やかな性質にもかかわらず，APECは，自由化の点では極めてよく機能した。APECの枠組みの下で，日本とシンガポールは自国の電気通信市場の自由化を約束し，日本は日本国内におけるアメリカ製自動車の販売特約権を増やし，中国は外国人に対して農地の賃貸を認め，そして韓国は自国の建設市場を外国人に開放した[45]。金融危機の直後であってさえも，APECのメンバーは，それ以前の自発的コミットメントの撤回を拒んだのである[46]。

APECがWTOを補完するという形式で生じた実験室効果は，規制領域にお

---

41) *See e.g.,* APEC Economic Leaders' Declaration: Meeting New Challenges in the New Century (Shanghai, China, Oct. 21, 2003), *available at* http://www.apecsec.org.sg/apec/leaders_declarations/2001.html (last visited on Dec. 29, 2004); APEC Economic Leaders' Declaration: Bangkok Declaration on Partnership for the Future (Bangkok, Thailand, Oct. 21, 2003), *available at* http://www.apecsec.org.sg/apec/leaders_declarations/2003.html (last visited on Dec. 29, 2004).

42) *See* Lorraine C. Cardenas & Arpaporn Buranakanits, *The Role of APEC in the Achievement of Regional Cooperation in Southeast Asia*, 5 ANN. SURV. INT'L & COMP. L. 49, 50 (1999).

43) *See* Jonathan D. Aronson & Peter F. Cowhey, *Prospects for Post-Uruguay Round Trade Management*, 4 TRANSNAT'L L. & CONTEMP. PROBS. 47 (1994); Shara L. Aranoff, *Regional Trade Organizations: Strengthening or Weakening Global Trade?*, 88 AM. SOC'Y INT'L L. PROC. 309 (1994); *See* NORMAN D. PALMER, THE NEW REGIONALISM IN ASIA AND THE PACIFIC 175, 178, 181-82 (1991).

44) Jonathan T. Fried, *APEC as the Asia-Pacific Model for Regional Economic Cooperation, in* CHINA IN THE WORLD TRADING SYSTEM: DEFINING THE PRINCIPLES OF ENGAGEMENT 186 (Frederick M. Abbott ed. 1998) (quoting a comment by China's Vice Minister Long Yongtu).

45) Fischer, *supra* note 19, at 349.

46) *Id.*, at 351.

いても見ることができる⁴⁷⁾。APECは，多様なソフト・ロー・タイプの指針，基準，または申し合わせを発している。例えば，「APEC非拘束的投資原則⁴⁸⁾」，「技術的規則の起草，採択，および審査のための指針」，「APEC食料相互承認協定（MRA）⁴⁹⁾」などである。これらは法的拘束力がなく，それ自体の違反は生じ得ないかもしれない。しかし，国内当局が上記諸指針を採択し履行するにあたり，規制上の裁量性をより多く享有できているのは，この柔軟性のためである。

4 東アジアにおける新しい地域主義とその不満

（1）　現象の理解

東アジア諸地域の首脳は，最近，二国間の，またはサブ・リージョナルな協定に向けて野心的な青写真を公表するのに忙しくなってきている。その動機づけは様々であり，例えば，金融危機後の内政重視傾向，経済超大国としての中国の台頭，そして他の国々が自由貿易協定に参加する流行に対する反応としてなどである⁵⁰⁾。これらの協定の中には，真剣に交渉が行われ，すでに結実したものもある⁵¹⁾。かつて「ガット１条（最恵国待遇条項）の友⁵²⁾」として知ら

---

47)　See Sungjoon Cho, *Breaking the Barrier between Regionalism and Multilateralism: A New Perspective on Trade Regionalism*, 42 HARV. INT'L L. J. 419, 429-36 (2001). [hereinafter Cho, *A New Perspective*].

48)　APEC Non-Biding Investment Principles (Annex II), *in* GUIDE TO THE INVESTMENT REGIMES OF THE APEC MEMBER ECONOMIES (5ᵗʰ ed. 2003), *available at* http://www.apecsec.org.sg/apec/publications/all_publications/committee_on_trade.html (last visited on Dec. 27, 2004).

49)　*See* APEC, Sub-Committee on Standards and Conformances, *available at* http://www.apecsec.org.sg/apec/apec_groups/committees/committee_on_trade/sub-committee_on_standards.html (last visited on Dec. 11, 2004). *See also* JOHN S. WILSON, STANDARDS AND APEC: AN ACTION AGENDA 3 (1995)（試験室の「汎APEC的承認」を与える「APEC試験承認センター」の設立を提案している）。

50)　*See* Mari Pangestu & Sudarshan Gooptu, *New Regionalism: Options for East Asia, in* EAST ASIA INTEGRATES: A TRADE POLICY AGENDA FOR SHARED GROWTH 40-41 (Kathie Krumm and Homi Kharas eds. 2004).

51)　Regarding an overview of the current developments on RTA/FTA in East Asia and Asia Pacific, *see generally* APEC, *Official Links to Information on Member Economies' FTA/RTA, available at* http://www.apec.org/apec/apec_groups/other_apec_groups/

れた日本と韓国でさえも、地域貿易協定を締結しないという長年にわたる伝統から離れて、2002年1月13日にシンガポールとの[53]、そして2003年2月15日にチリとの[54]自由貿易協定に、それぞれが署名した。この地域における最近の地域貿易協定の拡散を、「ドミノ効果」という者もいる[55]。

ASEANもまた、サブ・リージョナルな貿易協定の締結については明らかに積極的である。相手方は、東北アジアの貿易パートナー（ASEAN plus Three）であり、さらにまた、オーストラリアおよびニュージーランド（ASEAN-AUS/NZ）、そして、中国（ASEAN- China）である[56]。これらの動きは、ASEANにおいて長らく不在であった自由化の推進を復活させるため、内部から必死の努力を行っているものと解釈できよう。ASEAN事務局長であるセヴェリーノ（Rodolfo Severino）が最近警告しているように、ASEANは迅速に経済の自由化を行っていかないと、取り残されてしまうであろう[57]。ASEANが財政危機を処理できないことが証明された今となっては、ASEANが「情けないほど時代遅れで、頻繁に去勢され、そして時代の変化を読み取れない」ように思われる[58]。この哀れな現状は、バグワティ（Jagdish Bhagwati）が述べたように、おそらくは、経済的価値よりも政治的価値を優先させた「第1の地域主義」に不可避的に付随する欠陥であった[59]。この様な状況であるから、ASEAN＋3（APT）などのような新しいサブ・リージョナルな地域主義貿易は、「瀕死の

FTA_RTA/fta_rta_information.html（last visited on Dec. 27, 2004）.

52) ROBERT SCOLLAY & JOHN P. GILBERT, NEW REGIONAL TRADING ARRANGEMENTS IN THE ASIA PACIFIC? 4 （2001）.

53) *See* Larry Jagan, *Japan Opens Its Markets*, BBC NEWS, *available at* http://news.bbc.co.uk/1/hi/business/1759915.stm（last visited on Jan. 17, 2005）.

54) *See* Free Trade Agreement between the Republic of Korea and the Republic of Chile, *available at* http://www.sice.oas.org/Trade/Chi-SKorea_e/ChiKoreaind_e.asp（last visited on Jan. 17, 2005）.

55) Robert Scollay, *Preliminary Assessment of the Proposal for a Free Trade Area of the Asia-Pacific （FTAAP）: An Issues Paper for the APEC Business Advisory Council （ABAC）*, at 7, Nov. 10, 2004, *available at* http://www.abaconline.org/v3/popupview.php?document=show_document.php?id=1292（last visited on Jan. 17, 2005）.

56) *See ASEAN Looks to Deepen Integration, Forge New Trade Ties*, BRIDGES WEEKLY TRADE NEWS DIGEST, Vol.8, No. 29, Sep. 8, 2004.

57) Alejandro Reyes, *Southeast Asia AdriFTA*IAWEEK, Sep. 1, 2000,

58) *Id.*

59) *See* JAGDISH BHAGWATI, THE WORLD TRADING SYSTEM AT RISK （1991）.

ASEANにとっての新たな生命線」であるのかもしれない[60]。ASEANはまた，10年以内にオーストラリアおよびニュージーランドと自由貿易地域を形成し，これら2つの地域との間で，2010年までに貿易と投資を2倍にすることを目指すと発表した[61]。さらに，ASEANは，今後10年間に中国との間で自由貿易地域を形成して，世界最大の自由貿易地域となることを目指すであろう[62]。

東アジアにおける新しい地域主義は，2つの注目すべき最近の展開に照らして分析できよう。すなわち，中国が台頭してきたこと，およびアメリカが多角的貿易制度から離脱したことである[63]。過去10年間，東アジア，そして世界における中国の存在感の増大と貿易大国としての能力の増強は，まさに驚くべきものとしか言いようがない。輸出国としても輸入国としても，東アジアにおける中国の貿易の規模と量は，比類なきものである。近隣東アジア諸国は—これら諸国の観点からすれば—中国の隆盛を歓迎すると同時に恐れてきた。この地域における中国の支配を懸念する近隣諸国もあれば，先発者の優位を利用して，眼前にある巨大な中国市場への優先的な参入権を獲得したがっている近隣諸国もある。国家は，こうした多様な計算と動機づけに基づいて，様々な相手国を選択して，地域貿易協定を締結するのである。

さらに，アメリカは覇権後の時代において，継続的に，一国行動主義プラス保護貿易政策を採用してきた。この政策は，多くの場面で，東アジア諸国に対して消極的な影響を及ぼしてきた。その上に，世界中で展開されている最近のアメリカの攻撃的な二国間的／地域的活動は，東アジアの貿易相手を，防御的立場に立たせる傾向がある。かくして，東アジア諸国には，長期的展望に立った費用および便益を考慮することもなく，単に置き去りにされたくないがため，後に続いて倣う以外に選択肢は残されていないのである。東アジアの通商国家間におけるこの「反動的地域主義[64]」は，1990年代初頭にマレーシアのマハ

---

60) Reyes, *supra* note 57.
61) *Leaders of ASEAN, Australia, New Zealand Agree to Free-Trade Talks*, AFP, Nov. 30, 2004.
62) Won-Mok Choi, *Regional Economic Integration in East Asia: Prospect and Jurisprudence*, 6 J. INT'L ECON. L. 49, 50-51 (2003).
63) *See e.g.*, Jeffrey Robertson, *ASEAN Plus Three: Towards the World's Largest Free Trade Agreement?*, Australian Department of Parliamentary Library, Research Note 2002-03, No. 19, Nov. 12, 2002, available at http://www.aph.gov.au/library/Pubs/RN/2002-03/03rn19.htm (last visited on Dec. 27, 2004).

ティール首相が創設を提案したが実らずに終わった「東アジア経済圏構想（EAEG）」または「東アジア経済協議体（EAEC）」を思い起こさせる65)。

（２） 地域化した多角主義の多面的評価

(a) 経済的側面：組み込まれた重商主義と貿易転換

地域主義貿易に対する表向きの動機がどれほどまことしやかであれ，反動的地域主義の場合には，地域主義を形成する動機が政治的に正当化されるか否かに関係なく，また，競争的地域主義の場合に，地域主義の動機が完全に実証されるかどうかに関係なく，内向きで特権の享有を望む（rent-seeking）国内の有権者は，競争よりも保護を好み，そして地域主義の運営を侵害し続ける。この「組み込まれた重商主義66)」は，たいていの地域貿易協定の中に規定される複雑な原産地規則によってその存在が証明される（複雑化した原産地規則は，「スパゲッティ・ボウル」67)と称される）。また，地域貿易協定に付される多くのウェーバーおよび免除によっても，その存在が証明される68)。

地域貿易協定のもう１つの構造的欠陥は，最恵国待遇原則の例外としての特恵的性質から生じる「貿易転換」である。たとえ地域貿易協定の構成員間における貿易創出が，ヴァイナー（Viner）・ルールに従って，非構成員に対する貿易転換を超えたとしても69)，貿易転換から引き起こされる負の経済的福利は，

---

64) See generally Beeson, *supra* note 16. *See also East Asian Trade: Everybody's Doing It*, THE ECONOMIST, Feb. 28, 2004, at 39-40. 同様の現象は，APECの創設においても見出される。APECは，EUおよびNAFTAのような，当時の地域的ブロックの出現に対する反応，あるいは警告とみなすことができよう。*See* Cho, *Rethinking APEC*, *supra* note 27, at 386-87.

65) *Id.*, at 17. *But see* Simon S. C. Tay, *Asia and the United States after 9/11: Primacy and Partnership in the Pacific*, 28-WTR FLETCHER F. WORLD AFF. 113, 127（2004）（この反動的地域主義は，以前から存在する，東アジアの個々の国家とアメリカとの二国間関係を侵害するものではないだろうと述べている）.

66) Beeson, *supra* note 16, at 10.

67) JAGDISH BHAGWATI, A STREAM OF WINDOWS: UNSETTLING REFLECTIONS ON TRADE, IMMIGRATION AND DEMOCRACY 290（1998）[hereinafter BHAGWATI, A STREAM OF WINDOWS].

68) *See* Choi, *supra* note 62, at 52（日本とシンガポールの自由貿易協定で，農産物と繊維製品の多くが除かれたことについて述べている）. *See also U.S.－Australia Free Trade Pact Omits Sugar, Increases Transparency on Pharmaceuticals*, INT'L TRADE REP., Vol. 21, No. 7, Feb. 12, 2004.

69)「したがって，論拠が今のところ維持されている限りにおいて，自由貿易の見地から，個々の関税同盟が正しい方向へ進むか間違った方向へ進むかは，以下の２つの型の帰結

多角的貿易制度を弱体化させる傾向がある。地域貿易協定が，交渉中の対象から主要製品を除外し，それゆえにガット24条違反の危険を冒す場合が特にそうである。

　組み込まれた重商主義と貿易転換は，密接な関連を持つ傾向がある。なぜならば，活力を失った産業の国内圧力団体が，海外からの競争に直面して消滅する運命にあるにも拘らず，複雑な原産地規則やあからさまな課税控除など，多様な手段を使ってそれぞれの産業を過保護にするからである。この欠陥は，結局は，より効率的な非構成国の生産者との貿易を転換させるのである。

　異なる観点から，「競争的地域主義」の名目で，東アジア，またはもっと広くアジア太平洋における地域貿易協定を正当化しようとする人もいる[70]。ベルグソン（Fred Bergsten）は，競争的地域主義という表題の下で，現在のアメリカの二国間の／地域的な動きを正当化する。そのような攻撃的姿勢は，「個々の自由貿易協定の非構成員に，早期にグループに参加するよう，またはより広い協定を締結するよう圧力をかける」というのがその理由である[71]。この提案は，一見極めて理想的であるように思われるが，多角的貿易制度を促進しようとする動機と人的資源を非構成員から奪ってしまう危険がある。とりわけ，通商国家は，一定の自由化計画を遅らせるような方法で自国の貿易自由化戦略を練りがちである。そして，将来の二国間／地域的取引に備え，一定の自由化計画を「交渉を有利に進める材料」として保持したがる[72]。あるいは，

のうち，いずれが関税同盟の結果としてもたらされるかによる。貿易創出の力が優勢である場合は，少なくとも構成国の一国は利益を得ているはずであり，両国が利益を得ることもあり得る。二国を総合すれば純便益があるはずであり，そして，全体としての世界は利益を享受しているであろう。しかし，少なくとも短期的には，その関税同盟以外の世界は損失を被り，長期的にみて利益が得られるのは，関税同盟地域が繁栄して，結果としてその繁栄が世界全体に拡散したときにおいてのみである。貿易転換効果が優越する場合には，少なくとも，構成国の一国が損害を被ることになり，両国とも損害を被ることもあり得る。二国を総合すれば純損害が生じているはずであり，そして，その関税同盟以外の世界と世界全体に損害を与えるであろう。これら2つの型の効果の実際上の相対的重要性について，どの仮定が優れていると合理的に考えられるかという点については，後で検討される」（強調は引用者）。JACOB VINER, THE CUSTOMS UNION ISSUE 44-45（1950）.

70)　See Alvin Hilaire & Yongzheng Yang, *The United States and the New Regionalism/Bilateralism*, 38 J. WORLD TRADE, 603, 608（2004）.
71)　Fred Bergsten, *A Competitive Approach to Free Trade*, FIN. TIMES, Dec. 5, 2002, at 13.
72)　See Scollay, *supra* note 55, at 4.

この競争は，1つのブロックを，もう1つのブロックと対抗させ，そして，経済のバルカン化を突然引き起こすかもしれない[73]。この提案を我々がそのまま受け入れたとしても，実行することは非常に難しいであろう。ある研究によると，21のAPEC諸国および地域の間の二国間貿易関係全てを包含するには，210の自由貿易協定が必要とされる[74]。とどのつまり，細部に落とし穴が隠れているのである。

要するに，地域貿易協定／自由貿易協定は，多角的貿易制度の観点から見れば，一定の福祉費用を負担する傾向がある。APECが，アジア太平洋自由貿易圏（FTAAP）構想を最終的に拒否した理由はおそらくこれであろう[75]。さらに，欧州ブロックと米州自由貿易協定（FTAA）とともに，東アジアブロックが出現し，その結果，世界貿易制度を3つの主要なブロックに分割するようなことになれば，かつてクルーグマン（Paul Krugman）が述べたように，多角的貿易制度にとって最悪のシナリオの1つとなるであろう[76]。

(b) **法的側面：ガット24条**

二国間またはミニ・ラテラルな協定それ自体は，驚くほどのものではない。そういったものは長い間，存在してきた。事実，現存する国際条約のほとんどは，多数国間条約ではなく，二国間条約である。ほとんど全ての投資および租税条約は，二国間条約であり，そして原型たる形式の条約である友好通商航海条約（FCN treaty）もそうである。二国間の自由貿易協定も例外ではない。

それにもかかわらず，地域貿易協定（RTA）は，二国間協定であれ三国間協定であれ，GATT/WTOに代表される多角的貿易制度に対しては例外であって，原則ではない。1947年のガットの中心的な設計者であるアメリカは，イギリスやフランスのような同盟国からの要求，すなわち，コモンウェルスおよび／または植民地支配に基づく戦前の特恵制度維持の要求を斥けた。アメリカにとって，地域貿易協定はガットの究極の目標――自由貿易――にとって有害であっ

---

73) *See* JEFFREY A. FRANKEL, REGIONAL TRADING BLOCS IN THE WORLD ECONOMIC SYSTEM 210 (1997).

74) *Id.*, at 8.

75) *See* APEC, *Media Releases: Senior Business Executives Deliver Recommendations to APEC Leaders Successful Conclusion of WTO Negotiations Top Priority*, Nov. 20, 2004, *available at* http://www.apec.org/apec/news__media/2004_media_releases/201104_bizexecrecmdapecleaders.html (last visited on Jan. 17, 2005).

76) SCOLLAY & GILBERT, *supra* note 52, at 6.

た。その理由は，地域貿易協定は，大体において特恵的で差別的な構造を内在させているからであろう。アメリカは，とりわけヨーロッパにおいて共同体の建設を通して，戦争で荒廃したヨーロッパを再建する観点から，地域主義貿易を維持する実践的必要性をある程度認識していたのだが，そのような必要性は，多角的貿易制度の枠組内で，かつ原則としてではなく，単なる例外として実現されるべきものであった。したがって，ガット24条は，自由貿易地域もしくは関税同盟を合法化するため，比較的厳格な要件を規定したのである。自由貿易協定であれ関税同盟であれ，24条の下で地域貿易協定が正当化されるには，3つのテストに合格しなければならない。域内テスト，対外的テスト，そして手続的テストである。第1に，地域貿易協定内部での物品貿易は，実質的に自由化されるべきで，取引されるほとんどの製品を自由貿易の対象に含めていなければならない。第2に，地域貿易協定の創設は，一般的に，非構成員に対する貿易障害を増加させてはならない。第3に，構成員は地域貿易協定創設過程をWTOに通告しなければならない。

　この意味で，存在する全ての地域貿易協定は暫定的な存在であり，その合法性は確認される必要があり，そのため，少なくとも法的観点からは，ガット24条によって拒否されるかもしれない。しかしながら，不幸なことに，この法的制限がこれまで課されたことはない。いずれの地域貿易協定も，24条に違反したとして拒否されたことはないのである。討論と主張のあったことは明らかに記録に残されているが，決定が下されたことはない。この「法的真空」の故に，最近世界中で地域貿易協定が増大するのを抑制できなかったのであり，それどころか促進したのである[77]。

(c) 政治的側面：政治経済学と力の不均衡

　すでに詳述したように，少なくとも法的実践の観点から見れば，地域貿易協定は，多角的貿易制度の制限，すなわちガット24条の下で形成されてきた。地域貿易協定は，多角主義を否定するものとして貶められた。通商国家が多角的貿易制度を通じて排除しようと努めてきたあらゆる重商主義的・植民地主義的害悪を地域貿易協定が生き返らせないようにするためであり，そして，戦前の経済的バルカン化という無法地帯を，地域貿易協定が再燃させないようにするためである。しかしながら，地域貿易協定，または地域主義一般は，必ずしも

---

[77] *See* Cho, *A New Perspective, supra* note 47, at 435-43.

法領域から生じるものではないし，また，法領域に属するわけでもない。例えば，ASEANの誕生は，この地域における安全保障の考慮に大いに影響を受けたのである。政治的打算が地域貿易協定の創設を支配する度合いが高いほど，ますます地域貿易協定は，前記の多角的統制の影響を受けなくなる。

スカラピーノ（Robert Scalapino）は，その洞察力溢れる観察眼で，現代国際経済の動向の中に逆説を発見した。すなわち，相互依存と市場統合が進めば進むほど，民主主義という名目に訴える国家主義的かつ保護主義的な私的ロビー活動が増大したのである[78]。選挙および言論の自由は，ロビイストと圧力団体に，彼らの保護主義的な主張を行うための強力な手段を提供しやすくする。一定の製造業者たちは，新しい安価な輸入品に対して国内市場占有率を失う不安から，競合製品の貿易自由化に反対するロビー活動を行うかもしれない。一定の農業団体もまた，自由貿易協定を通してもたらされる安価な穀物や果物に反対するかもしれない。このような保護は，法的には様々な方法で実現することができる。例えば，特定産業部門を完全に排除してしまう方法もあれば，複雑なトリックを使って原産地規則を操作することなども挙げられる。

地域貿易協定に関するもう1つの懸念は，いわゆる「大国集中方式（hub and spoke）」モデルに関するものである。このモデルは，強大な国（ハブ）が，小国（スポーク）との間で二国間自由貿易協定を個別に締結する傾向にあるとみるのである。このモデルの帰結はというと，ハブが自国の輸出産業に有利になる方法で，スポークの市場全てに対して自由な利用権を享受できると同時に，ハブは全てのスポークから，安価な原料を供給することによって，自国の輸入産業に利益をもたらすことになる。他方で，スポークは，スポーク同士の間に地域貿易協定を網の目のように張らなければ，ハブと同様の利益を得ることができないのである。

大国集中モデルは，とりわけ開発の観点から，上記以外の見識も提供する。バグワティは，かつて，アメリカの「301条付き自由貿易協定という利己的覇権戦略」を批判した。バグワティは，アメリカをハブと表現し，アメリカが，より小さな諸国，すなわちスポークとの二国間自由貿易協定の締結で，はるかに優越的な関係を引出していると描き出した。この利己的覇権主義が可能なのは，301条に組み込まれた攻撃的一方主義のためである[79]。左派の開発理論家

---

78) Scalapino, *supra* note 5, at 177.

たちは，彼等の主張の根拠をバグワティの批判の中に見出し得るかもしれない。「従属論」は，自由貿易協定のような自由貿易の提唱に対して悲観的な展望を投げかける。従属論によれば，強力な中心（中心）が，強力でない貿易相手（周辺）を搾取する傾向があるとするからである。

　バグワティは，この利己的地域主義の実証的証拠を，アメリカとメキシコの間の知的財産権に関する貿易協定に見出した。NAFTAの下，アメリカは，知的財産権に関するメキシコとの「1対1」の交渉において，搾取的な条件を力ずくで獲得することに成功した。当時，アメリカは，これらの法外な条件を，まもなく知的所有権の貿易関連の側面に関する協定（TRIPs）の形式で多数国間化される「モデル」として宣伝していたのである[80]。けれども，アメリカは，TRIPsをはるかに超えていた。アメリカ政府は，最近，製薬業界の巨大な圧力団体に屈し，結果として，製薬業界の特許権を過剰に保護しているという理由で批判を受けてきた。特許権の過剰な保護は，必然的に，製薬業界に対して高い利潤をもたらしたが，しかし，高価な製品を買えない貧困層を犠牲にした[81]。野心的なTRIPs体制の開始以来，低開発諸国，すなわち貧しい国々は，必要とされた数多くの基礎医薬品を取得できなかったのであり，それらの中には，HIV/AIDSは言うまでもなく，マラリアや結核のように予防可能な病気の治療に必要な薬品も含まれていた。取得できなかった主な理由は，それらの医薬品には特許権があるために高価だということである。もっとも，TRIPsは，例えば，「特許強制実施許諾」を通じて，特許保護に対して一定の例外を明確に規定している[82]。この制度は，国民の健康状態が非常事態にあり，WTO構成員が緊急に対応しなければならないとき，国内の業界に対して，特許を得ている外国医薬品の安価なコピー（ジェネリック薬品）の製造を，特許権者の同意なしに認めることができるというものである。ドーハ閣僚会議もまた，開発の観点から，この例外をあらためて表明した[83]。

---

79)　BHAGWATI, A STREAM OF WINDOWS, *supra* note 67, at 309.
80)　*Id.*, at 311, n. 11.
81)　*See e.g.*, Roger Bate, *What Patent Problem?*, NAT'L REV. ON-LINE, May 17, 2004, *available at* http://www.nationalreview.com/comment/bate200405171342.asp (last visited on Jan. 17, 2005).
82)　*See* WTO, *Frequently Asked Questions: Does the Agreement Allow Compulsory Licensing of Patents?*, *available at* http://www.wto.org/english/tratop_e/trips_e/tripfq_e.htm#CompulsoryLicensing (last visited on Jan. 17, 2005).

しかしながら，直観で分かるものではないが，アメリカおよび製薬業界が示したこの明らかに慈悲深い意思表示は，世界の貧困層を救うものではない。なぜならば，この例外規定で利益を得るために，国は，少なくとも，自前でジェネリック薬品を製造する能力がなければならないからである。この例外は，開発途上国が他国からジェネリック薬品を購入するような場合には適用されないのである。この問題を克服しようとするため，数多くの意見と提案が出された。そのほとんどは，TRIPsを創造的に解釈しようとしたものである。しかし，最終的な解決策は，TRIPs自体を改正することに行き着いた。協定自体を守るために，土壇場で努力した結果としてアメリカが譲歩し，突破口が開かれた。そのため，ジュネーブでの行き詰った交渉は前に進み，ついには，貧困国が他国からジェネリック薬品を輸入するための扉を開いたのである[84]。

しかしながら，アメリカは，近年の多くの二国間貿易交渉において知的財産権保護を増強させたことで，TRIPsに対する自国の多角的な約束を骨抜きにしてしまったとされる。国連人権報告者のハント (Paul Hunt) は，最近，アメリカとアンデス諸国との二国間貿易交渉が，新たなTRIPs改正規定の下でのアメリカの国際義務を希薄化するかもしれないと警告している。このようにしてアメリカは，二国間貿易の相手国に対して，医薬品価格を負担しきれないほど高水準に維持しているものと思われる[85]。国連でさえ，二国間貿易交渉に従事したこれら諸国では，人権侵害が行われている可能性があると指摘した。貿易交渉の結果，高いロイヤルティが設定され，数百万の人々が基礎医薬品を利用できなくなったからである[86]。アメリカに対する批判が激しくなったのは，2004年7月に，タイが，第15回国際エイズ会議を主催したときであった。その直前のアメリカとタイの二国間貿易交渉によって，タイのエイズ・プログラム

---

83) WTO, Declaration on the TRIPs Agreement and Public Health, adopted on Nov. 20, 2001, WT/MIN(01)/2, *available at* http://www.wto.org/english/thewto_e/minist_e/min01_e/mindecl_trips_e.htm. (last visited on Dec. 21, 2004).

84) WTO TRIPs Council, Decision of 30 August 2003: Implementation of paragraph 6 of the Doha Declaration on the TRIPS Agreement and public health, WT/L/540, *available at* http://www.wto.org/english/tratop_e/trips_e/implem_para6_e.htm (last visited on Dec. 23, 2004).

85) *Concerns Raised over Access to Medicines under Trade Treaties*, BRIDGES WEEKLY TRADE NEWS DIGEST, Vol. 8, No. 25, 14 July, 2004.

86) *Id.*

は解体される恐れがあると伝えられた。交渉は、より厳格な知的財産権保護プログラムに有利であり、「TRIPsプラス」に匹敵するとされたからである[87]。フランスのシラク大統領（Jacque Chirac）は、そのような二国間的圧力を「恐喝」であると糾弾しさえした[88]。

5　多角主義的地域主義に向けて

（1）　均衡のとれたアプローチ

　東アジアにおいて急速に増大した地域貿易協定は、多角的貿易制度を重大な板挟み状況に陥らせる。一方で、東アジアにおいて新たに締結された自由貿易協定は、厳格なガット24条の条件を容易には満たさないであろう。24条中に存在する多くの抜け道、例えば、「対象とならない部門」といった盲点を考慮したとしても、条件を容易に満たすとはいえないだろう。これらの新しい自由貿易協定は、多角主義的な厳密さを維持できない限り、結果としてもたらされる貿易転換によって、多角的貿易制度を侵食する可能性が高い。そうした自由貿易協定は、多角主義の観点からは、建設的な「ブロック」というよりは、どちらかといえば偏狭な「ブロック」になるであろう。

　しかしながら、他方で、最近の東アジアで急速に成長している地域主義貿易という現象は、ただ単にガット24条の下で自由貿易協定を非合法化して処理し得るだけのものではないように思われる。現に生じていることは、生じるべくして生じているのである。さらに、ガット24条は、きわめて曖昧で、勝手な解釈を許しやすい。24条に関して、ガットが紛争解決パネルと作業部会の両方を利用してきた実行は、満足のいくものではなかった。いずれも確固たる決定も首尾一貫した先例も生み出さなかったからである。この「法的真空」が、最近の東アジアを含めて、世界中に地域貿易協定が増大した原因といえよう。法的な対処方法を欠いた状況では、政治家が自らの功績であると自賛したがる地域貿易協定の政治的増殖を抑えきれない。

---

87)　*Id.*
88)　France Raps '*US Aids Blackmail*,' BBC NEWS, Jul. 13, 2004, *available at* http://news.bbc.co.uk/2/hi/health/3891385.stm （last visited on Jan. 17, 2005）.

第Ⅰ部　地域主義の展開

　この板挟み状況に取り組むには，均衡のとれたアプローチが必要である。東アジアの新たな地域貿易協定を既成事実として認識する一方で，これらの協定を，継続的に多角的監視の下に置くべきである。重要なことは，ガット24条が，この均衡のとれたアプローチにとって，ほとんど関係性を持たないように見えることである。上述したように，何よりも先ず，24条は，通商国家が自由貿易協定を形成する過程を管理し規律する上で役に立たないように思われる。要するに，この条文が，技術的な理由を根拠にして，自由貿易協定の形成を実際に拒否することを期待するのは非現実的であると思われるのである。技術的な理由とは，24条の一定条項を異論のないほど明確に侵害することである。

　さらに，ほとんどの自由貿易協定は，関税や数量割当てのような伝統的問題に加えて，サービス，投資，そして知的財産権といった新しい部門を扱っている。これらの新しい部門は，明らかにガットの権限および管轄権を越えている。実際のところ，ガット協定自体が1940年代に起草されたものであり，当時は，こうした新しい部門と国際貿易との関連性は存在しなかったか，あるいはさしたる関心も持たれていなかったのである。しかしながら，今日では，これらの部門の国際商取引は，量的にも質的にも伝統的な物品貿易をしのいでいるのである。

　それゆえ，WTOの紛争解決メカニズムの下で問題とされるまでは，自由貿易地域の形成は，事実上合法であると推定され，他方で，ガット24条以外を使った多角的な調査手段によって，自由貿易地域が形成されて後の運営段階を監視するというように，うまく折り合いをつけるべきであろう。監視が可能な組織として，既にWTOに存在する，2つの機関から成る共同委員会を指摘することができよう。2つの機関とは，地域貿易協定委員会（CRTA）と貿易政策検討制度（TPRM）である。地域貿易協定委員会は，1996年の創設以来，不備な点を抱えている。地域貿易協定委員会の旧ガット時代の前身にあたる作業部会が，計画を予定されている地域貿易協定とガット24条との適合性を検討する際に示したのと同じ欠陥を示しているのである。WTOのパネルは，以下のように述べている。

　　委員会は……，これらの審査のいずれについても，報告をまとめることができなかった。進展が遅れた理由は，とりわけ，地域貿易協定に関する規則の

一定要素の解釈について，および手続的側面について，当事者間に不一致があったことが原因であった[89]。

このように地域貿易協定委員会は，地域貿易協定「形成」の合法性に関してしばしば袋小路に陥って終わっていたのではあるが，それでもなお，地域貿易協定に関する知識と情報の集積で得た利点を生かして，地域貿易協定「形成後」の段階を監視することに貢献することはできるであろう。WTOにおける新しい部門と地域貿易協定との多角的見地からの適合性については，貿易政策検討制度が説得力のあるモデルを提供する。周囲からの圧力を動員することで，貿易政策検討制度は監視メカニズムとして機能する。このメカニズムの下で，WTOの構成員は，構成員の幅広い貿易および貿易関連政策の適合性を議論し，討論するのである。貿易政策検討制度は，紛争の未然防止メカニズムとしても役立つ。問題のある政策をめぐって，構成員が互いに啓発したりされたりするので，貿易摩擦が完全な紛争に発展する前に摩擦を弱めるのに有用だからである。

(2) 多角化を促進するものとしてのAPEC

重要なことに，APECもまた，その緩やかな組織化と，それでいて多角的貿易制度への関わりをしっかりと考えていることから，東アジアにおける地域貿易協定の多角化過程に重大な役割を演じることができる[90]。APECには，ほとんど全ての東アジア諸国および地域が含まれており，さらに，アメリカのような太平洋の対岸の主要な貿易相手国も入っている。東アジアの自由貿易協定当事者が，同時に，APECの構成員であることも大いにあり得よう。このように，APECは，東アジアにおける最近の地域貿易協定／自由貿易協定の動向を多角

---

89) Turkey – Restrictions on Imports of Textile and Clothing Products, the Panel Report, adopted as modified by the Appellate Body Report on November 19, 1999, WT/DS34/R, para. 2.7.
90) See e.g., Ali Alatas, *ASEAN plus Three Equals Peace and Prosperity*, Institute of Southeast Asian Studies (2001), *available at* http://www.iseas.edu.sg/trends221.pdf (last visited on Dec. 27, 2004)（「開かれた地域主義」は，ASEANプラス3の「実効的原則」であるべきであり，そして，APECを「補完する」べきであって，代替するべきでないと主張している）。*Cf.* SCOLLAY & GILBERT, *supra* note 52, at 147-49 (discussing the "enduring economic logic of APEC").

化するために，一層の努力をしてきた。2004年11月，APEC 諸国の閣僚は，「地域貿易協定／自由貿易協定のための，APEC の最善の実行」を承認した。この文書は，多角的原則を強調するものである。例えば，WTO と APEC の調和，透明性，単純な原産地規則，構成員たる地位の開放，定期的な再検討を強調したものである[91]。加えて，透明性の確保のために，APEC 構成国の閣僚は，新たに「報告のための雛型」も承認した。雛型は，2005年から，構成員が地域貿易協定／自由貿易協定に関する情報を共有できるようにするものである[92]。雛型はまた，開かれた地域主義に適合して作成されている。というのは，雛型は，APEC の構成員に対して，地域貿易協定／自由貿易協定がいかにして WTO における構成員の努力を補完しているのか，そして，いつ，現行の地域貿易協定／自由貿易協定を WTO に通告すべきかを説明するよう要求しているからである[93]。

　おそらく，APEC は，さらに前進することができよう。APEC は，「地域主義貿易に関する特別作業部会」を設立できるだろうし，自由貿易地域の活動を監視することもできよう。そのような監視は，APEC の補完性方針に基礎を置いたものとなろう。特別作業部会の勧告は，非拘束的ではあるが，自由貿易地域の当事者が，それぞれの地域的貿易政策を，多角的貿易原則に合致するように，調節し，かつ微調整するのに有用となる。特別作業部会は，多角的視点から地域貿易協定／自由貿易地域を審査するに際して，ガット24条を正確に反映させる。しかし，作業部会はそれに留まらず，24条の権限を越えて，地域貿易協定／自由貿易地域の形成後の活動も監視するのである。

6　結　　論

　我々は，東アジア諸国間に存在する非公式であるが実践的な協力連携関係を過小評価すべきではない。東アジア諸国とアメリカのような近隣貿易相手国と

---

91) APEC, Best Practice for RTAs/FTAs in APEC, 2004/AMM/003, Nov. 17-18, 2004, *available at* http://www.apec.org/apec/apec_groups/other_apec_groups/FTA_RTA.html (last visited on Dec. 27, 2004).

92) APEC, An IAP Reporting Template on RTAs/FTAs, *available at* http://www.apec.org/apec/apec_groups/other_apec_groups/FTA_RTA.html (last visited on Dec. 27, 2004).

93) *Id.*

の間の連携関係についても同様である。緩やかな制度の下で，東アジア諸国は，政治よりも商取引に焦点を当てることが可能であった。さらにまた，地域貿易協定／自由貿易地域をほとんど持たなかったという現象は，当然に，多角的貿易制度に強いこだわりを持つ地域へと変容させたといえよう。新しい地域主義は，詳述してきた多様な理由から，政治的に魅力的ではあるけれども，政治的魅力は，地域主義貿易に組み込まれた実践的な短所を上回るものではないだろう。特に，退行的な地域的孤立主義が東アジア地域内で生じたり，北米から離れるような形で生じた場合，それは，望ましくないだけでなく，これら二つの地域間に現存している既存の商取引／投資ネットワークにとって無益であろう。

　もし，新しい地域主義を廃止できず，したがってやめるべきでないとしたら，地域主義は，多角的貿易制度と両立し，調和した方法で運用されるべきである。地域主義がどうしても生み出してしまう消極的な効果を防止し，かつ最小化するためである。増大過程にある地域貿易協定／自由貿易地域が，WTOとの間で，そして地域貿易協定／自由貿易地域の内部において，さらにまた地域貿易協定／自由貿易地域の外部地域との間で，連携しやすい形で結合可能となるのは，上述してきた多角化によってのみである。相乗作用をもたらすそれらの部分構成単位は，その後，「過渡的性質（transitivity）[94]」を経て，ついには「包括性（inclusivity）」へと姿を変える。この包括性は，世界全体を包み込むまで拡大するメガ関税同盟に等しいのである[95]。

〔小沼史彦 訳〕
(2005年1月19日受領)

---

94) *See* Kalypso Nicolaïdis & Joel P. Trachtman, *Domestic Regulation and GATS: Regulatory Reform to Effective Market Access, in* GATS 2000: NEW DIRECTIONS IN SERVICES TRADE LIBERALIZATION 277 (Pierre Sauvé & Robert M. Stern eds. 2000).

95) *See* Sang-Seung Yi, *Endogenous Formation of Customs Unions under Imperfect Competition: Open Regionalism Is* Good, 41 J. INT'L ECON. 153, 153-77 (1996). 同様に，前WTO事務総長ルゲイロ（Ruggeiro）は，「共有された目標および原則に基づいた地域主義と多角主義の漸進的収斂」が，いずれは「単一の自由世界市場」をもたらすと強調した。T.N. Srinivasan, *Regionalism and the WTO: Is Nondiscrimination Passé?, in* THE WTO AS AN INTERNATIONAL ORGANIZATION 342 (Anne O. Krueger ed. 1998) (quoting Ruggeiro *in* WTO, The Road Ahead: International Trade Policy in the Era of the WTO, Fourth Annual Sylvia Ostry Lecture, May 28 1996, WTO Press/49).

4 国際法形成の観点から見た ASEAN
――東南アジア非核兵器地帯条約を中心に――

小沼　史彦

1 本章の目的

　国際法学における国際組織研究の多くは，国際組織の権能ないし国際法人格の有無とその限界をめぐって行われてきた[1]。そのために，明確な法的権能ないし国際法人格が認められない「国際組織」の研究は，国際組織の国際法人格と密接な関連を有する国際組織の定義[2]に当てはまるか否かの検討においてふるい落とされがちになり，活発になされていないのが現状である。しかしながら，ASEAN（Association of Southeast Asia Nations, 東南アジア諸国連合）のように，国際法学上の国際組織の定義には当てはまりにくいが，国際社会における重要なアクターとして，一般に「国際組織」であると認識されているものもある。国際社会におけるその重要な地位に鑑みると，このような「国際組織」に関する研究も，より活発に行われるべきである。

　本章における考察は，このような問題意識にしたがって，ASEAN による東南アジア非核兵器地帯条約[3]（以下，バンコク条約）の成立を研究対象として取り上げ，国際組織研究における1つのアプローチを提示する試みである。

　国際組織の定義は論者によって様々であるが，最大公約数的な定義として次の4点を挙げることができる。「すなわち，①国際法上の合意（条約）に基づいて設立され，②国家が主要な構成員である独立した団体で，③固有の意思をもち，④構成員の共通利益の実現を目的とするものである[4]」。ASEAN は，ASEAN を設立するバンコク宣言が条約ではないことや，組織の制度化に対し

---

1) 国際組織の権能と国際法人格をめぐるこれまでの議論については，植木俊哉「国際組織の概念と『国際法人格』」（柳原正治編『国際社会の組織化と法――内田久司先生古希記念論文集』25-58頁，信山社，1996年）を参照。

て消極的であることから，従来の定義を厳密に当てはめるならば，国際組織であるとは言いがたい。しかしながら国の内外を問わず，国際組織法の概説書において，ASEANに関する記述に相応の紙幅を割くことが，普通に行われている[5]。そのため，国際組織法の概説書では，ASEANをどのように位置づけるか，あるいは国際組織として紹介する理由をどのように説明するかということが，度々問題とされてきた[6]。そのために，ASEANの場合には，取り上げにくさの問題が常に付きまとい，国際法からのアプローチによる研究が，少なくならざるを得なかったのである。

---

2) 国際法学上の国際組織の定義と国際法人格との密接な関係については，小寺彰「『国際組織』の誕生――諸国家体系との相克――」，柳原・前掲注1）を参照。

3) Treaty on the Southeast Asia Nuclear Weapon-Free Zone, Bangkok, Thailand 15 December 1995, *available at* http://www.aseansec.org/2503.htm (last visited on 2005/05/03).

4) 杉原・水上・臼杵・吉井・加藤・高田『現代国際法講義〔第3版〕』246頁（有斐閣，2003年）。なお，本章では，国際組織，国際機構，そして国際機関といった用語については，決まった呼称がある場合，または引用文献の用語法に従うほかは，特に使い分けることはせず，「国際組織」の語を用いる。呼称の問題は，本章の分析に対しては，さしたる影響を及ぼさないと考える。

5) ここでは，国際組織法の概説書をいちいち列挙することはしないが，さしあたり，中谷和弘「地域経済組織と法(2)――ASEANとAPEC」（横田洋三編『国際組織法』186-99頁，有斐閣，1999年）。*See also*, Philippe Sands & Pierre Klein, Bowett's Law of International Institutions 228-31 (2001).

6) 例えば，横田洋三は，ASEANがその重要性の認知により，独立の国際組織と同様の存在とみられるようになったと指摘する。そして，ASEANを「国際組織として認めるかどうかは，国際組織の定義との関係でやっかいな問題を提起するが，これも差し当たっては例外的なものとしてとらえることとし」て，このやっかいな問題を棚上げにしている。横田・前掲注5）7‐8頁。ただし，中谷は，1976年に，ASEAN事務局設立協定に基づいてジャカルタに事務局がおかれた段階で，はじめて国際組織化されたととらえることも可能であろうと述べている。横田・前掲注5）18頁。この記述は，「もし，ASEANを国際組織と定義するならば」という前提で，断定を避けて書かれたものであるとは思われるが，事務局の実質についての検討をすることなく，その存在のみを取り上げて国際組織であるとするには無理がある。ここではASEANが従来の国際組織の定義に合致しないことを自覚しながらも，従来の定義に押し込めようとしているため，説明に無理が生じたのであろう。この点については，浅田正彦「国際機構の法的権能と設立文書の法的性格――条約に基礎をおかない国際機構の条約締結能力を中心に――」（安藤仁介，中村道，位田隆一編『21世紀の国際機構：展望と課題』138頁，東信堂，2004年）を参照。ただし，浅田は，事務局のあり方が問題であるからといって，ASEANが国際組織ではないとするわけではない。浅田の問題関心は，国際法上の定義によることなく，ASEAN（および一般的に国際組織として認知されているいくつかのもの）を，「国際組織」（浅田は国際機構と表記）であるとした上で，「国際組織」の権利能力，特に条約締結能力を分析することである。

本章では，ASEANをも十分に包含できるような，新たな国際組織の定義を考案する作業は行わない[7]。国際法形成の観点からバンコク条約の成立とその後の展開を詳しく見ることによってASEANの国際法主体性を明らかにするというアプローチを提示し，その有用性を示すことを試みる[8]。

なお，本章における考察は，多面的で複雑な内部関係を見せるASEANの特定の側面のみを取り上げるものであって，全体としてのASEANの評価を意図するものではない[9]。

---

7) 村瀬信也は，「国際法学ではこれまで『社会あるところに法あり』（Ubi societas ibi jus）の法諺があたかも国際法の法的性質に関する問題を解く鍵であるかのように唱えられてきた。しかるにそこで観念されていた『法』（jus）が，専ら西欧的なそれを前提としていたことはほぼ自明である。そうした観点からは，ASEANのような連合体は国際組織として『遅れた』，未熟な機構として評価されるにすぎない。しかし本来，前記の法諺は，『社会によって法は異なる』（Sic societas, sic jus. このような社会に，このような法あり）として理解されなければならないものと考えられる。ASEANと国際法との関わりは，こうした多元的な視点においてこそ，その積極的な意義を捉えていかなければならないのではないだろうか」と述べる。村瀬信也「ASEANと国際法──域内協力体制の法形態」（『国際法の経済的基礎』259頁，有斐閣，2001年）。筆者も，村瀬の主張には共感を覚える。しかしながら，これまでの法的概念を，地域に根ざした概念へと読み替えて行くとしたならば，文化的，社会的研究が必要となり，さらに，そのようにして得られる概念に対しては，同じ地域内であっても，常に多くの異論が投げかけられることが予想され，言葉の問題に終始する虞がある。筆者の関心は，伝統的な国際法社会，すなわちいわゆる西欧的社会とは異なる地域において，その地域社会に適合的な組織を「どのように定義するか」という問題よりも，「いかに機能する国際組織を創出しうるか」という点にある。すなわち，「国際組織の定義から個別の国際組織の研究へ」という研究手法には疑問を持ちつつも，分析に用いる概念あるいは尺度を，新たに考案することは予定していない。

8) 「…『法主体性』には，能動的な側面（すなわち，法を創り出す地位）と受動的な側面（すなわち，法によって規律される地位）があるとされる…（中略）…別言すれば，法主体性は，能動的主体性と受動的主体性とに分けられ，〈受動的主体性＝法人格〉というふうにとらえることができる。」横田洋三「国際組織の法主体性」（寺澤一・内田久司編『国際法の基本問題』，有斐閣，1986年）109頁。本章では「法主体性の能動的な側面」を念頭におきつつ，特に，ASEANが「独自の意思を持って主体的に国際法体系に作用する」という広い意味において，「ASEANの国際法主体性」という表現を用いる。

9) この観点からいえば，本章は，次に引用するような，村瀬が行った包括的な方法に対して，そのごく一部の問題に関する分析を，間もなく設立後40年を迎えるものの，未だに国際法上の評価が定まらないASEANについて行うものである。「ASEANが発足してすでに20年の期間が経過しているが，未だにこの連合体を国際法の観点から総合的に考察した研究はほとんどない。（中略）とはいえASEANは，この20年の歩みの中で未成熟ながらも一定の国際法規範の形成とその実行を集積しており，現在の段階においてもこれを基礎に「生起しつつある法的枠組み」（emerging legal framework）を展望し，その特性を論じることは必ずしも時期早尚（ママ）とは言えないだろう。」村瀬・前掲注7）

2 東南アジア非核兵器地帯条約(バンコク条約)の成立とその後の展開

(1) 平和・自由・中立地帯（ZOPFAN）構想[10]

ASEANは，1967年8月8日の，いわゆる「バンコク宣言」(第1回閣僚会議共同コミュニケ)[11]によって創設された。原署名国は，インドネシア，マレーシア，フィリピン，シンガポール，タイの5カ国である（以下，これらの国をASEAN5ヵ国と表記)。その後，ブルネイ（1984年），ベトナム（1995年），ラオスとミャンマー（ともに1997年）がそれぞれ加盟した。そして1999年にカンボジアが加盟するにいたって，ついにASEAN10を実現した。すなわち，名実ともに，東南アジア諸国全てを包摂する組織となったのである[12]。

バンコク宣言2条は，ASEANの目的として，地域の経済成長，社会的進歩および文化的発展の推進（1項），地域の平和および安定の促進（2項），経済，社会，文化，技術，科学および行政の分野における利害の共通する事項に関する活発な協力および相互援助の促進（3項），教育，職業，技術および行政の分野における訓練および研究施設の面での相互援助（4項），農業および工業の一層の活用，貿易の拡大，運輸通信施設の改善，国民の生活水準の向上のための一層効果的な協力（5項），東南アジア研究の促進（6項），そして，同様の目的を持つ現存の国際組織および地域的組織との協力（7項）を掲げる。バンコク宣言2条における7項目のうち，安全保障のみに関わる項目が1つしかないことからも明らかなように，ASEANは，域内経済，社会，文化面での協

240-1頁。
10) Acharyaは，東南アジア地域において中立地帯が必要とされた背景，中立地帯に関するASEAN諸国の複雑な利害関係，そしてZOPFAN構想の行き詰まりから，バンコク条約の成立にいたる経緯を，規範の観点から分析している。Amitav Acharya, Constructing a Security Community in Southeast Asia: ASEAN and the problem of regional order 51-6 (2001).
11) *The ASEAN Declaration (Bangkok Declaration) Thailand, 8 August 1967, available at* http://www.aseansec.org/3640.htm （last visited on 2005/05/03）.
12) ASEANの沿革と概要については，*Overview, available at* http://www.aseansec.org/328.htm （last visited on 2005/03/21）を参照。

力を主要な目的としていた。それにもかかわらず，実際には，安全保障問題への取り組みが先行することになった[13]。そしてその文脈の中で，ベトナム戦争などの東南アジア地域情勢を背景に，ZOPFAN 構想が提唱された[14]。

1971年11月27日，2日間にわたる緊急外相会議での論議をへて ASEAN 5 ヵ国は，いわゆる「クアラルンプール宣言[15]」を採択した[16][17]。その1条は「5ヵ国は，東南アジアが域外諸国のいかなる干渉からも自由な『平和・安全・中立地帯（ZOPFAN）』として認知され尊重されるよう必要な努力を払う決意である」と規定する[18]。また，クアラルンプール宣言の前文は非核兵器地帯構想にも言及していた[19]。

このクアラルンプール宣言の規定を条約レベルに引き上げたのが，1976年に，バリ島のデンパサールにおいて締結された，「東南アジア友好協力条約」[20]である。この条約は，各国の主権の相互尊重，国内問題への不干渉，域内紛争の平和的解決，そして効果的協力といった原則を定めている（2条）。また，この条約が域内紛争の平和的解決メカニズムを導入したことは，今日に至るまで

---

13) 黒柳米司『ASEAN35年の軌跡 'ASEAN Way' の効用と限界』38-42頁（有信堂高文社，2003年）参照。
14) なお，バンコク宣言の前文は，ASEAN 外部からの干渉を排除する決意と，全ての外国基地の存在は一時的なものであり，関係国の明示の合意によってのみ存続することなどの確認にも言及していた。つまり，ZOPFAN 構想の芽は，ASEAN 設立時にすでに現れていたのである。
15) *Zone of Peace, Freedom and Neutrality Declaration Malaysia, 27 November 1971*, available at http://www.aseansec.org/3641.htm （last visited on 2005/05/03）．
16) クアラルンプール宣言の採択については，黒柳・前掲注13) 42-5頁参照。
17) クアラルンプール（ZOPFAN）宣言の成立は，妥協，コンセンサス形成，曖昧さ，厳格な相互主義の回避，そして法的拘束力のある義務の拒否からなる，ASEAN Way の出現の古典的な例であるという。*Acharya, supra.* note 10, 55.
18) 「この規定は，ASEAN 5ヵ国の，安全保障上の共通の目標を一応は掲げたものの，各国の事情や思惑が複雑に絡み合い，『米中ソ3大国に保障された東南アジアの中立化』という，当初のマレーシアによる構想からは，大きく隔たったものとなった。」黒柳・前掲注13) 45頁。
19) "We, the Foreign Ministers of Indonesia, Malaysia, the Philippines, Singapore and the Special Envoy of the National Executive Council of Thailand: … COGNIZANT of the significant trend towards establishing nuclear-free zones, as in the "Treaty for the Prohibition of Nuclear Weapons in Latin America" and the Lusaka Declaration proclaiming Africa as a nuclear-free zone, for the purpose of promoting world peace and security by reducing the areas of international conflicts and tension."
20) *Treaty of Amity and Cooperation in Southeast Asia, Indonesia, 24 February 1976*, available at http://www.aseansec.org/1654.htm （last visited on 2004/12/12）．

ASEAN 地域において、大きな意義を持ち続けている。

(2) バンコク条約の成立過程[21]

その後、ZOPFAN を確立しようとする試みは、1979年のベトナムによるカンボジア侵攻のために躓くことになる。そのときに、非核兵器地帯構想は、ZOPFAN の一部を前進させることができる暫定措置であると考えられた。そして、東南アジア非核兵器地帯 (SEANWFZ) に関する条約のアイディアが、1984年のジャカルタにおける ASEAN 外相会議において提出された。ASEAN 外相は、2年後の1986年、ZOPFAN に関する官僚作業委員会に対して、非核兵器地帯の原則、目的、および要素について研究し、かつ条約の起草作業を始めるように指示した[22]。

ところが、SEANWFZ 構想は、2つの障害に直面した。第1に、当該地域における自国の軍事的展開を制限することになると主張して、アメリカ合衆国がこの構想に強く反対したことである。当時は、ソビエト連邦との関係から、ベトナムは SEANWFZ を受け入れ難いであろうと考えられた。アメリカは、自国に対するのと同様の制限がソ連に課されるのでなければ、アメリカの核抑止力の地位を侵食するであろうと懸念したのである。第2に、アメリカの態度によるところもあるのだが、タイ、フィリピン、そしてシンガポールの3国が、SEANWFZ に対して熱意のない態度を続けたことである。タイとフィリピンは、実際上、アメリカとの2国間防衛条約が自国の安全保障上重要な位置を占め、シンガポールは、自国の安全保障は当該地域における強力なアメリカ軍のプレゼンスによって提供されることが最善であると信じていたのである。このような状況下で、ZOPFAN および SEANWFZ の構想は、1980年代の間、その動きを止めることになってしまう[23]。

しかしながら、やがて、ソ連崩壊に伴ういわゆる冷戦の終結と、1991年のカ

---

21) 本稿では、各国首脳の発言など、バンコク条約をめぐる政治的な動きに関しては、本稿の目的に必要な範囲で取り上げるにとどめる。そういった側面については、山地秀樹「東南アジア非核兵器地帯条約の背景と意義— ASEAN による広域安全保障の追及—」(『外務省調査月報』2001年3号1-31頁、2001年)を参照。

22) Amitav Acharya & J. D. Kenneth Boutin, *The Southeast Asia Nuclear Weapon-Free Zone Treaty*, 219 Security Dialogue 29 (2), 220 (1998).

23) *Ibid.*

ンボジア和平パリ国際会議におけるカンボジア合意[24]の採択を期に，ASEAN諸国は再度SEANWFZ構想に目を向けることになる。バンコク条約が成立可能となった背景として，Acharya ＝ Boutin は，次に要約する 3 点を挙げる[25]。

第 1 に，カンボジア紛争の終結を受けて，組織がその目的および方向性を失ってしまうのではないかとの懸念を払拭するため，ASEAN が新たな構想を探求したことである。第 2 に，第 1 の要因と密接に関係し，1992 年に ASEAN が，より直接的かつ恒常的な基礎に基づいて地域の安全保障問題を扱うことを決定したことである[26]。非核兵器地帯に関する宣言は，ASEAN の新たな方向性の強力なシンボルとなりえると考えられたのである。第 3 に，東南アジア地域は，域内の核拡散による緊急の危険には全く直面してはいないものの，ASEAN が，近隣地域において起こりうる核拡散の影響に関心を有していたことである。具体的には，北朝鮮の核開発問題が日本の核武装を招くのではないかとの懸念と，中国による核軍拡および南シナ海における領有権の主張[27]に対する懸念があった。そのため，1993 年の第 26 回 ASEAN 閣僚会議は，ZOPFAN への取り組みを再確認し，非核兵器地帯構想はその不可欠な構成要素であり，新たな活力をともなって遂行すべきものであるとしたと指摘する[28]。

---

24) 「カンボジア紛争の包括的政治解決に関する合意」，「カンボジアの主権等に関する合意」，そして「復興に関する宣言」を総称してカンボジア合意という。カンボジア問題およびカンボジア合意については，添谷芳秀「カンボジア合意」（田中明彦・中西寛編『新・国際政治経済の基礎知識』221頁，有斐閣，2004年）を参照。
25) Acharya = Boutin, *supra*. note 22, 220-2.
26) 第25回ASEAN閣僚会議共同コミュニケにおいて，ZOPFANおよびSEANWFZに関する作業部会が再召集され，作業の完成が指示されたことを確認している。"13. Pursuant to the decision on one ASEAN Heads of Government at their Fourth Meeting in Singapore on 27-28 January 1992 on enhancing regional political and security cooperation, the Foreign Ministers noted that a Special Meeting of the ASEAN Senior Officials on Regional Security was held in Manila on 25-26 June 1992 as well as the reconvening of the Working Group on ZOPFAN and SEANWFZ. They directed the Working Group to complete its work" (emphasis added), *Joint Communiqué 25th ASEAN Ministerial Meeting Manila, Philippines, 21-22 July 1992*, available at http://www.aseansec.org/1433.htm (last visited on 2005/05/03).
27) 中国のこの主張は，マレーシア，ブルネイ，そしてフィリピンのASEAN加盟3国との間で争いがある。中国とASEAN諸国との間の問題ついては，さしあたり，佐藤考一「中国とASEAN諸国―弱者の論理としての『中国脅威論』」（『国際問題』No. 540 46-57頁，2005年）を参照。
28) *Cf. Joint Communiqué of the Twenty-Sixth ASEAN Ministerial Meeting Singapore, 23-24 July 1993*, available at http://www.aseansec.org/2548.htm (last visited on 2005/

第Ⅰ部　地域主義の展開

　Acharya ＝ Boutin は，バンコク条約を作成する目的と，その成立が可能となった政治的背景とを，特に区別することなく，時系列に沿って，歴史的に述べる。

　これに対して山地は，条約作成の目的とその成立が可能となった背景とを区別して分析する。一方でバンコク条約の作成目的は，ASEAN の新たな安全保障政策のシンボルとすることと近隣諸国の核拡散を防ぐことであったという説明を支持する。他方で，条約成立の背景については，冷戦後のアメリカの非核兵器地帯条約に対する政策変更とインドネシアのリーダーシップによるものであることを強調する[29]。後者について，山地は，次のように述べる。

　すなわち，1987年，アメリカの反対によって条約化しかかった東南アジア非核地帯条約は棚上げにされたが，冷戦後，アメリカは，自国の安全保障政策上，核拡散防止の優先順位が上がったため，この条約に対する態度を変化させた。1992年には，アメリカ本土以外の陸上配備戦術核すべてのアメリカ本土への撤去が完了した。その後ブッシュ政権からクリントン政権に変わると，核拡散防止を重要視する傾向が更に強まった。クリントン大統領は，1995年2月には，インドネシア大統領に対して SEANWFZ の創設を支持する書簡を送った。こうしたアメリカの動きは，SEANWFZ に消極的であったタイ，フィリピン，シンガポールの態度の変化を生み，SEANWFZ 構想を現実的なものにした最大の要因となった。しかしながら，それだけではバンコク条約の作成にはいたらない。SEANWFZ の提唱国であり，1992年にはバンコク条約作業部会の議長となり，そして1995年から ASEAN 議長国となったインドネシアのリーダーシップが，SEANWFZ 構想をバンコク条約に具体化した，最も大きな推進力であったと[30]。

　　　05/03)．
29)　山地・前掲注21)。
30)　山地・前掲注21) 23-8頁。このような，ASEAN を取り巻く国際政治や ASEAN の中における政治的変数は，それが必然的なものであったのか，あるいは偶然によるものなのか，直ちに判断することが難しい。また，ASEAN の政治過程は，非公開の部分がほとんどで，実際のところを知ることは困難である。山地が立てた仮説のように，状況証拠を組み合わせて，妥当性の高い説明を行うしかないのが現状であろう。山地によれば，この仮説がどの程度正確なものかは，バンコク条約に直接携わった関係者の証言を得る必要があり，その試みもしたが，議定書への署名をめぐって ASEAN 側と核兵器国側での調整が未だに続けられている状況では困難であったという。同論文28-9頁を参照。

このように，バンコク条約の作成が可能となった背景として，ASEAN内およびASEANを取り巻く国際環境における様々な要因が考えられる。ここで重要なことは，ASEANが主体的に，いくつもの妥協を繰り返しながらも一貫した方向性を有して粘り強く努力を続け，時宜を捉えてZOPFAN構想の一部をバンコク条約という形で結実させたことである。

（3） バンコク条約成立後

1995年の12月14日と15日にバンコクで開催されたASEAN公式首脳会議において，東南アジア10カ国によるバンコク条約の署名が行われた。このときの公式首脳会議宣言には，核兵器保有国に対する，この条約への協力や包括的核実験禁止条約締結への呼びかけなども盛り込まれた[31]。ASEAN加盟各国それぞれの本意までは分からないにしても，ASEAN全体としては，2(2)で言及したアメリカの核拡散防止政策よりもさらに進んだ非核政策を，バンコク条約の作成当初から標榜していたといえる。そして1997年3月28日，カンボジアが7番目の批准国となり，バンコク条約は効力を発生した。その後，署名はしたものの，批准が遅れていたフィリピンが2001年3月に批准し，ASEAN10カ国全てがバンコク条約の締約国となった[32]。

バンコク条約は，5核兵器保有国，すなわち中国，フランス，ロシア，イギリス，そしてアメリカの署名のために解放された議定書を有するが，まだ1国の批准も得ていない。

今後の予定としては，効力発生の10年後に，この条約の運用を検討するため，委員会の会合を開催するとの規定（バンコク条約20条）[33]に従い，2007年に再検討が行われることになっている。

---

31) *Bangkok Summit Declaration of 1995, Bangkok, 14-15 December 1995, available at* http://www.aseansec.org/2502.htm （last visited on 2005/05/04）.
32) *Cf.* http://www.mofa.go.jp/mofaj/gaiko/kaku/n2zone/sakusei.html （last visited on 2005/05/04）.
33) 以下，バンコク条約の条文については，条文番号のみを示し，条約名は省略する。

3 バンコク条約に見るASEANの独自性および国際法形成機能

(1) バンコク条約の概要

2で述べたようにして成立したバンコク条約は，SEANWFZ内における核拡散防止のための締約国の義務（3条）と，原子力の平和的利用（4条）を2本の柱として，その実現のためにいくつもの工夫を盛り込んでいる。ここではバンコク条約の概要および問題点について簡単に紹介し，問題点については項を改めて分析する。

(a) 締約国の義務および原子力の平和利用

バンコク条約は，締約国に対して，SEANWFZの内外を問わずいかなる場所においても次の義務を課す（3条1項）。すなわち，核兵器の開発，製造，もしくはその他の方法での取得，保有，または核兵器に対する管理を取得しない義務，および何らかの手段により核兵器を配置しまたは輸送しない義務である。このようにバンコク条約は，条約の適用範囲の内外を問わないあらゆる場所における締約国の活動を規制するものであり，タイやフィリピンと安全保障上の結びつきが強いアメリカにとって，受け入れ難い内容になっている。他方でバンコク条約は，締約国が自国の経済発展および社会的進歩のために原子力を利用する権利を認めている（4条）。

(b) 適用範囲

バンコク条約の最大の特色は，ASEAN10の領域に加えて締約国の大陸棚および排他的経済水域（EEZ）をも条約の適用範囲に含むことである（1条1項）。このことによって，東南アジア地帯全域にバンコク条約による非核兵器地帯を設定することになった。これは他の非核兵器地帯条約[34]には見られない特色

---

[34] 1967年のラテンアメリカにおける核兵器の禁止に関する条約（トラテロルコ条約），1985年の南太平洋非核地帯条約（ラロトンガ条約），1996年のアフリカ非核兵器地帯条約（ペリンダバ条約）。なお，南極条約も南極地域における核爆発および放射性廃棄物の処分の禁止を定めるが（5条），本稿で他の非核兵器地帯条約というときには，上述の3つの条約を念頭に考えている。なお，非核兵器地帯全般については，黒澤満『軍縮国際法』281-327頁（信山社，2003年）。

であり，仮に大陸棚とEEZを含めたSEANWFZが普遍的な認知を得て定着することになれば，国際法上も画期的な実行となる。しかしながら，適用範囲に大陸棚とEEZを含めたことは，非核兵器保有国，特に中国とアメリカとの関係で最も問題の大きい点でもある。

(c) **委員会の設置と管理制度**

バンコク条約は，条約の履行の監視および遵守の確保を任務とするSEAN-WFZ委員会を（8条1項および3項），SEANWFZ委員会の下部機関として執行委員会を設置した（9条1項）。SEANWFZ委員会は，この条約の成立後，実際に活動を開始している。

また，国際原子力機関（IAEA）の保障制度（5条）の利用ならびに執行委員会が重要な役割を果たす，締約国の義務遵守を検証するための管理制度を設定している（10条）。この制度は，情報の報告および交換（11条），説明の要請（12条），事実調査団に関する要請（13条）からなる。このような履行確保制度は他の非核兵器地帯条約においても見られることであり，それ自体は斬新なものではない。しかしながら，これまで制度化については消極的であるとみられてきたASEANが，SEANWFZ委員会を中心とする恒常的な履行確保の仕組みを導入したことは注目に値する。

(d) **国連海洋法条約との関係**

バンコク条約は，一方で，この条約の規定が国連海洋法条約上の権利，特に公海の自由，無害通航権，群島航路帯通航権もしくは通過通航権，またはいずれの国によるかを問わず国連憲章に合致するようなこれらの権利の行使を害しないことを規定する（2条2項）。他方で，締約国は，無害通航権，群島航路帯通航権もしくは通過通航権によって規律されない方法による，外国の船舶および航空機による自国の港と空港への寄港と着陸，外国航空機による自国領空の通過，そして自国の領海または群島水域の外国船舶による航行と外国航空機によるこれらの水域の上空飛行の可否を，独自に決定できると規定する（7条）。このことによって，例えば，国連憲章に合致するような国連海洋法条約上の無害通航権の行使の態様について，無害通航を主張する国と沿岸国との間に解釈の相違がある場合には，対立を引き起こすことになる。実際に，アメリカ政府からこの規定に関する疑問が提示されている。

(e) 平和的紛争解決

21条は，この条約の規定の解釈に起因する紛争について，締約国の平和的紛争解決義務を規定するとともに，1カ月以内に紛争当事国が平和的解決を達成できなかった場合，関係当事国は他の関係当事国の事前の同意を得て，仲裁裁判または国際司法裁判所に付託することを規定する。この規定は，非核兵器地帯条約のさきがけとなったトラテロルコ条約の24条[35]を敷衍した内容であるといえよう。

(f) 議 定 書

バンコク条約の議定書は，5核兵器保有国に対して，次の約束を求める。すなわち，バンコク条約の尊重およびこの条約または議定書のいかなる違反行為にも寄与しないこと（議定書1条），ならびに条約締約国に対して核兵器の使用または核兵器使用の脅威を与えないこと，そしてさらに進んで，SEANWFZ内において核兵器の使用または核兵器使用の脅威を与えないこと（議定書2条）である。特に，域内における核兵器の使用または脅威を与えないことの約束は，条約の適用範囲が大陸棚とEEZを含んでいることとも相まって，中国およびアメリカからの反発を呼ぶことになる。

また，議定書の前文は，議定書の締約国に対して，「核兵器の全面的かつ完全軍縮の達成に向けての努力に貢献しそれによって東南アジアを含む国際の平和と安全を確保することに向けての努力に貢献することを希望」すると述べている。このことは，SEANWFZの取り組みが，究極的な目標として，核兵器廃絶の達成までをも射程に入れていることの表れであると思われる。

なお，この議定書は，5核兵器保有国の署名のために開放された，批准を要する条約である（議定書3条および6条）。

（2） ASEAN加盟国に対する意義

バンコク条約の成立においてASEANは加盟国に対していかなる影響を及ぼしたであろうか。

3(1)までに見てきたように，バンコク条約は，ASEANを設立したバンコ

---

35) トラテロルコ条約の解釈または適用に関する問題または紛争について，他の平和的解決方法への合意がない場合には，紛争当事国の事前の合意を得て，国際司法裁判所に付託することになっている。

宣言との連続性を有している。バンコク宣言の前文にすでに現れていた，不干渉原則および外国の軍事的影響力の排除の考え方は，それぞれの国の思惑によって妥協的かつ控えめな表現になったとはいえ，クアラルンプール宣言において ZOPFAN 構想として一定の形を与えられた[36]。さらに，ZOPFAN 構想は，東南アジア友好協力条約によって条約レベルへと引き上げられた。この条約では，域外からのおよび域内各国間における「不干渉原則」を明記したことに加えて，「国家の強靱性の強化」（10条）および「地域の強靱性の促進」（11条）が規定され，クアラルンプール宣言の控えめな表現からさらに踏み込んだものとなった。しかしながらこの条約は，締約国の努力義務に関する規定が多い上，履行確保および違反に対する措置についての規定がなく，紛争の平和的解決に関する手続きも，非常に緩やかで，拘束力のあるものとはならなかった。

それに対して，ZOPFAN 構想の中から特に現実化が可能と考えられる部分，すなわち地域の非核兵器地帯構想を先行的に条約化したバンコク条約では，履行確保のメカニズムが制度化された。改善措置に関する14条は，最終的には国際連合安全保障理事会への問題の付託にまで踏み込んでいる（3項）。ここにおいて，バンコク宣言，ZOPFAN 構想の系譜の中に，実効性の面から見ても，実際に法的拘束力を有する条約が誕生したのである[37]。

---

36) 当初，ZOPFAN に対しては，域内諸国でさえもリップサービス以上の熱意を示さず，域外諸国からの評価も一様ではなかったという。「……それにもかかわらず，ZOPFAN 宣言の意義は決して矮小化されてはなるまい。（中略）いったん誕生した ZOPFAN 構想は，この後，ZOPFAN 高級事務次官会議による精緻化の努力と，各国政府による現実政治の場での実践化という二つの方向で進化を遂げることになる。（中略）ZOPFAN の深化・拡大の過程は，ASEAN にとって利害と見解の不一致を克服する学習の場に他ならず，その延長線上に，(1) 1976年の「東南アジア友好協力条約」，(2) 93年の「ASEAN 地域フォーラム」，(3) 96年の「東南アジア非核地帯条約」など一連の成果を生んでいるのである」黒柳・前掲書注13）45頁。ただし，(2)の点については，ARF（ASEAN 地域フォーラム）は，ASEAN 地域の自立性の観点から見ると，ZOPFAN を侵食しているとの見解がある。*Cf.* Acharya, *supra*. note 10, 56, 165-193.

37) ASEANは，次のように，バンコク条約をZOPFANの重要な構成要素であると説明している。"At the ASEAN Summit in Bangkok on 15 December 1995, the leaders of all the ten Southeast ASEAN countries signed the Treaty on the Southeast Asia Nuclear Weapon-Free Zone (SEANWFZ). As a key component of ZOPFAN, the SEANWFZ treaty expresses ASEAN's determination to contribute towards general and complete nuclear disarmament and the promotion of international peace and security. It also aims to protect the region from environmental pollution and the hazards posed by radio-active waste and other toxic materials." *Overview, supra*. note 10.

このようにして，ASEANは，設立当初の目的のうち，域内の政治状況や周囲の国際環境によって実現可能な部分から，粘り強い取り組みを続け，ついには単なる政治的規範を超えた法制度に支えられるSEANWFZを設定した。その過程で，ASEANの政治的規範の妥当する地理的範囲が拡大してきたことにも注目すべきであろう。すなわち，ASEAN 5カ国がバンコク宣言に掲げた目的およびZOPFAN構想は，ASEAN10への拡大の過程で，その妥当範囲をいわゆる「東南アジア諸国」全体に広げたのである。さらに締約国を法的に拘束するバンコク条約は，この条約が適用範囲に締約国の大陸棚およびEEZをも含めていること，および2001年のフィリピンの批准を得てASEAN10全てが締約国になったことによって[38]，その適用範囲を，ZOPFANと一致させたのである。またASEANは，バンコク宣言，東南アジア友好協力条約，そしてバンコク条約へと進むにつれて，安全保障面における当初の目的を，より敷衍および具体化し，現時点での到達点であるバンコク条約において[39]，全加盟国を拘束する法規範として現実化させたのである。さらに，(3)で検討することと関連するが，バンコク条約は，適用範囲に大陸棚とEEZを含めたことによって，対内的に一体化の意識を高めるとともに，対外的にもASEANの一体性を主張する条約となった。

このように見てくると，ASEANは，設立から現在にいたるまでに加盟国に対する政治的規範を設定し，その妥当範囲を東南アジア諸国全体へと拡大させながら，その政治的規範を敷衍し，具体化してきた。さらに，バンコク条約を成立させることによって，東南アジア地域内における普遍的な法規範を実現させたといえる。

また，自身の制度化に対して長年消極的な態度を見せてきたASEANが，その枠組みの中に恒常的な履行確保の制度を有する条約を擁するようになったことも，注目に値する。

38) バンコク条約の最後の締約国とはなったが，フィリピンは非核憲法を有しているので，条約の批准以前も，フィリピンの領域内は非核兵器地帯化されていた。「フィリピンは，国益に従い，領域内において，非核兵器政策を，採用し，追及する。」1987年フィリピン共和国憲法第2条第8節（安田信之・知花いずみ他訳）『フィリピン共和国憲法——概要および翻訳——』(衆憲資第19号（委託調査報告書），30頁，衆議院憲法調査会事務局，2003年）。

39) なお，5核兵器保有国の議定書への批准を可能とするために，核兵器保有国との交渉および条約改正の作業が継続的に続けられているようであり，現行のバンコク条約は，あくまでも現時点までにおける成果ということになる。

(3) 国際社会における意義

　ASEAN が国際法形成を行ったというためには，(2)で述べたことに加えて，バンコク条約が設定する法規範が国際社会によって受容されていることが必要である。

　クアラルンプール宣言が他のいくつかの地域が非核兵器地帯の確立へと向かう傾向に言及していたように[40]，国際世論の趨勢からして当然のことながら，バンコク条約の成立は国際社会から歓迎された。ところが，議定書の締約国として想定されている5核兵器保有国，特に中国とアメリカは，条約の趣旨には賛同するものの，個別の規定および議定書に対して批判的であるという，二律背反的な態度を見せた。当初から条約を現在の形のままで受け入れたのは，5カ国のうち，ロシアのみであった[41]。

　しかしながら，バンコク条約の成立以前から，ASEAN は域内に核拡散の要因を持たない[42]。そのため，ASEAN 諸国と中国との間で領有権争いのある南シナ海の島礁の周辺海域に，中国が核兵器を持ち込むことや，タイ，フィリピンとの関係を中心に，ASEAN 諸国と軍事的な結びつきの強いアメリカが，ASEAN 域内において，あるいは域内から域外へ向けて，核兵器の使用または威嚇を行うことを排除できなければ，バンコク条約は政治的にはほとんど意味がないといっても過言ではない。

　それでは，中国とアメリカは，バンコク条約に対してどのように考えているのであろうか。

---

40) 　注19) 参照。
41) 　Acharya=Boutin, *supra*. note 22, 225-7. しかしながら，ロシアも議定書には未批准である。ロシアが批准しない理由は明らかではないが，ASEAN 域内において最大の軍事的影響力を有するアメリカが批准するまでは，条約の中身に異議がなくても，他の核兵器保有国は批准には慎重にならざるを得ないように思われる。
42) 　テロ組織による核兵器の拡散に対する懸念は，ASEAN のみならず世界的な問題であるが，これは国家による核拡散の問題とは異なり，別の枠組みで扱われている問題である。例えば，『朝日新聞』(2005年5月7日)は，「大量破壊兵器(WMD)や，その材料となる物資の海上輸送を犯罪とする国際条約改正案が，国際海事機関(IMO)の法律委員会で日米などの賛成多数で採択された。すべての船舶が対象となり，公海上でもその船が所属する「旗国」の同意があれば強制捜査できるようにするもの」で，「採択されたのは，『海上航行の安全に対する不法な行為の防止に関する条約』(シージャック防止条約)の改正案」であると伝える。

バンコク条約およびその議定書に対して最も強い反発を示したのはアメリカである。バンコク条約の作成段階では支持を表明したアメリカではあるが，出来上がった条約を見て，ASEAN 諸国による条約の署名の前に，核兵器保有国に対して何の相談もなかったことに不快感を表した[43]。

アメリカは,「大陸棚や排他的経済水域に対して沿岸国は資源管轄権を持つのみで，条約が定める核兵器に関する政治的な管理権をもたないので，この点は国連海洋法条約に反すると主張」し，「またこれは，核兵器搭載可能な艦隊の自由航行を妨げる恐れもあると述べ」た[44]。

確かに，大陸棚と EEZ においては，それぞれの海域の特徴を反映して，沿岸国が，機能別に分化した限定された範囲でのみ主権的権利を有するのであって[45]，そこに新たな沿岸国の権利を設定することには問題があるかもしれない。しかしながら，条約の締約国および議定書の名宛国以外の国に対しては，バンコク条約およびその議定書の成立によってASEAN 諸国の大陸棚およびEEZ の海域としての性質に特に変化はない。また，大陸棚と EEZ を，地帯の限界を画定する基準として用いてはいるが，大陸棚および EEZ に対して新たな特性を与えようとする意図があると，直ちにいえるかは疑問である。ASEAN にとって，SEANWFZ に大陸棚および EEZ を含めることは，地域の一体性および地域への大国の影響の排除という目的から重要なのである。それに対して，アメリカにとっての問題は，議定書2条の後段に，議定書締約国は，SEANWFZ 内において核兵器を使用しまたは使用の脅威を与えないことを約束すると規定されたことであり，東南アジア地域に展開する，あるいは東南アジア地域を通って活動する自国の軍隊の活動に対する制約の可能性という実際的な問題である。SEANWFZ にこのまま大陸棚および EEZ を含めることは，法的には可能であると思われる。

この点に関して中国は，バンコク条約の適用範囲が南シナ海における ASEAN 諸国と領有権について争いのある地域にまで及ぶことに懸念を示して

---

43) Acharya = Boutin, *supra*. note 22, 225.
44) 黒沢満『核軍縮と国際平和』102頁（有斐閣，1999年）。Acharya = Boutin, *supra*. note 22, 226 にも，同じ主張が引用されているが，この論文では，「自由航行」(freedom of navi-gation and overflight) に関する議論と「無害通航」(innocent passage) に関する議論との区別が曖昧である。
45) 山本草二『海洋法』42-3頁（三省堂，1992年）参照。

いたが，現在では，議定書への自国の署名と，他の核兵器保有国の署名の促進への協力を約束している[46]。また，ASEANは，核兵器保有国の批准を得るための取り組みの中で1999年4月に議定書の改定案（改正内容は明らかでない）を提示し，2000年に，中国外交部は原則的にこの改定案を承認するとの声明を出している[47]。ただし，中国政府は，バンコク条約の議定書を批准する準備があることを近年繰り返し述べているもの，実際に批准は行っていない。その理由は定かでないが，アメリカの批准問題が影響しているように思われる[48]。

またアメリカは，バンコク条約は無害通航権の解釈を誰が行うのかを不明確にしたままであると批判した[49]。ある態様の通過が無害通航に当たるか否かを判定するのが沿岸国である場合には，例えば核搭載艦の航行に対して制限的な慣行が生じるかもしれないとの懸念である。バンコク条約の締約国は，核搭載艦の無害通航を妨げるものではないと述べたといわれているが[50]，7条の文言からは，無害通航を主張する国の意に反して沿岸国が無害性の有無を判断し，通航を不許可とすることを排除するものではないと解釈できる。ASEAN内には，タイ，フィリピン，シンガポールのようにアメリカとの軍事的協力を必要視する国から，マレーシアのように核保有国に対して強硬な意見を述べる国[51]まで様々であり，国によって，通航の可否について厳しい基準を適用してくる可能性が十分に考えられる[52]。

以上に見てきたことから，ASEANは，SEANWFZを設定するという総論的

---

[46] 最近では，2004年11月29日と30日に，ラオスの首都ビエンチャンで開かれた第10回ASEAN首脳会議において，ASEANと中国は共同宣言を発表し，その中で，このことを確認している。Cf. Plan of Action to Implement the Joint Declaration on ASEAN-China Strategic Partnership for Peace and Prosperity, available at http://www.aseansec.org/16806.htm（last visited on 2005/05/08）.
[47] ㈶平和・安全保障研究所『アジアの安全保障2001－2002』328頁（朝雲新聞社，2001年）。
[48] 注41）参照。
[49] Acharya = Boutin, supra. note 22, 226.
[50] Acharya = Boutin, supra. note 22, 227.
[51] 2005年5月2日から27日までニューヨークの国連本部で開催された核不拡散条約（NPT）再検討会議において，非同盟運動を代表して発言したマレーシアが，「95年に決まったNPTの無期限延長は，無期限の核保有を意味しない」と述べたと伝えられている。『朝日新聞』（2005年5月4日）。
[52] 山本・前掲書注45）139-142頁は，核搭載艦の無害通航の主張に対して，沿岸国が無害性を否定し，通航を否認することができるか否かについて，わが国の非核三原則との関係で分析する。

な部分においては，国際社会の支持を受けて，国際法規範の形成を成し遂げたといえる。言い換えるならば，バンコク条約が設定した国際法規範が国際社会に受容されたといえる。さらにそれが実効性を持つための各論的な部分については，核兵器保有国との交渉を通じ，現在，国際法規範を形成するための努力を継続中であるといえる。また，アメリカとの関係に対する態度が，ASEAN諸国内において一様ではないにもかかわらず，バンコク条約を通すと，ASEANがあたかも単なる加盟国の集まりを超えた1つの独自な主体であるかのように対外政策を主張する形になっていることは注目に値する。

このように見てくると，ASEANは，加盟国間の安全保障に対する考え方の相違を超えた独自の主体として，国際法形成に寄与していると言ってよい。

4　結びにかえて

本章では，ASEANが，対加盟国との関係で独自性を有する存在として，さらに国際社会においても単なる加盟国の集まりを超えた独自の主体として，国際社会に受容される，あるいは国際法体系に組み込まれる国際法規範を形成していることが明らかになった。換言すれば，「独自の意思を持って主体的に国際法体系に作用する」という広い意味において，ASEANの国際法主体性を明らかにすることができた。このようにして，ある組織体が，厳密な意味での国際法人格を持たなくても，その組織の実際の働きを見ていくことによって，その国際法主体性を明らかにしていくことは可能なのである。以上の考察によって，本章のアプローチの有用性を示すことができた。

国際法学における国際組織の定義は，従来，国際連合のような典型的な国際組織を基準として考えられてきたのであり，地域主義の観点から新たな国際組織を創設する場合には，その地域に適合する組織を構想しなければ，その実現は難しい。わが国を含む東アジア地域における国際組織を構想する場合に，同じアジア地域に存在するASEANを参考にすることは，十分に意義のあることであると思われるから，国際法学におけるASEAN研究も，より活発化することが望ましい。

本章では1つのアプローチを提示したが，他にも多様なアプローチがありえよう。ASEANのように，法的評価が未だ定まらないが国際社会において重要

なアクターである「国際組織」に対して法的な位置づけを与えていくことは，現代の国際法学が取り組むべき重要な課題であると考える。

第Ⅱ部　国際社会の組織過程における地域主義

5 国際連合と地域主義
――地域的国際組織との関係を中心に――

廣部　和也

1 はじめに

　2004年12月にハイレヴェル委員会が報告書を提出した[1]。この委員会は，テロや貧困などの脅威に対して，国際連合が今後どのように対応していくべきかということを検討するために，アナン事務総長が設けた諮問委員会で，「脅威，挑戦及び変革に関するハイレヴェル委員会」と称し，世界中から16人の著名な専門家を集めた委員会であった。この報告書は全体を四部で構成しているが，最後の第四部で二十一世紀に向けて国際連合をより強化するための方策を8章に分けて述べており，その一章が地域的国際組織に充てられている。脅威を防止し脅威に対応する安全保障理事会の能力は，国際連合憲章第8章をより生産的に利用することによってより高められるというのである[2]。これからの地域的国際組織の役割が期待されており，その重要性が強調されている。しかし，それは，今までなかったことについて，これからの期待感を表したものではなく，これまでの実績を踏まえた上で更にそれに付加を加えた役割への期待である。しかも，地域的国際組織の役割は，国際連合と緊密な協力をしながら，平和と安全保障を中核としつつ，人権の側面についても含まれているのである[3]。本稿においても，まず，この報告書と同様に，今後の国際連合及び国際社会にとって地域的国際組織が重要な役割を果たすとの認識を基本的な視点としながら，国際連合が地域的国際組織との協力関係をどのように構築しようとしてい

---

1) A more secure world: Our shared responsibility. Report of the High-level Panel on Threats, Challenges and Change (2004).
2) Ibid., Part 4 A more effective United Nations for the Twenty-first century. XVI Regional organizations.
3) Ibid., § 220.

るかを考察するものとする。

　国際連合憲章はその第8章において，地域的取極または地域的機関について規定する。第8章が対象とするのは「国際の平和及び安全の維持に関する事項で地域的行動に適当なもの」であり，これを処理するために地域的取極または地域的機関が存在するものとされている。その内容は，安全保障に関するものであることは明らかであり，安全保障理事会を中心とする紛争の平和的解決及び集団安全保障体制において地域的取極または地域的機関をどのように位置づけるかという観点から第8章の諸規定が置かれている。しかしながら，地域主義の対象は，これらに限られるものではなく，国際協力に関するものも含まれるはずである。しかるに，国際協力に関する地域主義の明示の規定は，国際連合憲章の中にはみられない。明示の規定がないことは，国際連合が地域の国際協力に関する問題に無関心であることを意味しない。国際協力に関する地域的国際組織も場合によっては，安全保障理事会の決定の履行について加盟国を通して何らかの役割を担うことも考えられるであろう。また，国際連合自身が地域に展開している状況が見られ，始動当初から経済に関する地域的委員会が設置されており，形の上でも地域を注視していることは言うまでもないであろう。事実，今日において，国際連合は，国際協力に関する地域的国際組織と協力関係が見られるのであり，そのことが憲章違反であるとか，国際連合の権限外の行為であるとかの非難が見られるわけではない。

　この点，第8章については，当初意図されたように機能して来たわけではなく意味内容が変化してきているように思われるが，それは，冷戦下における状況が影響しているものであり，冷戦終結後の状況では明らかに異なってきているように思われる。規定自体が変化したわけではないのは言うまでもないが，国際連合の地域的国際組織に対する認識と関係は大きく変わってきているように思われる。更に，厳密な意味で第8章そのものとは言えないまでも，国際の平和と安全について，特に，平和維持活動との関連で国際連合は地域的国際組織と協力することを従来にも増して進めている。

　本稿は，国際連合における地域主義一般を取り上げたり，憲章の規定の具体的な解釈を行おうとするものではなく，近時における地域的国際組織の取り扱いを中心に，その実情と憲章規定との関わりを考察しようとするものである。本題の「国際連合の地域主義」の下で考察すべき点は多岐にのぼると思われる

が，本節の主眼とするのは，国際連合が地域的国際組織との関連において展開してきた或いはこれから展開しようとしている地域主義である。言うまでもなく，前提となるのは，国際連合憲章の規定であるが，本節の主題は，現下において，国際連合が地域的国際組織との関係で地域主義をどのように実践しているかと言うことである。最初に，本来憲章が意図したその全体的な意義を明らかにしておく必要がある。しかる後，冷戦後の国際連合における地域的国際組織の取り扱いを考察し，本来意図したものがどのように扱われているかを考察しようと思う。

なお，国際連合において地域主義という場合，組織に限定されず，地域的取極も対象となり，或いは，立場・考え方が全体として対象となるべきと思われるが，本稿においては，地域的国際組織を対象とする[4]。それは，今日における国際組織の全般的状況は，多かれ少なかれ国際連合を中心として展開されているとの認識が可能であること，及び，本書全体の基本的な意図が制度論的考察にある事による。

2　国際連合憲章規定に見られる地域主義の意味

国際連合憲章は，第8章の第52条，第53条及び第54条に地域主義について定めている。それらが全体として意味するところは，次のようにいえるであろう。
①　第8章は，国際の平和と安全の問題に関する地域的行動にとって適切な地域的取極及び組織の存在と機能に関するものであり，地域的な行動は国際連合の目的と原則に適うものでなければならない。
②　地域的取極または地域的国際組織に参加している加盟国は，地方的紛争が安全保障理事会に付託される前に，平和的手段によって地域的解決に努めなければならない。

---

[4]　地域主義及び地域的国際組織の定義をなすべきと思われる。しかしながら，その定義を探求することがテーマではなく，国際連合と地域的国際組織との現在における協力関係を考察しようとするものである。取り敢えず，地域主義の意味は，普遍主義と相対的なものとし，地域の特殊性を生かし，地域としての自立性を以て主張する立場としておこう。また，地域的国際組織は，地域性を以て構成される政府間国際組織としておこう。尚，憲章の定訳は地域的機関であるが，講学上，国際組織の用語が適切と思われるので，地域的国際組織の用語を用いるものとする。

③　地域的取極または地域的国際組織を用いるイニシアチヴは，関係国または安全保障理事会からの働きかけによって主導されるべきである。地域的国際組織が強制行動を取る場合は，安全保障理事会の主導による。

④　地域的取極又は地域的国際組織は，地方的紛争の解決について，第34条に基づく安全保障理事会の権利，または，第35条に基づいて安全保障理事会または総会に付託する加盟国の権利を害してはならない。

⑤　安全保障理事会は，安全保障理事会の強制行動に関する決定を強制するために，適当な場合には，地域的取極または地域的国際組織を利用することができる。

⑥　いかなる強制行動についても，地域的取極又は地域的国際組織がとる場合は，安全保障理事会の許可がなければならない。

⑦　但し，107条に従ってとられる旧敵国に対するものは例外とする。

⑧　地域的取極または地域的国際組織によってとられる活動は，安全保障理事会に常に充分に通報されなければならない。

憲章規定に従って第8章の概要を以上のようにまとめることができるものと思われるが，換言すれば，地域的国際組織に対して，憲章第6章及び第7章における国際連合の役割とほぼ同じ役割が期待されていると言うことと思われる。基本的には，国際の平和と安全を害するような地方的紛争の解決に，地域としての特殊性を尊重しその観点からの解決が期待されていると言えよう。第6章に該当する紛争の平和的解決には，地域的国際組織の自立性が最大限尊重されている。しかし，第7章に該当する行動に関しては，安全保障理事会に権限の集中化を図ろうとしている。強制行動は，国際連合の集団安全保障体制の中核となるものであり，国際の平和と安全に主要な責任を負う安全保障理事会のみが判断をすべきであるとしているのである。この点，地域的国際組織は安全保障理事会に利用されるものであり，自立的に独自の判断をすることは許されていない[5]。しかし，紛争解決の活動をする場合にも通報することを義務づけていると言うことになり，国際連合と何らかの協力或いは国際連合の活動の一環として認識されるべきだとの考えが基礎にあるように思われる[6]。国際連合と

---

5)　高野雄一『国際組織法（新版）』399頁（有斐閣，1975年）。
6)　その基礎となる地域的取極及び地域的国際組織（地域的機関）の明確な定義はなされていない。後述のように，国際連合自身もこれらの概念は緩やかに捉えようとしている。

無関係に活動することを前提としているとは思われず，少なくとも国際連合がその活動を明確に把握しようとしているように思われる。つまり，第8章が意味するところは，或いは，規範的に意図したことは，国際連合の集団安全保障体制という普遍的なシステムに地域的な平和維持のメカニズムを統合するということである[7]。地域的国際組織が独自の活動を行うことを否定しているわけではないものの，第7章に関連する問題についてはそのような立場を認めず，また，国際連合と地域的国際組織との協力という場合は，あくまでも，国際連合主導で活動することが前提となっているように思われる。

　第8章のみを見ている限りにおいては，その内容は，比較的明確に思われる。しかしながら，第33条や第51条を合わせてみると，地域的国際組織の地位はそれほど明確ではない。特に，第51条に基づいて認められた集団的自衛権の行使は，第53条1項と矛盾するものであり，第53条1項を形骸化するものであることは指摘されてきたことである[8]。この点は，極めて重要な問題であるが，本稿はその点を主眼としているわけではない。本稿との関連では，矛盾があることを認識しておくことが必要と思われる。

　なお，第8章に規定されているような地域的国際組織の利用を経済社会問題に広げて規定すべきか否かは，サンフランシスコ制憲会議において問題となった。第8章を検討した起草委員会では，その問題は第8章の主題ではないとされた。他方，経済社会協力を検討する委員会では，第9章に規定される経済社会協力に関連して地域的な協力に関する規定を含めるかどうかについて検討がなされた。しかしながら，加盟国は，経済的社会的国際協力の目的達成について，国際連合と協力して，共同及び個別の行動をとることを誓約することになっており，その種の規定は必要がないと判断されたのである[9]。国際連合は，平和維持の機能面に即して地域的組織との間に独特の有機的統合関係を設定しているが，国際協力の促進については，一般的国際組織（専門機関）との間に独特の有機的関係を設定しているものの，地域的国際組織との関係ではそのよ

---

7) Ulrich Beyerlin, "108 Regional Arrangement" p. 1045. in Rüdiger Wolfrum ed. United Nations: Law, Policies and Practice, Volume 2.
8) 田岡良一『国際法上の自衛権』195-198頁。
9) Leland M. Goodrich and Edvard Hambro, Charter of the United Nations: Commentary and Documents. Second and revised edition（1949）, p. 311. The United Nations Conference on International Organization: Selected Documents（1946）, p. 633.

うな設定はみられない[10]。しかしながら，明文の規定がないことは，国際連合が経済的社会的国際協力に地域主義を取り入れることを排除するものではなく，単に規定することに必要性を認めなかったに過ぎないと思われる。国際連合が掲げる目標の一つである国際協力の重要性から見てもこのことは首肯出来るであろう。もとより，制憲会議における認識のように加盟国の協力義務が有ればよいと考慮することは極めて不十分であり，国際組織の独自性を充分に認識していなかったのではないかとも憶測されるところである。それは，非政治的分野の国際協力は権力との緊張関係よりも機能的観点からの必要性がより優先して捉えられたと言うことであり，事実，地域主義が権力との緊張関係を孕みながら形成されるという現象はあまりみられない[11]。

3　国際連合と地域的国際組織との協力——平和と安全の維持——

(1)　協力関係の転換

国際連合と地域的国際組織との協力関係に新しい展開を示すのは，1992年に国際連合事務総長が出した報告書，所謂「平和への課題」(An Agenda for Peace) である[12]。この報告書には，国際連合と地域的取極及び地域的国際組織との協力に関する一章が設けられており[13]，憲章第8章が，冷戦の下では適切に用いられることがなく，むしろ，地域的取極は，憲章に規定されている方法で紛争を解決することに反する形で機能していたと指摘されている。そして更に，今後の地域的取極や地域的国際組織について，大筋，次のように述べ

---

10)　高野・前掲45-46頁。
11)　高野・前掲388-389頁。
12)　1992年6月17日。A/47/277-S/24111 An Agenda for Peace: Preventive diplomacy, peace-making and peace-keeping. この報告書は，1992年1月の安全保障理事会サミットの要請を受け，ブートロス・ガリ事務総長が同年6月安全保障理事会に提出した国際連合の平和維持機能を強化する案である。内容的には，防止外交の下に紛争発生前に国際連合要員を派遣する予防展開，憲章第43条に基づく各国待機部隊の設置，停戦違反に対して介入する平和執行部隊の創設，紛争後の平和構築などを主要な内容とする。しかし，平和強制のための第二次国連ソマリア活動（UNOSOM II）が失敗に終わったこともあって批判が多く，95年1月の「補遺」で平和執行部隊についての修正を行い，現在のPKOを基本とする旨が示された。
13)　VII Cooperation with regional arrangements and organizations.

ている。

　憲章は，地域的取極及び地域的国際組織について明確な定義をしてはいないので，地域的行動に適切な問題を処理する国家のグループによってなされる企てであって，国際の平和と安全の維持に貢献することの出来るようなものであれば，これらに該当するものと柔軟に認められるものと考慮される。それらには，国際連合が設立される以前に創立されたか以後に創立されたかどうか，相互の安全及び防衛のための地域的国際組織であるか否か，地域的開発又は特定の経済的問題・機能に関する協力のための組織であるかどうか，或いは，最近の関心事である個別的な政治的・経済的・社会的問題を処理するために樹立された集団であるかどうかに関わりなく，また，条約を基礎としている組織のみならず，それ以外の団体や実体が含まれる。国際連合は，様々な形で地域的国際組織と協力しており，その内容は，それぞれの実情に応じて柔軟に対処されている。例えば，アフリカにおいては，ソマリアに関して，アフリカ統一機構（Organization of African Unity, OAU），アラブ連盟（League of Arab States），イスラム会議機構（Organization of the Islamic Conference）の３つの組織が国際連合と協働した。アジアにおいては，東南アジア諸国連合（ASEAN）が，他の地域からの幾つかの国家と共に，国際連合と協働するために，カンボジア紛争の当事国と共に，パリ国際会議に招集された。ニカラグアでの戦争終結には，地域の指導者達によって主導され，個別国家，国家のグループ及び米州機構（Organization of American States, OAS）によってとられたいくつもの複雑な努力がなされた。ヨーロッパ共同体及びその構成国によってなされた努力は，欧州安全保障協力会議（Conference on Security and Cooperation in Europe, CSCE）参加国の支持を得て，バルカン半島及びその周辺地域の危機を処理するのに中核的な重要性を持つものであった。過去においては，地域的取極や地域的国際組織は，しばしば，集団安全保障に関する普遍的なシステムが欠如していたことを理由として定立されてきた。そのため，それらの活動は，時として，世界的な組織を有効にするのに必要な連帯の意識とは相反する形で作用することになった。しかし，好機到来の新しい時代において，地域的取極又は地域的国際組織は，それらの活動が国際連合憲章の目的と原則に符合する方法で行われるならば，又，それらと国際

連合との関係，特に安全保障理事会との関係が，憲章第8章によって規律されるならば，極めて有益なものとなりうる。

このように，地域的取極及び地域的国際組織が，第8章にあるような役割を必ずしも果たしてきておらず，むしろ逆の存在意義を示していたとさえ言い得ると述べている。但し，地域的国際組織としての独自の存在意義・役割が全く見られなかったわけではないと言う。そして，このような現状認識を基礎に，更に将来の展開について概要次のように述べられている。

この報告書の目的は，地域的国際組織と国際連合との関係に決まった形を提示したり，国際連合として何らかの特定の作業を要求するものではない。しかしながら，明らかなことは，地域的取極と地域的国際組織は，多くの事例において，この報告書に述べられている機能を果たすのに有用と思われる潜在的能力を有していると言うことである。その機能とは，防止外交（preventive diplomacy），平和維持（peace-keeping），平和創出（peacemaking）及び紛争後の平和構築（post-conflict peace-building）である。国際連合憲章に従い，安全保障理事会は，国際の平和と安全の維持に主要な責任を果たしており，今後も果たし続けるであろう。しかし，地域的活動は，国際連合の努力の地域的分権化，国際連合からの委任及び国際連合との協力という観点から，安全保障理事会の負担を軽減するのみならず，国際問題において，参加，合意及び民主化のより深い意識に貢献することにもなるであろう。地域的取極と地域的国際組織は，元来，世界の当該地域における平和を維持し又は回復する点で役割を果たすべく意図されていたにもかかわらず，このような観点から考慮されてこなかった。しかし，今日では，地域的取極や地域的国際組織の貢献が可能であるという新しい意識が存在している。国際連合と地域的取極又は地域的国際組織との協議は，問題の性質とそれに対して向けられる必要のある措置に関して国際的合意を構築する多くのことをなし得るであろう。国際連合と共同の事業で共に努力をすることに参加する地域的組織は，当該地域の外の諸国が支持する行動をとる気にさせるであろう。更に，安全保障理事会が，地域的取極や地域的国際組織がその地域内の危機に向けて主導することを承認する選択をするならば，それは，国際連合の比重を地域的努力の有効性に役立てるのに利用できるであろう。国際連合憲章の精神を更に推

し進め，憲章第8章の将来に思いを巡らす時，此処に述べられた概要のアプローチは，民主化が国際の平和と安全の維持の任務にあらゆるレヴェルで勧められるという一般的な意義を強化することができるであろうし，将来的に主要な責任は安全保障理事会に存在し続けることを認め続けることが重要なのである。

以上のように，「平和への課題」において，地域的取極と地域的国際組織は，防止外交，平和維持，平和創出及び紛争後の平和構築の機能に役立つ能力のあることが指摘されている。つまり，国際連合の平和関連活動に地域的取極や地域的国際組織がより大きな役割を果たすことが求められ期待されているのである。勿論，これまでに地域的国際組織が活動していなかったわけではない。例えば，「平和への課題」にも上げられているが，OASは早くから平和維持活動に参加している。OASは，しばしば監視団を送っており，また，1965年のドミニカ危機には米州平和部隊を設立している。その他にも「平和への課題」以前に地域的活動が幾つか見られる[14]。しかし，それらの殆どは，国際連合活動の一環として行われたというよりも国際連合の活動が困難である場合や出来ない場合の補完ということのように思われる。重要なのは，国際連合の立場からすれば，国際の平和と安全について，安全保障理事会が「主要な責任」をどのように果たしていくことが出来るかという観点である。そのような観点から，地域的国際組織がどのように活動するかが問題であろう。

(2) 冷戦下における関係

それでは，従来の関係はどのようであったのだろうか。既に「平和への課題」にも見られるように，冷戦下においては，地域的国際組織は当初期待されたような活動をしてこなかったということは事実であろう。しかしながら，冷戦の下においても，国際連合が地域主義の立場を放棄したわけではなかった。問題は，地域的国際組織の機能は，第8章との関係では，不完全なものであり，国際連合憲章の起草者達が意図した役割を充分に果たしていなかったと思われることである。第8章に該当する主たる地域的国際組織としては，アラブ連盟（LAS），米州機構（OAS），アフリカ統一機構（OAU）等が存在するが[15]，国際

---

14) 藤田久一『国連法』380-382頁（東京大学出版会，1998年）。

連合のリーダーシップの下に,あるいは,国際連合との協力関係の下に,何らかの役割を果たしたとは言えないであろう。冷戦の状況の下においては,協力関係の構築と言うより,組織は相互に相対立する競争関係にあったのであり,世界のいずれの地域においても,世界的な体制と地域的な制度が結びつくことは困難だったのである。ラテン・アメリカ,アフリカ,中東,ヨーロッパのいずれにおいても,冷戦は,世界的な組織と地域的な組織が結びつくことを排除したのである[16]。

安全保障理事会と地域的国際組織との関係について,幾つかの実際例を見ておこう。特に,強制行動 (enforcement actions) との関連において重要である[17]。

1962年のキューバのミサイル危機においては,アメリカにとって,自らの行動を正当化するための法的根拠を如何に見出すかが問題であった[18]。結局のところ,アメリカは,OASによる,地域的集団強制行動を取る選択をした。1962年10月22日,ケネディ大統領は,テレヴィジョンを通して演説をし,キューバへのソ連ミサイル設置が,全てのアメリカ州諸国の平和と安全に対する明らかな脅威であるとして,リオ条約第6条及び第8条に基づく協議機関の会合を要求した。翌23日,リオ条約及びOAS憲章に基づいて協議機関が開催され,全会一致で,ソ連によるキューバへのミサイル持ち込みが米州の平和と安全に脅威になるとの認識の下,リオ条約第6条及び第8条に基づき,加盟国は,個別的及び集団的に,武力行使を含む全ての措置をとることを勧告する決

---

15) 此処での問題としては,第51条の集団的自衛権に基づく地域的国際組織はどのように考えられるべきかという問題がある。本稿では,第51条に基づくNATOを初めとする地域的国際組織は除外してある。

16) Alan K. Henrikson, The United Nations and Regional Oraganizations: „King-Links" of a „Global Chain". In Symposium: The United Nations, Regional Organizations, and Military Operations. Duke Journal of Comparative & International Law, Vol. 7 (Fall, 1996), pp. 46-47.

17) 本来であれば,個々の事例の発端から状況について記述すべきとも思われるが,一つ一つの事件内容とそれに対する対応を追及するものではないので,特に,国際連合と地域的国際組織との関連において取り上げるものとする。したがって,事件を紹介する参考文献等の詳細は割愛した。

18) キューバのミサイル危機については,主に,次の文献を参照。Abram Chayes, The Cuban Missile Crisis: International Crises and the Role of Law (1987). Leonard C. Meeker, "Defensive Quarantine and the Law" American Journal of International Law, Vol. 57 (1963), pp. 515ff. Louis Henkin, How Nations Behave (2ed. 1979), p. 280.

議を採択した。同時に，国際連合憲章第54条に従い，この旨が安全保障理事会に通報することが決議された。OASの決議は，アメリカの武力行動の法的根拠を自衛権ではなく第6条の援助の供与に求めていることを裏書きするものとなっている。もし，自衛権に根拠を求めるのであれば，リオ条約上は武力攻撃に対する措置を定めた第3条に基づかなければならず，また，安全保障理事会に対する通報も国際連合憲章第53条と言うことになるが，OASの決議は，いずれにも言及せず，リオ条約は第6条，そして国際連合憲章は第52条及び第54条に基づく旨を示したのである。この決議の後，アメリカ，ソ連及びキューバは，安全保障理事会の会合を要請した。アメリカは，キューバから全ての攻撃的兵器を引き揚げることを要請する決議案を提出したが，結局のところ，安全保障理事会において決議がなされることはなかった。実際に審議がなされ投票に至ったとしても，いずれの側からの提案もそれぞれ拒否権の行使がなされ決議をなすまでに至らなかったことは明らかである。キューバ危機は，ソ連がミサイルの持ち込みを取り止めたことで，武力衝突をすることなく終了した。しかし，アメリカを中心としてOASが認めた封鎖は，武力行動であり，一種の強制行動と言わざるを得ないであろう。アメリカは，1960年のドミニカにおける非軍事的強制措置である外交的制裁及び制限的経済制裁について安全保障理事会の許可を必要としないという論理を先例としてキューバにも援用したのである。アメリカの地域的組織に関する自律性の政策的主張をOASは受け入れ，安全保障理事会の許可を得ることなくソ連の船舶によるミサイル積み込みに対する封鎖を勧告することによって強制行動を取ったのであり，安全保障理事会は冷戦構造の下にあったためにこれに反対することがなかったのである[19]。

1965年のドミニカ危機問題において，同年4月，アメリカは，アメリカ人を引き上げることと民主主義の回復のために軍隊を送った。OASは直ちに平和回復のための措置を決定するために集合した。5月には，OASは，平和の保持及び通常の民主的状況の再建に構成国を助ける権限を有することを宣言し，統一された指揮の下にある米州平和部隊（IAPF ＝ Inter-American Peace Force）

---

[19] このようなアメリカの主張を法的に捉えれば，恐らく51条の集団的自衛権の要件を，「武力攻撃」から「武力攻撃の脅威」へと拡大的に解釈することであった，とも言われる。また，安全保障理事会においては，当然の事ながら，ソ連は安全保障理事会の権限を主張したが，安全保障理事会としての決議はしなかったと言うことである。高野・前掲書97-98頁。

を創設した。IAPFの目的は，常態を回復し，安全を維持し，人権を保護し，平和と和解の雰囲気を確立することであった[20]。安全保障理事会における議論は，OASの行動について，それが干渉に当たるか否かに関し二分された。ソ連は，IAPFの設置は国際連合憲章第53条のみならず第2条4項及び第39条にも違反すると主張し，フランス，ヨルダン等が同調した。他方，アメリカは，IAPFは，強制行動を行うものではなく，その目的は，ドミニカを常態に戻し，住民の安全を保障し，人権尊重を確保し，民主的機構の創設を助けることにあるのであり，国際連合憲章第53条の問題ではなく，第52条及び第54の問題であると主張し，ボリビア，マレーシアなどがこれに同調した。そもそも，OASがある国家において内戦に対し平和維持活動を意図した軍隊を派遣する権限があるか否かが問題であり，また，もし平和維持活動であるとすれば，ドミニカの同意が必要ではないかという観点から，アメリカが最初に軍隊を派遣したことが干渉ではないと言えるかどうかが問題であった。ドミニカを共産化したくないと言うアメリカの思惑にOASが巻き込まれたと言うことであろうか。その意味では，OASは当初の目的を達成したことになるが，合法性の問題については，充分の根拠が認められなかった[21]。この問題について，安全保障理事会は，OASの行動そのものに関して合意を得ることは出来なかったが，停戦を求める決議がなされ，事務総長にこれに関しての収拾・報告等についての権限を与えた[22]。つまり，安全保障理事会においては，OASの行動それ自体の合法性の判断はなされなかったのである。

1976年のレバノン問題において，同年6月，アラブ連盟は，レバノン政府の同意を得て，レバノンに平和維持軍としてアラブ安全保障軍（Arab Security Force）を配置した。しかし，同年10月，アラブ連盟は，同軍事組織をアラブ

---

20) 1965年のドミニカ危機問題については，YEARBOOK OF THE UNITED NATIONS 1965, pp. 140ff. Pasquale Pirrone, "The Use of Force in the Framework of the Organization of American States" pp. 229-234. in A. Cassese ed. The Current Legal Regulation of the Use of Force (1986). また，OAS決議については，Resolution Adopted in the Third Plenary Session [of the 10th Meeting of Consultation of Ministers of Foreign Affairs of the OAS], OAS Doc. 39 Rev. Corr. (1965), International Legal Moterials, Vol. 4 (1965), p. 594, p. 595.
21) Captin Davis Brown, "The Role of Regional Organizations in Stopping Civil Wars" The Air Force Law Review, No. 41 (1997), p. 248.
22) 最初の決議は，5月14日になされた。Resolution 203 (1965), U.N.S./6355. その後，数度にわたって同趣旨の決議がなされた。

防止軍（Arab Deterrent Force）に変更し，その役割を，国内的安全の維持，全ての軍事設備の除去，そして，必要な場合には，公益事業の引継及び軍事・民間施設の保護が，新しい軍事組織の業務として含められた[23]。防止軍は，約30,000名の兵員を擁し，強制的な機能を持ち，自衛を超えた軍事的強制力を発揮して，いわば，強制行動をとることが出来たのである。しかしながら，安全保障理事会の許可が得られることはなかった。又，安全保障理事会がこのようなアラブ連盟の行動を非難したという事実はない。しかしながら，国際連合が無関心であったわけではない。1976年3月の段階で，事務総長は国際連合憲章第99条に基づき，レバノンの状況について安全保障理事会の注意を促し，会議の招集を提案した。しかしながら，レバノン自身がアラブ連盟による紛争解決を望んでいたことから，アラブ連盟議長国から事務総長宛の書簡で，安全保障理事会においてレバノン問題が審議されることに反対する旨が表明され，事務総長も国際連合憲章第52条を引用してこのことを容認したのである。

1983年のグレナダ問題において[24]，東カリブ諸国機構（OECS）及びアメリカはグレナダに軍隊を上陸させた。グレナダには，当時，約1,000人のアメリカ人が在留していた。OECSは，この軍隊の上陸について，キューバとソ連の支援を受けた社会主義政府の誕生というグレナダの状況が，OECS諸国及び近隣諸国の安全に深刻な脅威をもたらしているとして，これを正当化した。アメリカは，自らの軍事行動の正当化理由として，3点の法的根拠を上げた。第1に，グレナダの総督（Governor-General）がグレナダの合法政府権力であり，それが，国内的無秩序及び対外的脅威を処置するためにアメリカ及びOECSの軍隊をグレナダに招請した。第2に，OECSは，国際の平和と安全を維持する

---

[23] レバノン問題に関しては，Jean Pierre Issele, "The Arab Deterrent Force in Lebanon, 1976-1983. in A. Cassese ed. The Current Regulation of the Use of Force (1986).

[24] グレナダ問題に関して，Joseph H. H. Weiler, "Armed Intervention in a Dichotomized World: The Case of Grenada", pp. 241ff. in A. Cassese ed. The Current Legal Regulation of the Use of Force (1986). 他に，主に American Journal of International Law, Vol. 78 (1984) に掲載された次の論文参照。Boyle et al., "International Lawlessness in Grenada". p. 172. Joyner, "Reflection on the Lawfulness of Invasion". p. 131. Moore, ‚Grenada and International Double Standard', p. 145. Vagts, "International Law under Time Pressure: Grading the Grenada Take-Home Examination", p. 169. また，International Lawyer, Vol. 18 (1984) に掲載の次の論文を参照。Gordon, Bilder, Rovine, Wallace, ‚International Law and the United States Action in Grenada'. p. 331. Robinson, ‚Letter from the Legal Advisor, United States Department of State', p. 381.

ために武力を行使する権限を有している。第3に，アメリカ軍の上陸は，アメリカ国民の退去を確保するためのものとして正当化される。更に，アメリカが強調したのは，アメリカの行動が，国際連合憲章第51条に基づく自衛権又は人道的干渉に基礎を置くものではないと言うことである。アメリカは，グレナダの行動が強制行動ではなく，平和維持の範囲に入るものであるから安全保障理事会の許可は必要ではないとしたのである。しかし，行動の性格付け自体が問題であり，他にも，平和維持，自衛権及び人道的干渉が相互に補完しながら基礎付けられるべきだとの考え方も見られる。グレナダにおけるOECSの行動は，自衛や平和維持に根拠を求めることが出来ないとすれば，強制行動と見られるべきものと思われる[25]。それは，国際連合憲章第53条に規定されるものであり，安全保障理事会の許可の下に行われることになっている。しかしながら，安全保障理事会の許可があったという事実はない。OECSは，安全保障理事会の許可無く強制行動を取ったと言うことになろう。あるいは，OECSが国際連合憲章第8章で言う地域的国際組織と言い得るか否かが検討されるべきかもしれない[26]。

1992年のリベリア問題における西アフリカ諸国経済共同体（ECOWAS）による強制行動も安全保障理事会の許可を得ることなく行われた[27]。1990年，ECOWASは，リベリアにおける政府軍と反乱軍との停戦の履行をするための平和維持活動に参加した[28]。平和維持活動であるとの理由から安全保障理事会の許可を必要とするものとは考えられなかった。しかしながら，1992年になって，ECOWASの平和維持軍である監視集団（ECOMOG）は，反乱軍を鎮圧する強制行動に従事するようになった。つまり，平和維持活動から強制行動に役割を変えたのである。この時，安全保障理事会の事前の許可を得ることはな

---

25) James E. Hiekey, Jr., "Challenges to Security Council Monopoly Power over the Use of Force in Enforcement Actions : The Case of Regional Organization". Ius Gentium, Vol. 10 (2004), p. 110.
26) Weiler, op. cit., p. 261.
27) リベリア問題とECOWASとの関係については，主に次のもの参照。Binaifer Nowrojee, "Recent Development: Joining Forces: United Nations and Regional Peacekeeping-Lessons from Liberia". Harvard Human Rights Journal, Volume 8 (1995), p. 129ff.
28) リベリアの歴史的状況が背景にあるが，長年にわたる政府支配層の腐敗した状況に対してリベリア国民愛国戦線（NPFL）が対抗し1989年内戦状態に陥った。この状況に対し，国際連合安全保障理事会はリベリア代表の訴えを無視し，アメリカは内戦の解決はリベリアの責任であると主張し，OAUは不干渉原則を理由に介入することを拒否した。

かった。安全保障理事会は，事後において，1993年になってECOWASの活動を認める決議を採択した。しかし，第53条の規定は，文字通り読めば，「事前」という用語が見られるわけではないが，あくまでも安全保障理事会が主導的に地域的国際組織を利用することを定めており，事後的でも良いという考え方を導くことは無理があると思われる。少なくとも，地域的国際組織の強制行動に対して安全保障理事会が有する優越的な地位を緩和しているといえよう。地域的国際組織の機能という観点から，ECOWASに留意をしておきたい。ECOWASは本来は経済開発関係に関する組織である[29]。つまり，少なくとも当初は，地域的な安定の問題や軍事的干渉などの目的は一切規定しておらず，国内の内戦状況に対して強制行動を取る権限などは与えられていないのであり，国際連合憲章第53条が意図した地域的国際組織ではなかった。しかしながら，ECOWASは，紛争の場合に構成国が利用出来る対応を強化するために，1981年に相互防衛援助（MAD）に関する議定書を締結した[30]。MADに基づき，多国籍から成るECOWAS防衛軍が設立され，集団行動に関する常設的な機関[31]が設置された。このMADの最初の試みがリベリア内戦への介入であった。1990年の段階で国際連合及びアメリカの介入が期待出来なくなった時点で，ECOWASは介入したのである。しかしながら，ECOWAS憲章は介入に関する規定を有しておらず，この時の法的根拠は必ずしも明確ではない。構成国によれば，3つの理由があるとされた。第1に，その時行われた非道な行為はリベリア市民のみならず，他のECOWAS諸国の国民にも行われたものであった。第2に，リベリア人が西アフリカ最大の難民集団となり周辺諸国に大きな負担をかけることとなった。第3に，ECOWAS構成国は，平和と安定が当該地域

---

[29] ECOWASは，1975年5月28日に15の西アフリカ諸国によって締結されたECOWAS憲章によれば，この組織の目的は経済活動の全ての分野において協力と発展を促進することであり（同条約第2条1項），集団防衛や安全保障に言及していない。

[30] ただし，ECOWASは既に1978年に非侵略に関する議定書を締結しており，組織内における紛争の平和的解決を規定した。この時点では，それ以上の規定はなく，紛争の際の平和維持活動や強制行動に関する規定を置いてはいなかった。それは，本来の目的である経済関係の発展にとって平和的状況が重要であるとの認識が示されていたということであった。

[31] ECOWAS内の，防衛理事会（Defense Council），防衛委員会（Defense Committee），連合軍（Allied Force of the Committee），軍事問題執行事務局（Deputy Executive Secretary for Military Matters）である。

とアフリカ大陸全体において維持されるということを確保する集団的な責任を共有しており，リベリアの悲劇的状況が国際の平和と安全に対する脅威になると信じたということである。こうして，ECOWASは，非侵略の議定書に基づき，紛争を解決する平和的手段を用いて，平和と調和がECOWAS諸国に存在するように，リベリアにおける平和を回復することを目指したのである。これらの活動を行う際に，事前に安全保障理事会の許可を得たわけではなかった。

以上の幾つかの例のように，地域的国際組織は，言うまでもなく，役割を果たしてきた。地域的国際組織は，安全保障理事会への訴えがなされる前に，地域的紛争の平和的解決を達成するために努力をし，しばしば，国際連合憲章第52条第2項に規定されている権利を行使した。特にOASはそうであった。国連憲章第8章の下にある地域的国際組織は，紛争がある場合，安全保障理事会に付託することなく平和的解決に向けて努力することは当然のことであり，それ自体に疑問の余地はない。しかし，此処に例としてあげたものは，単に外交努力や平和的手段に止まらずそれ以上の行動を行っている。平和維持活動の名の下に更なる強力な手段が執られている。そのような行動が，国連憲章が安全保障理事会の許可を要求している「強制行動」であるかいなかについては，議論の分かれるところであろうが，地域的国際組織によって行われてきた平和維持活動は，国連が行っている平和維持活動とはかなり異なるものであることも確かであろう。此処に上げたものは幾つかの例にすぎず，全てが同じではないが，全体としての幾つかの特徴的な側面を上げれば次のように言えるであろう。

第1に，国際連合が機能していなかったということである。国連が何らかの形で介入している場合には，恐らくは，地域的国際組織が初めから介入することがなかったともいえるであろう。また，国際連合の介入を排除して地域的国際組織が介入したという例もみられない。尤も，地域的国際組織それ自身が国際連合において活動することがなくとも，その構成国が国際連合において活動しているのであるから，構成国によって当該地域の紛争として安全保障理事会に提示されることはみられ，その対応は様々な形で認められた。しかし，結果的には国際連合が介入することはなかったのである[32]。国際連合の介入が時

---

32) 安全保障理事会で議論されながら，国連の介入がなされなかった最も大きな理由は，拒否権の問題であろう。例えば，1954年のグアテマラ問題については，アルベンス大統領政権発足後，中米諸国機構からの脱退や左翼的色彩の強い政策をとり，ポーランドか

間的に相当後になって見られ，最終的には，国際連合と地域的国際組織の協力形態が見られた。例えば，リベリア問題においては，当初は，国連は国内問題であるとの観点から関与すること自体をしなかったが，3年後に平和維持軍を派遣し ECOWAS との協力がなされた。第2に，多くの場合，紛争は内戦の状況が対象となっていることである。強制行動を取らない限りは，内戦は国内管轄事項として，国際連合が関与するところにはならない。しかし，実際上，地域社会においては，看過出来ない場合が多い。波及的影響・効果が考えられ現実にある以上，地域的国際組織は何らかの形で介入することを余儀なくされるであろう。第3に，介入の理由として，人道的保護或いは人権の保護が重要な要素となっていることである。この問題は，次の第4とも関わる点であるが，平和・秩序の回復と住民が人間的な扱いを受ける事とは殆ど一体化して考えられている。尤も，キューバ問題は人道とは関係なく，また，1976年のレバノン問題では人道・人権は前提となっていないが，他の事件においては，人道的要素が含まれている。特に内戦の場合は，必ずしも周辺国に直接的な影響が明確に及ぶとは限らず，国内問題的展開であっても，人権を侵害したり，人道にもとる行為が見られれば，介入の余地が出てくるのである。第4に，介入における行動の合法性を主張する場合，それが平和維持活動であり，強制行動ではな

らの大量の武器の輸入を契機として，ニカラグアとの国交断絶を初め，他の中米諸国との関係が急激に悪化すると共に，国内的にも反政府軍の武装蜂起などが見られた。そのような状況において，グアテマラは，幾つかの理由を挙げ，中米における平和と国際の安全の破壊を防止するためとして，安全保障理事会に提訴した。同時に，米州機構平和委員会にも同趣旨の文書を送付した。安全保障理事会では，ブラジルとコロンビアが，国連憲章第8章を念頭に置き米州機構に付託する趣旨の決議案を共同提案した。しかし，これに対しては，グアテマラが安全保障理事会の介入を強く要請すると共に米州機構が扱うことを拒否し，また，ソ連は反対の立場を取り，アメリカは強く支持した。種々の議論がなされたが，ブラジル・コロンビア決議案は，10対1（ソ連の拒否権）で否決された。西側諸国が，グアテマラ問題は紛争の段階にあり，問題を憲章第33条及び第52条に従い地域的国際組織を通して処理しようとしたのに対して，ソ連は憲章第7章に則り安全保障理事会が直接介入することを主張したのである。その後，フランスが停戦決議案を提示し可決されたが，事態は好転せず，更に，安全保障理事会で議題として採択するか否かの議論となり，議題の採択は賛成4（デンマーク，レバノン，ニュージーランド，ソ連），反対5（ブラジル，中国，コロンビア，トルコ，アメリカ），棄権2（イギリス，フランス）で否決され，安全保障理事会は扱わないこととなった。なお，その後，政権の交代もあり，事実上 OAS に委ねられることとなった。外務省国際協力局第一課「安全保障理事会における最近の審議状況—グァテマラ問題の審議」，国連月報 Vol. 3 (1954) 6頁-21頁。

いといわれることである。強制行動ということになれば，憲章の規定上，安全保障理事会の許可が必要である。平和維持活動であれば，紛争の平和的解決の一環とされ，許可が必要ではないということであろう。第5に，多くの場合，将来の展望或いは介入の目標地点が不明なままになされることである。

（3） 協力関係の展開

「平和への課題」の後，この報告を基に，国際連合と地域的組織の間で協議がなされてきた。1993年1月には，安全保障理事会が，国際の平和と安全の分野における国際連合の関心事に合致するように地域的取極や地域的国際組織の構成や機能をより強化する方法や手段を検討することを優先的に考慮するために，地域的取極や地域的国際組織を招いて協議をした。この時，地域的取極と地域的国際組織は，協力のためのガイドラインを設けることや責任を分かち合うことに積極的であった。このような状況を受けて，同年12月10日，国際連合総会は，国際連合と地域的国際組織との協力を規律するガイドラインを設ける作業を事務総長に委託した[33]。事務総長は，これを受けて，1994年8月1日，国際連合と地域的国際組織の長との間の第一回の会合を招集した。この会合の目的は，国際連合と地域的国際組織との関係について，将来においてあらゆる面で更に強化することを意図して，協力を評価することであった。地域的国際組織からの平和維持のための人材の訓練，共同の平和維持活動の指揮・管理の調整，憲章第7章に基づく制裁の履行と検証の調整などがその主題であった。この後，国際連合と地域的国際組織との間の会議が，高級レヴェルで或いは作業レヴェルで開催された。高級レヴェルは，第2回が1996年に，第3回が1998年に，第4回が2001年に，第5回が2003年に，第6回が2005年に開催された。このような経緯は，国際連合が地域的国際組織との関係を従来とは異なった形で展開しようとする意欲の表われと思われる。

この第1回の会合には[34]，独立国家共同体（CIS），コモンウエルス，欧州安全保障協力会議（CSCE）（現在は，欧州安全保障機構（OSCE）），ヨーロッパ連合（EU），アラブ連盟，NATO，アフリカ統一機構（OAU）（現在はアフリカ連

---

33) 総会決議48／42。
34) 第1回会議の内容については，Report of the Secretary-General on the Work of the Organization, A/49/1, 2 September 1994, pp. 92-93.

合（AU）），イスラム諸国会議機構（OIC），西ヨーロッパ同盟（WEU）が参加した[35]。この会議において，最も基本的な合意として，国際の平和と安全に対する主要な責任は安全保障理事会に有ることが認められ，同時に，国際連合のマンデートに従い，いくらかの業務を分権化することが望ましいとの認識がなされた。多くの代表の見解によれば，国際連合と地域的国際組織とのより緊密な協力及び調整にとって重要なのは，充分に早い段階での危機に関する情報の円滑且つ継続的な交換である。防止外交の拡大と紛争解決を主題として両者の関係がどうあるべきかという観点から検討されたものである。この会議で審議された議題の主要なものは，地域的国際組織から平和維持に派遣される人員の訓練，共同の平和維持活動の為の指揮及び管理の調整，国連憲章第7章に基づく制裁の履行及び検証の調整であった。また，国際連合と地域的国際組織との協議及び協力のメカニズムは，この時に始まったわけではなく，1965年の第20回国連総会において，「国連とアフリカ統一機構（OAU）との協力」との議題がアフリカ諸国のイニシアティブで提出され，審議がなされ，両組織の協力の方法を探求する趣旨の決議がなされて以来，その後，幾つかの地域的国際組織を対象としてなされてきたことであった。

　国際連合と地域的国際組織との会合は既述のようにその後定期的に開催された。参加した地域的国際組織は，会合ごとで必ずしも同じではないが，第1回会合に参加したものに加えて，東南アジア諸国連合（Association of South-East Asian Nations），カリブ共同体（Caribbean Community），集団安全保障条約機構（Collective Security Treaty Organization），ポルトガル語諸国共同体（Community of Portguese-Speaking Countries），ヨーロッパ審議会（Council of Europe），西アフリカ諸国経済共同体（ECOWAS），国際刑事警察機構（International Criminal Police Organization），フランス国際機構（International Organization of la Francophonie），北大西洋条約機構（NATO），米州機構（OAS），太平洋諸島フォーラム（Pacific Islands Forum），上海協力機構（Shanghai Cooperation Oraganization）が参加した。最初の会合からすれば倍増したことになる。全てが厳格な意味で国際組織と言いうるか否かに疑問無しとしないが，国際連合自体が地域的国際組織を緩やかに捉えていると言うことであろう[36]。

35）　西アフリカ諸国経済共同体（ECOWAS）は，招請されたが参加しなかった。
36）　なお，国際連合からは，総会，安全保障理事会，経済社会理事会の主要機関，各地域

第Ⅱ部　国際社会の組織過程における地域主義

　各会合において主に主題となったのは，第2回会合においては，国際の平和と安全の分野において国際連合と地域的国際組織との協力に関する一般的な原則の問題，第3回会合においては，紛争防止の分野において両組織の協力をより増進し，そのための実際的な枠組みを設定すること，第4回会合においては，紛争の前後における平和構築活動（peace-building activities）の分野での協力の可能性及びその協力・調整の実際的な措置，第5回以降において，国際テロリズム，貧困，国内外の紛争，大量破壊兵器の拡散，組織犯罪，人権侵害などを含めて，幅広く今日における国際の平和と安全の問題であった。

　第4回会合の後，安全保障理事会と地域的国際組織との会合も開催されたが，これらの会合の主題が，特に，将来に向けての平和構築を中心とした枠組み作りという形で提示された。討議のためのものと思われるが，「平和構築における協力のための枠組み」（Framework for cooperation in peace-building）と題する議長の文書が提出されており，簡単に要約したものであるが，今後の地域的国際組織の期待される役割を見ることができる[37]。この要約は，全体が三つに分けられており，Ⅰ　平和構築における協力のための指導原則，Ⅱ　可能な協力活動，Ⅲ　補充作業・追跡作業としている。Ⅰの指導原則としてあげられているのは，8つのポイントが示されているが，概要，次のようである。①独立独歩の促進が，協力して行う平和構築活動の基本的目標であるべきである。したがって，平和構築は，国内で構築される過程でなければならず，その過程において，国際連合及び地域的国際組織の役割はその国内の努力を支援することである。②平和構築の分野における協力の目的は，影響を受ける諸国の優先的必要性に適った互いに共通した支援作業において，スピードのある実践的な対応及び最適の人材・技術力・財源を確保することである。③平和構築の分野における共同活動は，当事者の協力を得て，紛争の発生を防止することに向けられるべきである。④協力は，作業が相互補完的になるように，国際連合と地域的国際組織の相対的に優位にある作業に基礎を置くべきである。⑤取られる行動は，多角的でなければならず，平和構築の5つの主要分野（和平協定の交渉と履行，安全保障の安定化，良い統治，民主化及び人権，裁判及び和解，並びに，人

　　委員会，人権高等弁務官，難民高等弁務官，国際連合環境計画等の補助機関，IMFや世界銀行などの専門機関，事務局などが参加した。
[37]　S/2001/138 AnnexI, 14 February 2001.

道的救援及持続可能な発展）を含む。⑥国際的援助の動員は，優先的に埋められるべき欠陥を補うように調整された方式でなされるべきであり，国家それ自身の作業を補完するものである。⑦平和構築における援助は，地理的な優先度よりも必要性の度合いに応じてなされるべきである。⑧作業は，平和構築が国際的な合法性に基づいてなされることが確保されていなければならない。Ⅱの可能な協力活動の部分は，5つに分けられており，それぞれにポイントが示されている。(A)「能力の構築」では次の8点である。①国際連合及び地域的国際組織において平和構築担当部門を設置すること，及び，平和構築問題に関する常設的な連絡手段を発展させること。②紛争予防，紛争解決及び平和構築に関する，既存の国内的・地域的仕組みを強化すること。③国内・地域及び作動している地域で平和構築に関与している職員の名簿を交換すること。④異なる本部間の作業を行っている職員の相互訪問をすること。⑤平和構築の全ての側面において職員の共同訓練を展開すること。⑥平和構築活動を相互に支援する仕組みと手続きを開発すること。⑦国際連合と地域的国際組織の平和構築能力に関する情報を交換すること。⑧市民社会組織へつなげて行く道筋を構築する方法を共同で検討すること。(B)「戦略的展開」では，次3点である。①紛争の早期警告，分析及びその根本的理由の理解を進めることに関する情報交換の仕組みを確立すること，並びに，特定の状況が相互に支持する平和構築活動に機が熟していることを決定すること。②可能である限りどのようなところでも，活動の現場に対して共同で事前の評価任務を検討すること。③平和構築戦略の政治的目的及び主要な優先問題を明らかにするために，本部と現場の両方で，定期的に共同の作業グループの会合を持つこと。(C)「作業過程の相互作用」では，次の6点である。①次のような作業過程の目的のために中心部と協議過程を確立すること。②国際連合と地域的国際組織が実現させる平和的解決は，紛争当事者が，平和構築の中核となる優先的地域における共同行動に関与することを含むということを確保すること。③ジェンダーの視点，子供の保護，及び，個人と少数者の権利を和平協定と平和構築戦略の主流とすること。④相対的な優位性に基づき平和構築活動に含まれる国際連合の機関と地域的国際組織との間の効果的な作業部門を確立すること。⑤本部と現場の両方のレヴェルで平和構築活動の調整を推進すること。⑥本部及び今回の一連の会議で合意に至った現場において，広範囲な普及を確保すること。(D)「観察」では，次の2点であ

る。①協力の有効性を観察する共同観察過程を確立すること。②平和構築の異なる機能地域において学習した最上の実行と教訓の一覧を作成すること。(E)「政治的意志と資源の結集」では，次の2点である。①影響を受ける国における平和構築の国際的支援及び必須の資源を迅速に結集するため，（国際連合，地域的国際組織，寄付をした諸国，ブレッドン・ウッズ組織などが集合する）誓約の会議を共同で開催すること。②平和構築プロジェクト又は平和構築信託基金を機敏に開始することに資金を提供するための国際的機関の可能性を探ること。Ⅲの補充作業・追跡作業には次の2点が上げられている。①作業レヴェルで平和構築のために上述の可能な方式を発展させるために，及び，1998年7月に開催された第3回上級者レヴェルの国際連合と地域的国際組織との会合に明らかにされた紛争防止のための13の方式を更に発展させるために，追跡作業を行うこと。②地域的ワークショップが，紛争防止及び平和構築における協力の地域的規模を検討するために，関係地域的組織によって開催されること。

　このようなテーマを前提に開催された第4回会合において，ほぼ次のような合意に達したとの報告がなされている[38]。

　①　平和構築は基本的に地域的特色の過程でなされるものであり，その過程において，国際連合及び地域的国際組織の役割は国家の努力を支援することである。

　②　効果的な平和構築の戦略は，紛争の根元的な原因に向けられなければならない。

　③　平和構築は，基本的に，政治的性格を有している。平和構築戦略の種々の構成要素は，紛争の突発又は再発を防ぐ全般的な目標に寄与しなければならない。

　④　平和構築は，政治的，社会的，開発的及び人道的な措置を含む，包括的戦略としてみられなければならない。それらの措置は，状況に慎重に適応させ，かつ，国内的又は国際的な行動者を幅広く含めて，的確に混合する必要がある。

　⑤　平和構築は，持続可能な平和の不可欠の構成要素として，良いガヴァナンス，法の支配，民主化及び人権を促進する措置を含まなければならない。

　⑥　いかなる平和構築戦略にとっても不可欠な構成要素は，女性及び子供や

---

38) Ibid., Annex II.

少数民族のような弱い集団に対する配慮の必要性である。

⑦　迅速な効果を与える事業が，平和構築活動の初期の場面において重要な役割を果たすことが出来る。

⑧　平和維持活動は，必須の構成要素として平和構築を含むべきである。平和維持から長期的な平和構築への円滑な移行を確保する努力がなされるべきであり，特に，軍隊の解隊，武装解除及び復興に関して，文民警察の訓練，小型兵器及び軽備な武器の広がりを防止する措置が重要である。

⑨　各組織は，その行動の合法性を確保するそれ自身の指令に基づいて，その平和構築活動を行わなければならない。

⑩　国際連合と地域的国際組織は，紛争の多面的な根源と原動力をよりよく分析しかつ理解するために，情報の共有の点でより緊密な協力をしなければならない。

⑪　理想的には，平和構築における全ての関連行為者が，効果的な履行を確保しかつ作業の重複を避けるため，和平合意の協議の場面の早い段階に集まるべきである。

⑫　我々全てが，我々の作業を相互に補完することを確保するために，この分野におけるお互いの能力を知る必要がある。

　第４回までの会合でほぼ当面の結論が出たかのように思われたが，第５回の会合が2003年10月に開催された。その冒頭で事務総長が述べたところは，その後の両者の関係を示唆するものとして注目に値するであろう。事務総長は，前回までにかなりの結論に達したことを認めつつも，尚，基本的な問題がある旨を４点指摘している。第１に，我々は，我々の違いを超えた非生産的な対立があらわになることによって，我々が負っている負担を更に増大することの無いようにすることが重要である。我々が共有している利害と価値は，我々が有している紛争よりももっと重要である。第２に，世界の変化に伴い，国際連合と地域的組織もそれらの変化に併せて変化しなければならない。我々は，既存のメカニズムと作用の方法を率直に評価しなければならない。我々は，刷新と改革を目指して努力を強めなければならない。第３に，我々は，共通の敵と脅威に対してのみならず，それらの敵と脅威が増大することを許す要因に対しても，これらを無くすことに積極的に活動しなければならない。国際連合の作業の多くは，テロリストの暴力的な計画に新たな参加者を生み出す政治的な不満と

経済的な絶望を取り除くことにある。この作業は，テロリズムと他の不安定要因を打ち破る全般的な戦略において中心的なものでなければならない。第4に，我々は，人権と基本的自由の保護を含め，我々が信じかつ憲章に規定されている原則を促進することに積極的に活動して行かなければならない。我々は，絶えず，人権の保護を進め，テロリストの邪悪な計画に打撃を加え，テロリストの欲求不満が不法な暴力に向かう原因となりうる不正義の意識を除去しなければならない。もし，我々が，テロリズムとの戦いの中で人権に関した妥協するようなことがあれば，テロリスト達が自分たちだけでは達成することのできない勝利をテロリストに提供することになるであろう。

　以上のように論点を上げ，もし，我々がこれらの基本的なことを打ち立てるならば，世界的な安全に新たな地平を見出すことが出来ると私は信じている，と事務総長は述べている[39]。

　以上のような話し合いの内容は，主に平和構築に関するものである。しかも，それらは，将来に向けての協力関係の構築であって，現在の状況を示しているわけではない。平和構築は，和平合意が整った後のことであるが，このような形で平和構築を進めるだけの国際環境・条件が整っているか否かには疑問がないわけではない。和平合意の後も，時間の掛かる平和構築に対して国際社会は辛抱強く支持を継続するか否か，国際連合や地域的国際組織が行うべき役割をその能力・権限の範囲で実現することが出来るかどうか，人的・財政的支援が継続することが可能か否か，等々である。また，事務総長が指摘しているように，平和構築それ自身がある種のパラドックスを有しているのではないかということもある。一方において，効果的な平和構築には国際社会の長期的な関与が求められる。しかし，他方において，開発援助に長期にわって依存する社会を作り出す危険性が常に存在するということがある。平和構築には，現地で自ら成長する過程が必要なのであり，それは，国際社会によって支持されなければならないと同時に，最終的には，個々の国家の独立独歩を促進することが目標なのである。それは，単に安全保障の観点から平和的な状況を作り出せばよいと言うのではなく，自助自律の出来る環境の整備が伴わなければならず，そのためには，国際協力の考え方を基盤とした支援とそれを国家に取り込んでい

---

39)　Opening remarks of the Secretary-General to the fifth high-level meeting between the United Nations and regional organizations. 29 July 2003, A/58/444 S/2003/1022.

く努力の必要性が強調されなければならないことを意味している。

(4) 協力関係の形態

　国際連合と地域的国際組織の協力は，様々な形で行われるが，協力形態は概ね次のように分類することが出来る[40]。

　(1) 協議（consultation）　協議は，主体間で交流を持つ場合の最も基本的な形であり，国際組織についても異なるわけではない。何らかの問題解決に協力する第一歩は協議によって始まる。場合によっては協定を締結し，協議内容が総会に報告されている。協議の目的は，国際連合と地域的国際組織の双方が解決することを目指している紛争に関して意見を交換することにある。又，実際に共同して活動を行うような場合，事前に或いは事後に協議は不可欠のことである。

　協議の例として，例えば，米州機構の場合，2001年6月にコスタリカのサンホセ及び2002年6月にバルバドスのブリジタウンで開催された米州機構総会において，OAS 事務総長に対して，国際連合との協力活動を強化することを継続することを求める決議を採択した。この両組織協力の焦点は，国際連合（具体的には，その政治局 (Department of Political Affairs)) と OAS（具体的には，その事務総長に代表される事務局）との間で，公式の接触を持ち，定期的に協議することがなされている。この協議は，中央アメリカの国境紛争，ハイチやペルーの政治状況のような共通の関心事となっている国家と問題を取り上げている。これらの定期的な協議の状況を受けて，国際連合の政治局は OAS の総会や理事会などの会議に出席をしている。また，両者の協議は，アルゼンンチン，コロンビア，グアテマラ，ハイチ，ヴェネズエラなど，平和構築に関連する事業，選挙やスタッフ訓練で共同活動を行った地域についてよく行われたという。特に，グアテマラについては，MINUGUA からの移行を計画的に行うことについての協議は極めて有意義であったと報告されている[41]。

---

40) Report of the Secretary-General on the Work of the Organization "Supplement to an Agenda for Peace: Position Paper of the Secretary-General on the Occasion of the Fiftieth Anniversary of the United Nations"（A/50/60-S/1995/1, 3 January 1995). 分類については § 86 を参照。内容的には，同文書を基礎に若干の付加をした部分がある。

41) Cooperation between the United Nations and the Organization of American States; Report of the Secretary-General. A/57/267. 24 July 2002. pp. 3-4.

(2) 外交的支持（diplomatic support）　地域的国際組織は，国際連合の平和創出（peacemaking）の活動に参加し，外交的イニシアチヴをとることによって又は技術的データを供給することによってその活動を支援する。この外交的イニシアチヴとは，最近の新しい傾向としてみられる「国連事務総長の友」（"Friends of the Secretary-General for..."）という方式に類似の方法である。これは，国連加盟国のうち紛争に特に利害を有する数カ国が非公式にグループを形成し，事務総長に委託された平和創出と平和維持の任務を支援するというものである。例えば，欧州安全保障協力機構（OSCE）がアブハジャ（Abkhazia）に関する憲法問題について行っている場合である。同様に，OSCEがナガルニカラバコフ（Nagorny Karabakh）に対して行っていることの場合のように，国際連合が地域的国際組織を支援することができる。

(3) 活動支持（operational support）　外交的支持にと止まらず，現実に活動を支持する行動を取る場合である。この一つの例は，旧ユーゴスラビアにおける国連保護軍（UNPROFOR）に対するNATO空軍による食糧支給に見られる。また，地域的国際組織が自らの機能として平和維持活動を行う場合，国連はこれに対して技術的な観点から助言を行うことができる。

(4) 共同配置（co-deployment）　国際連合の現場使節団（UN field missions）が，リベリアにおいて西アフリカ諸国経済共同体（ECOWAS）と，また，グルジアにおいて独立国家共同体（CIS）と共同して配置されてきた。もしこれらの試みが成功すれば，国際連合と地域的国際組織との間の新しい作業部門の先触れとなる可能性があり，地域的国際組織が国際連合の少しの支援を受けながら主たる責任を負い，安全保障理事会によって採択された立場に合致する方法で機能することを証明することになる。しかし，この方法には政治上，経済上，作戦上の側面で微妙な問題をはらんでいる。リベリア及びグルジアにおける試みが，将来どのような形に発展していくか注目する必要が有ろう。

(5) 共同活動（joint operations）　この例は，ハイチの危機的状況に呼応してハイチ軍の近代化や警察の設立支援のために派遣された国連ハイチミッション（UNMIH）であるが，スタッフ，指導，財政について，国際連合と米州機構（OAS）が分かち合って負担した。国連ハイチ国際文民支援ミッション（United Nations International Civilian Support Mission in Haiti（MICAH））は，米州機構ハイチ国際文民ミッション（Organization of American States International Civilian Mission

(MICIVIH))との共同作業に従事し，2001年3月にその任務を完了した。その後，更に両組織は，継続して，ハイチにおける展開を監視し，全ての政党及び民間団体の行為者が国家が前進するのに許容されると思われる共通の基盤を見出すことに助成した。米州機構ハイチ民主政治強化特別使節団は，人権と法の支配に関する問題について国連と米州機構の共同作業を構築するべく，2002年半ばに活動を開始した。国連は，国連開発計画（UNDP）を通して，ハイチにおける米州機構の仲介の作業を支援するために形成された支援グループ（Group of Friends）の会合に参加している[42]。他にも，国連がOASと協力して共同活動を行った例として，国連グアテマラ人権監視団（United Nations Verification Mission in Guatemala（MIUNGUA））[43]がある。停戦，兵力引き離し，武装解除等を任務とするMIUNGUAそれ自体の派遣期間は短期間であったが，米州機構との協力は継続され，MIUNGUAの国家改造紛争解決団は，グアテマラ大統領の紛争解決ユニットを支援して，「対話の文化：グアテマラにおける平和構築のための人材開発」（Culture of Dialogue : Development of Resources for Peace-building in Guatemala（PROPAZ））と称するOASの紛争解決プロジェクトと作業を行った。MINUGUAは，また，人権相談事務所を強化するために，PROPAZによって設置された多辺的な作業にも関係している[44]。

　共同活動の例をもう一つ上げておこう。国連ボスニア・ヘルツェゴビナ・ミッション（UNMIBH）とOSCEとの共同活動である[45]。両者は，人権，裁判の監視，司法改革及び財産法制定の実施に関して緊密な関係のもと作業を行った。帰還と再建，制度構築及び法の支配の3つのタスク・フォースに関して共同活動がなされた。また，OSCEの人権事務所は，法の支配のタスク・フォースの一部門である人権作業グループの長となったが，その討議の場において，UNMIBHは公判及び少年裁判の監視することに関連する議論に貢献している。UNMIBHの人権事務所は，財産法の履行及び人々の財産を戦争前の状況に無事に戻すことの確認に関して，OSCEと幅広い共同活動を行っている。

　以上が協力形態である。このような分類にそのまま当てはまるわけではなく，

---

42) Cooperation between the United Nations and the Organization of American States: Report of the Secretary-General, 24 July 2002（A/57/267）p. 3.
43) SCR 1094（1997）. 20 January 1997.
44) Ibid.
45) A/57/217, p. 3.

幾つかにまたがる場合も見られる。多くは，まず協議が行われ，相互支援が約束され，しかる後に何らかの行動が行われ，更に活動が広げられるからである。協力は，複雑かつ多様である。しかし，当初からそうであったわけではない。地域的国際組織の協力として何が可能かはそれぞれの組織の能力による。この点，平和創出と平和維持に関する地域的国際組織の能力は多岐にわたる。地域的組織の全てが国際連合と同様の能力を持っているわけではないが，中には，この分野における経験を蓄積してきており，又，急速に発展している。国際連合は，地域的国際組織が望めば，そして，可能な限り，この分野において地域的国際組織を援助する用意がある。しかし，地域的国際組織は，それらの構造，与えられている権能，決定作成の手続きなど，それぞれに応じて様々な能力があるのであり，実際，国際連合との協力も様々である。むしろ，国際連合との関係を普遍的な画一的な形で確立しようとする試みは適切ではない。にも拘わらず，今後の活動のあり方として，それらの活動の中に一定の原則を見出すことができる。それらの原則とは，次のようなものである。

(1) 必ずしも公式的なものではないが，協議に関する合意されたメカニズムが確立されるべきである。

(2) 憲章に規定されている国際連合の優位が尊重されなければならない。特に，地域的国際組織は，加盟国に未だ付託されていない又は加盟国によって承認されていない，国際連合の支持のレヴェルのみの取り組みには参加するべきではない。これは，密接且つ事前の協議が重要な分野である。

(3) 国際連合と地域的国際組織の両者がともに同じ紛争に従事している場合，重複や衝突を避けるために作業分野が明確にされ且つ合意されていなければならない。この場合において，特に重要なことは，仲介者が重なることを避けなければならないことである。

(4) 地域的国際組織の加盟国は国際連合の加盟国でもあるので，例えば，平和維持活動の基準のように両組織に共通の利害問題の処理にあたって，加盟国が首尾一貫した処理をすることが必要である。

4　国際連合と地域的国際組織の協力——国際協力——

既に述べたように，国際連合憲章には国際協力に関する地域主義に関連する

規定はみられないが、そのことは、国際連合が国際協力の分野で地域主義の考え方をとらないということを意味してはいない。事実、国際連合自身が分散化の方向を容認し活動を行っている[46]。経済社会理事会は、早くから地域委員会を設立し、多くの活動を行ってきた。5つの地域委員会[47]は、それぞれ経済社会委員会の決議に基づいて設立されたものであり、その活動は、全般的に、経済社会理事会の監督の下にあるのみならず、時として、経済社会理事会及び総会の指導を受ける。しかし、実際の活動においては、地域委員会はかなりの程度の独立性を維持しており、その活動と責任は増大してきたのであり、経済社会理事会や総会の干渉を受けることは殆ど無くなっている。総会も、地域委員会の方向性には好意的であり、地域性を更に進める方向を認めている[48]。

国際連合は、経済社会理事会を通して自ら地域主義的傾向を推進すると共に、専門機関のみならず、地域的組織を含めた他の国際組織との間に協力・調整の関係を持っている。国際連合は、地域的国際組織に対してオブザーヴァーの地位を与えている。総会決議に基づき、米州機構（OAS）[49]、アラブ連盟[50]、アフリカ統一機構（OAU）[51]、ヨーロッパ経済共同体（EEC）[52]、経済相互援助会議（CMCE）[53]などに、オブザーヴァーの地位を与えている。また、国際連合とヨーロッパ審議会（Council of Europe）の事務局の間には書簡の交換がなされている。

経済社会分野における国際連合と地域的国際組織との協力は、特に、地域委

---

[46] そのようなものの一つとして、地域的国際組織が自らの使命として国際協力に関する様々な活動を自ら行っていることは言うまでもない。それも亦、地域主義と言うべきものの一側面である。しかしながら、本節では、そのような地域的国際組織の活動そのものを取り上げるものではない。国際連合を中核的存在として、それに地域的国際組織がどのように関連を持っているかを中心に概観するものである。

[47] 現在の5つの委員会とは、アジア・太平洋経済社会委員会（ESCAP）、西アジア経済社会委員会（ESCWA）、アフリカ経済委員会（ECA）、ヨーロッパ経済委員会（ECE）、ラテン・アメリカ・カリブ経済委員会（ECLAC）である。

[48] A/32/197, 20 December 1977. A/37/214. 20 December 1982. Christoph Schreuer, "110. Regionalization", p. 1062. in Rüdiger Wolfrum ed. United Nations: Law, Policies and Practice. New Revised English Edition （1995）, Volume 2.

[49] GA res. 253（III）. 16 October 1948.

[50] GA res. 477（V）. 1 November 1950.

[51] GA res. 2011（XX）. 11 October 1965.

[52] GA res. 3208（XXIX）. 11 October 1974.

[53] GA res. 3209（XXIX）. 11 October 1974.

第Ⅱ部　国際社会の組織過程における地域主義

員会との協力関係を基盤として展開されている。幾つかの実際例を挙げてみよう。たとえば、ラテン・アメリカ・カリブ経済委員会は、米州機構（OAS）やアメリカ開発銀行（Inter-American Development Bank, IDB）と協力関係を構築し、これら三者でアメリカ自由貿易地域の設立において技術的支援を提供している。IDB との協力は、社会発展、マクロ経済政策、人口、統計、水資源処理などの領域における活動まで広げられてきている。これらの活動は、IDB の財政的支援を含めてなされており、両者は相互にそれぞれの会議への出席を行い、共同の会議を開催し、組織的かつ規則的に協力関係が展開されている[54]。OAS との協力は、カリブ地域において、教育や中小規模の事業の共同プロジェクトを実施する形で継続的に行われている[55]。また、エネルギーの分野でも、ラテン・アメリカ・カリブ経済委員会は、ラテン・アメリカエネルギー機構（Latin America Energy Organization・OLADE）との間で、エネルギーおよび持続可能な開発に関するプロジェクトに協力を継続的に行っている[56]。

アフリカにおいても、たとえば、アフリカ経済委員会は、OAU と協力して、アフリカ諸国がヨーロッパ連合（EU）との間で新しい協力協定を締結する際の交渉に関してそれらの諸国を技術的に支援をした。両者の協力は、1999年5月にナイジェリアのアブジャで開催されたアフリカにおける安全保障・安定・発展および協力に関する大臣会議（Ministerial Conference on Security, Stability, Development and Cooperation in Africa（CSSDCA））の開催準備の段階においてもなされた。アフリカ経済委員会は、ギアナ、リベリア及びシエラ・レオネのマノ川流域諸国の紛争後の再建と発展にイニシアチヴをとったが、その際、OAU とともにアフリカ開発銀行（African Development Bank）の協力を得ている[57]。

西アジア地域においては、西アジア経済社会委員会は、特に、アラブ連盟及びその下部機関との長期的な関係を維持しており、それは、1983年に了解メモランダムに基づいて公式なものとされ、1995年にはこれが新たなものとされている。西アジア経済委員会とアラブ連盟との協力がなされた一例として、4つ

---

54) United Nations Economic and Social Council, Regional cooperation in the economic, social and related fields. Report of the Secretary-General, Addendum, Cooperation with other regional bodies (9 May 2000) (E/2000/10/Add.1). p. 3.
55) Ibid.
56) Ibid.
57) Ibid., p. 4.

の世界的会議58)の勧告を地域的に実施することに関する準備会議が見られ，それらのアラブ会議として開催された。これらの会議の開催においては，西アジア経済社会委員会は，適用範囲を広げかつすべてのアラブ諸国の参加を得るために，そして，実施行動に関する共通の方法の利用を確保するために，アラブ連盟の協力関係（partnership）を求めたのである。また，西アジア経済社会委員会は，モニター，評価指標及びデーターベースに関する共通のメカニズムを普及させる人口政策に関してトレーニングを提供する際に，国連人口基金（UNFPA）と共にアラブ連盟と協働している。西アジア経済社会委員会は，この地域において，他の地域的国際組織とも協力しており，例えば，アラブ工業開発鉱業機関（Arab Industrial Development and Mining Organization AIDMO）との間には，世界貿易機関（WTO）関連の問題，規格統一，中小企業の発展などを含めた工業開発に関して，長期にわたる関係を維持してきている59)。

以上は，地域経済委員会との協力を通してなされてきた国際連合と地域的国際組織との協力関係の一例であるが，このような形に限られるわけではない。国際連合経済社会理事会との関係で直接協力する場合も見られる。例えば，経済社会理事会の人口開発委員会の活動にアフリカ統一機構（OAU）が自発的に協力している。1994年に人口と開発に関する国際会議（International Conference on Population and Development）がカイロで開催されたが，この会議において，発展途上国を中心に急増する世界人口問題に対応するためカイロ行動計画（Programme of Action）が採択された。OAUは，同年，決議を採択し，この行動計画を履行するための政策的，制度的，財政的準備を整えることを加盟国に求めた。そして，OAUは，自らも，この行動計画の実現を目指して数多くのセミナーやワークショップを組織し，目的に応じた会議を開催した60)。

以上は比較的最近の具体例を上げたが，既に述べたように，国連は早い段階

---

58) 4つの会議とは，人口と開発に関する国際会議 International Conference on Population and Development，第4回世界女性会議 Fourth World Conference on Women，社会発展のための世界首脳会議 World Summit for Social Development，及び，人類の定住に関する国際連合会議 United Nations Conference on Human Settlements（Habitat II）である。
59) Ibid., pp. 5-6.
60) United Nations Economic and Social Council. General, E/CN.9/1998/5, 5 December 1997. Commission on Population and Development. Thirty-first session 23-27 Februrary 1998. pp. 17-18.

から地域的国際組織と協力関係を持ってきた。例えば，OAU については，OAU と国際連合の一般的関係を築くものとして，まず，国際連合総会が，1965年10月11日に決議2011(XX)を採択し，国連事務総長に対して，OAU にオブザーバーとして国際連合の会期に出席するよう招待するのみならず，二つの組織の協力関係を促進する手段を協議することを求めた。これに呼応して，OAU 総会は，その2週間後に，決議 AHG/Res. 33(II)を採択し，OAU 事務総長に対して，国際連合をオブザーバーとして OAU の各機関の会議に出席するよう招待するのみならず，両組織の関心事についてすべての分野にわたり可能な限り協力を確保することを求めた。両者の間に公式の合意文書が交わされているわけではないが，両決議の精神を生かすような形で両者の協力が行われてきた[61]。その内，経済社会協力については，国連の経済社会理事会（ECOSOC）が，1967年8月に一つの決議を採択し，より積極的に進められることとなった。その決議は，1267 B (XLIII)であるが，他の国際組織との関係について，特に次の2点を強調するものであった。第1に，国連事務総長は，経済社会分野において，事務局レヴェルで，国連以外の政府間国際組織との関係を維持しかつ強化することを続けることである。第2に，経済社会理事会の補助機関は，国連事務総長の提案に基づいて，その関心のある分野において，補助機関と国連以外の政府間国際組織との間の類似の関係の望ましい内容に関して経済社会理事会に対する勧告を活動的なものとする。この決議は，特に OAU のみを対象としているわけではなく国際組織全体を対象とするものであるが，既に総会の決議があり，地域的国際組織も対象となったのであり，経済社会分野における両者の関係が進められてきているのである。国連と OAU との関係も，事務局レヴェルで緊密な関係が図られ，相互に会議に出席し，投票権が認められないのは当然としても，発言することは認められ，積極的な協力関係が築かれてきている。ただし，総会や経済社会理事会それ自体といったレヴェルではなく，その補助機関との関係が発展させられてきた。既に一部の活動を取り上げた地域経済委員会との協力関係は，経済の面で比較的早くから行われていたのである。また，OAU との関係では，UNHCR, UNDP, UNCTAD, UNIDO, UNICEF 等が相手として一定の関係が築かれてきた。例えば，難民問題に関して，OAU

---

61) Berhanykun Andemicael, THE OAU AND THE UN: Relations between the Organization of African Unity and the United Nations (1976), pp. 160-163.

とUNHCRとの間には協力関係がある。アフリカにおいては，難民問題は，1960年代当初より，社会的経済的側面のみならず，法的政治的に極めて重要な問題である。難民の定義に関しては，難民条約，国連難民高等弁務官事務所規程，アフリカ難民条約によって必ずしも同じではないため[62]，扱いに若干の違いが見られるが，アフリカ難民条約が出来る以前から協力がなされている。当初の難民問題に関するOAUの活動は，第1に，難民問題に関して，これを出す国と庇護する側の国との間の討議と和解に向けた外交的努力を促進することである。第2に，アフリカ難民のための条約を締結することである。第3に，UNHCRと協働で難民の教育，雇用，移動などについて援助することである。この内，第1と第2はOAU自身で処理されるべき問題であり，事実，独自のアフリカ難民条約が締結されたことは周知の通りである。第3のUNHCRとOAUとの協力については，一方において，難民についてすべての組織の密接な連絡を求めるUNHCR規程及びその執行委員会の手続規則の一般的要請に基づいてなされ，他方において，OAU憲章及びその機関の決議に含まれる協力に関する特定の要請に基づいてなされる。OAUの役割は，再定住計画の履行にはアフリカ諸国の政治的支援を得る必要があるが故に，極めて重要である。ILOやUNESCO等の協力を得ながら，難民個々人の教育と雇用に関する協力は，UNHCRでは出来ないOAU独自の協力分野である[63]。

　以上は，国際連合と地域的国際組織との協力関係の一例である。協力関係の形は種々捉えることができるが，例として挙げたのは，協力関係の中でも，いわば本来の形と思われる，目的に向かって具体的な行動を共に展開する協力して共に働く協働の例である。しかしながら，協力関係の形は，他にも見られ，原初的に見られるのは，報告書や情報の相互交換や相互にそれぞれの会議に出席するという形が見られる。重要なことは，これらの様々な協力は，当初より今日まで行われていることである。安全保障の分野と異なり，国際協力の分野は時代の変遷に関わりなく行われているようである。例えば，難民の保護の問題に関して，第55回国連総会（2000年～2001年）の第3委員会の決議「アフリカにおける難民，帰還民及び避難民に対する支援」において，UNHCRがOAUと協力して人権の保護を促進すべき事や従来にも益して協力を強化する旨をう

---

62) 廣部和也「難民の定義と国際法」31頁以下（加藤節＝宮島喬編『難民』(1993) 所収)。
63) 70年代初めまでの状況については，Andemicael, op. cit. pp. 177-184.

たっている[64]。両者の協力関係は，基本的には，継続されてきたのであり，国際社会の政治的状況によって変わることはなかったと言えよう。

5　国際連合総会における決議

　国際連合と地域的国際組織との関係は，既に述べたように様々な形で行われてきた。そのような関係の基礎となるのは，一般的には国連憲章であるが，個々的には総会の決議である。個々になされた総会における決議は，国際協力に関するものに限られるわけではないが，国際協力が中心にあることは確かであろう。例えば，国連と米州機構との協力関係については，第42回総会で議題として取り上げられて決議がなされて以降，数度にわたって決議が採択されているが，最初の決議では，両組織に共通の目的の達成のために両組織の協力を促進強化することが謳われており問題を特定していない。尤も，前文に当たる部分では，国際協力と共に国際平和及び安全の維持についても言及されているが，国連の目的，特に，経済的，社会的，文化的又は人道的性質を有する国際問題を解決すること，人権及び基本的自由を尊重するように助長奨励すること，並びに，これらの共通の目的を達成するための諸国家の行動を調和する中心となること，を想起する旨を，国連憲章の場合と異なり，先に掲げている[65]。第45回総会においては，国連事務総長による両組織の協力に関する報告書を評価しさらに協力を強化すること，1989年から1990年にかけて行われたニカラグアにおける選挙に両組織の密接な協力がなされたことに満足していること，ニカラグア住民及びその家族のニカラグア及び第三国への自発的復帰・帰還・移住のための共同計画の実施と履行を目的とする機関として国連事務局長とOAS事務局長によって設立された国際支援検証委員会の作業結果を歓迎すること，1988年5月12日の国連総会の決議GA/42/231によって設立された中央ア

---

64) Resolution 55/77. 外務省国際社会協力部国連行政課『国際連合第55回総会の事業』（平成14年3月），pp. 432-433. このような決議は繰り返し行われてきており，例えば，第53回総会第3委員会においても，「アフリカ難民への支援」決議（Resolution 53/126）に見られる。同『国際連合第53回総会の事業』（平成12年2月）pp. 306-307。

65) Co-operation between the United Nations and the Organization of American States, A/42/11. 28 October 1987. A/43/4.17 October 1988. なお，OAS側は，国連の決議を受けて，同一般総会が，両組織の協力に関する決議を行っている。AG/RES.880（XVII-0/87）。

メリカの経済協力特別計画の支援委員会及び政策計画委員会への OAS の参加を歓迎すること，等が決議された (GA/45/10)。第47回総会では，第45回とほぼ同様の内容であるが，国連事務総長に対して既になされている協議を前提に1993年中に国連と OAS との協力に関する合意に署名するために協議を継続すること，1992年にハイチへの OAS 事務総長の使節団に国連事務総長の高級職員が参加すること，等が決議されている。第53回総会で採択された決議は (GA/53/9)，両組織の協力関係を更に促進することの外，OAS との間における，女性の地位向上，青少年問題及び貧困の撲滅に関する情報及び実質的な報告の交換に満足の意を表するものとなっている。また，国連と OAS との間の協力は，国連憲章に従い，それぞれの指示，範囲及び構成に従って行われるべきであり，かつ，それぞれの特定の状況に応じてなされるべきであることが強調されている。第55回総会においても，殆ど同じ内容の決議がなされている (GA/55/15)。OAS との関係ではこのような一般的な決議以外にも，個別的な問題との関係でもなされてきた。例えば，前述のハイチに関しては，1990年12月に行われた同国独立以来初めての民主的選挙の実施について，国連と OAS との協力による国際的監視の下で行われたが，選挙によって選ばれた政権は1991年9月に軍事クーデターにより倒され，大統領は国外に退避した。OAS は，10月，非合法の状況から誕生するいかなる政権も受け入れないこと，OAS 加盟国に対してハイチ資産の即時凍結・通商エンバーゴの実施を求め，正当な民主主義の再建及び強化のための文民ミッションの派遣を行うこと，国連加盟国に対して OAS における合意と同様の措置をとることを要請する内容の諸決議を採択した。このようなハイチの状況について，国連総会は，「ハイチの民主主義と人権の状況」という議題の下に，繰り返し決議を採択している。国連総会は，第46回総会及び第47回総会において[66]，非合法な政権交代及び暴力，人権侵害を強く非難するとともに，民主的に選出された政権の復帰を妨害するような動きを非難することを内容とする決議案が採択された。更に，同決議においては，ハイチ危機の解決について，既述の OAS の諸決議を考慮に入れることが確認されており，国連憲章と国際法に従ってこれらの決議に基づく措置を各国がとることが強調されており，国連事務総長に対して OAS と協力して

---

66) GA/46/7, GA/47/20.

解決援助に必要な措置をとることが要請され，又，流民問題を解決するために人道的援助が国連各機関と共に国連と OAS の協力の下になされるべきことが強調されている。1993年2月，国連と OAS が共同で派遣したのがハイチ国際文民ミッション（International Civilian Mission in Haiti = MICIVIH）である。同監視団の任務は，教育，拘留者及び犠牲者への医療援助，避難民の帰還等の問題解決を通じ，人権尊重を促進することである[67]。このハイチの例は，国連と地域的国際組織の協力が積極的になされたものである。

国連は，OAS との関係以前に，他の組織，例えば，アフリカ統一機構（OAU）やアラブ連盟とも協力関係を持っている。比較的早くから関係を設定したのは，アラブ連盟である。1945年に設立されたアラブ連盟は，第5回総会でオブザーバーの地位を与えられて，国連諸機関との協力関係を緊密なものとし，1981年の第36回総会以降，毎年，国連とアラブ連盟との協力に関する同趣旨の決議が採択されている。当初は，事務総長，国連の機関，専門機関などに対する一般的な協力関係設定への要請であったが，次第に，内容的には，その都度問題となっている国際問題が上げられるようになっていった。例えば，第40回総会では（GA/40/5），パレスティナ問題，中東情勢に関する国連決議の履行について協力することが要請されている。この二つの問題はその後も継続的に取り上げられている。第44回総会では（GA/44/7），レバノン問題も対象となっている。また，協力の対象となる事項も，例えば，第39回総会では（GA/39/9），双方の事務局に対して，国際の平和と安全の強化，軍縮，非植民地化，民族自決，人種差別の撤廃であったが，第55回総会では（GA/55/10），事務局に対しては，ほぼ従来通り，国連憲章の目的及び原則の実現，国際の平和と安全の強化，経済開発，軍縮，非植民地化，民族自決，及び，人種主義と人種差別の撤廃を対象事項としつつ，国連システムの専門機関等に対しては，

---

[67] 本稿は，ハイチ問題そのものを取り上げるものではないので，以後は省略するが，簡単に示せば次のように展開した。1993年6月には，安全保障理事会決議に基づく経済制裁の実施（SCR 841），1993年9月には，国連ハイチミッション（UNMIH・SCR867），1996年6月には，国連ハイチ支援団（UNSMIH・SCR1063），1997年7月には，国連ハイチ暫定ミッション（UNTMIH・SCR1123），1997年11月には，国連ハイチ文民警察ミッション（MIPONUH・SCR1141），2004年4月には，国連ハイチ安定化ミッション（MINUSTAH・SCR1542）が設置されている。また，1999年12月，第54回総会において，ハイチ国際文民支援ミッション（MICAH）の設立に関する決議（GA/54/193）が採択された。

農村開発，砂漠化問題と緑化プロジェクト，職業訓練，技術開発，環境問題，情報技術を優先事項としている。アラブ連盟の場合は，国際社会の状況をそのまま反映する形で極めて穏便な扱いをしつつ，内容的に徐々に深化させてきていると思われる。

　また，OAUについては，1965年の第20回総会で審議されて以来，毎年議題に上げられ決議がなされている。1990年前後までは，比較的一般的に協力・協議を求める内容のものであった。主として，事務総長に協力関係を強めることを求め，アパルトヘイトやナミビアなどアフリカの問題について協議することを求めるものであった。しかし，1990年代に入り，それに加えて，次第に具体的なものとなっている。協力の推進のみならず，国連がどのような形でOAUを支援するかを述べるようになっていると思われる。例えば，第53回総会においては（GA/53/91），次のような内容のものが含まれている。特に，(a)国連憲章第8章に基づいて，アフリカにおける紛争の平和的解決と国際の平和と安全の維持，及び，(b)アフリカにおける平和，寛容，調和的な関係の文化の増進と既存の情報交換及び協議要式の強化とを通しての紛争の予防について，OAUと調整し協力することを要請している。又，国連に対して，アフリカにおける紛争予防，紛争管理及び紛争解決メカニズムの制度上及び活動上の能力強化のため，特に次の5つの分野においてOAUを引き続き支援するよう要請するものとしている。即ち，(a)早期警戒システムの構築，(b)スタッフ交流計画を含めた，技術援助及び人員訓練，(c)それぞれの早期警戒システム間の情報の交換及び調整，(d)後方支援，(e)財政的支援の動員，である。更に，国連自身が採択した「1990年代におけるアフリカ開発のための国連の新たな課題（UN-NADAF）」（Resolution 46/151, annex.）の効果的な履行を確保するため，特に，(a)国内資源の効果的な動員及び効率的な利用を含む経済改革，(b)民間部門及び外国の直接投資の促進，(c)民主的経験の拡大及び市民社会の強化，(d)環境と開発，(e)資源の流れ，(f)アフリカの債務問題の解決，(g)貿易促進と市場へのアクセス，(h)アフリカ経済の多様化，(i)物質的及び制度的インフラの改善と社会的人的資源の開発，及び，(j)開発における女性，に関して，適切な措置をとることが必要であることの緊急性を強調している。これは，本来は国連自身の課題として採択した問題を[68]，OAUとの関係で展開しようとするものであり，地域的国際組

[68]　「1990年代におけるアフリカ開発のための国連の新たな課題」は，第46回総会において

織を積極的に利用するものである。第55回総会においては，第53回総会において OAU に対する支援を要請している5つの分野のうち，(d)後方支援と(e)財政支援の動員について，前者に地雷除去の分野を含むこと，後者に国連信託基金及び OAU 信託基金によるものを含むことが付加され，より具体性を持たせるような表現になっている。すべての例を挙げることは出来ないが，国連と OAU との関係については，このように，総じて，全般的・一般的な関係を強調する表現からより具体的な内容をもった表現になってきている。

比較的新しく関係を持つようになった組織として欧州安全保障機構（OSCE）がある。国連が OSCE との協力を持ったのは，第47回総会において，チェコスロヴァキアの要請で「国連と CSCE との協力」が議題として取り上げられたのが最初である。東西対立の時代が終わってから始まったのである。第50回総会より，組織自身の名称変更に伴い議題も OSCE に変更された。OSCE との協力関係については，他の地域的国際組織と同様に，一般的な協力の促進が述べられると共に，具体的な事件・紛争との関係に言及されている。例えば，第55回総会においては（GA/55/179），国連諸機関と OSCE との間の協力・調整を更に改善することに留意すること，相互の会議に事務総長や高官を相互に派遣すること，OSCE と UNHCR 及び OHCHR との間の一層の密接な協力を歓迎すること等の他，UNMIK に対する OSCE の貢献に謝意が表され，グルジアの和平プロセスについて両者の協力を更に密接なものとする旨が奨励され，モルドヴァのドニエストル地域の問題解決を目的とする OSCE の努力を完全に支援することが示され，中央アジアにおける OSCE のプレゼンス拡大及び OSCE が国連と共に同地域の協力強化に貢献する用意があることを歓迎している。このような国連総会の決議の前提となっているのは，言うまでもなく，OSCE が行っている具体的な活動である。例えば，1999年6月に設置された国連コソヴォ暫定行政ミッション（UNMIK）との関係については，OSCE は，UNMIK の4本柱の一つとしてコソヴォにおける制度構築に大きく貢献している[69]。また，グルジア

採択された「1986-90年のアフリカ経済の復興と開発のためのアクション・プログラム」を1990年代に引き継ぐものであり，アド・ホック委員会が設けられる等国連として国際社会が取り組むべき大きな課題となった。なお，第55回総会においては，その実施についての決議が採択されている。Resolution 55/216.

69) Cooperation between the United Nations and the Organization for Security and Cooperation in Europe. Report of the Secretary-General . 16 July 2002, A/57/217, pp. 4-5.

についても，1993年8月の決議で設置された国連グルジア監視団（UNOMIG）は，特に，グルジアのアブハジヤにおいて，紛争の解決や人権事務所の設置とその活動について，OSCEと密接な協力関係を維持している[70]。

以上のような国連総会決議の例は，一部に過ぎない。2000年代以降，国連事務総長の報告は，個々の地域的国際組織ごとになされており，協力関係がかなり具体的に報告されている。質・量共に，国連と地域的国際組織の協力関係が増進していることを表すものとなっている。

6 むすび

以上，国際連合と地域的国際組織との関係について，実際面に注目しながら概括的に考察してきた。極めて不十分な概観であるが，展望を含め幾つかの結論を導かなければならない。尤も，安全保障との関係では，既に冒頭に上げた文書において述べられていることにつきるであろう。同文書が21世紀における地域的国際組織のあり方として指摘しているのは次のような内容である[71]。

地域的国際組織を利用するための前提的認識として，安全保障理事会の能力が脅威を防ぎかつ脅威に対する対応をするという点でより積極的なものとされることは，今までよりもより以上に，国連憲章第8章の規定をより充実しより生産的に利用することによって強化されるということである。幾つもの地域的国際組織が設立され，それらを構成する国家関係の中で大きな役割を果たしてきた。それらは，国連との間に協力関係を設けその方向性が強まってきている。重要なことは，地域的行動が，国連憲章と国連の目的の枠内で組織化され，かつ，国連と地域的国際組織がより統合する方法で作業することがなされることが確保されることである。今後必要とされるのは次の6点である。

(a) 全ての場合に，安全保障理事会による許可が，地域的平和活動に関して求められるべきである。但し，緊急な状況においては，許可は，活動が開始された後に求めることができるということを承認する。

(b) 国際連合と地域的国際組織との協議及び協力は，拡大されるべきであり，合意を形成することが出来る。その場合の対象となる事項は，組織の首脳会合

---

70) Ibid. pp. 2-3.
71) A more secure world: Our shared resoponsibility. op. cit., paras. 270-273.

第Ⅱ部　国際社会の組織過程における地域主義

で問題となった事柄，より頻繁な情報交換と早期警戒，文民と軍事要員の共同訓練，及び，平和活動の範囲内での要員の交換である。

　(c)　アフリカ地域の事例においては，提供国は，アフリカ連合の戦略的枠の範囲内で，自主的能力構築の支援に10年間関わるべきである。

　(d)　紛争予防又は平和維持の能力を有する地域的組織は，そのような能力を，国際連合待機取決システム（United Nations Standby Arrangements System）の枠内に置くべきである。

　(e)　構成国は，国連が，必要に応じて，国連が所有するものから地域的活動に対して装備の支援を供給することを認めることに合意すべきである。

　(f)　国連の平和維持予算に関する規則は，ケース＝バイ＝ケースで，安全保障理事会が評価をされた貢献を示して許可した地域的活動に資金を供給することを，国連が選択することが出来るように改正すべきである。

　以上にように将来の姿を描くと共に，更に，近年，類似はしているが憲章第8章の意味における地域的国際組織ではないと考えられているNATOのような同盟的な地域的国際組織がその本来の任務の範囲を超えて平和維持活動に従事してきたことを指摘し，それらの活動が，安全保障理事会によって許可され，かつ，安全保障理事会に対して責任を持つものである限り，歓迎すべきものとしている。そして，NATOについては，訓練や装備などの点で援助をするという建設的な役割も果たすことが出来る旨を評価している。

　平和維持活動との関係では，此処に示された結論は，評価に値するものと思われ，特別に付加することはないように思われる。他方において，国際協力の側面については，継続的に行われており，内容は極めて多種多様であると共に，次第に増進・強化されているように思われる。更に，今後，その方向性で進むことが望ましいと思われる。本来であれば，地域的国際組織の全てについて，平和維持と国際協力の両面にわたり，国連との協力関係を詳細に検討する必要があると思われる。したがって，例示的な概観・検討のみで，両者をまとめる形で結論を示すことは殆ど不可能である。しかし，概括的な検討の中から，注目したい点が見られる。それは，平和維持の側面と国際協力の側面が融合される現象が見られることである。紛争が終息した後に平和構築が試みられ，本来の平和で安定した社会を作り出していく点で，国連と地域的国際組織の協力は，一方において，直接的な作用で紛争・衝突が再び起きることがないようにして

おり，他方において，民主主義をねずかせ，人権を擁護し，選挙を行い，司法制度を構築するなど，社会それ自体を安定したものとすることによって，紛争・衝突が生じない状況を作り出すことに腐心している。特に，人権の擁護は，国連が当初から国際協力という目的の中で最も力を入れてきたものの一つである。国際連合の目的である，国際の平和と安全の維持と国際協力は，本来深く結びついているものであった。しかし，国連の発足後の活動は，国際の平和と安全の問題と国際協力の問題をそれぞれ別個に扱い発展させてきたように思われる。平和維持後の平和構築について，国連と地域的国際組織の協力がよくなされることによって，よりその実現性を確保出来る。それは，民主主義や人権の擁護は，理念的には普遍的であっても，現実には極めて地域的性格を有するものであるからである。かくして，国連は，地域的国際組織との協力関係を更に進めることによって，自らが本来掲げた目的をよりよく実現出来るであろう。

⑥　WTOにおける地域主義

荒木　教夫

1　問題の所在

(1) 地域的貿易協定が増大する理由

　WTO構成国は，自国が当事国となる地域的貿易協定をWTOに通告する義務がある。1948年から1994年までの間に，ガットは124の（物品貿易に関する）地域的貿易協定の通告を受けた。20世紀後半に通告された地域的貿易協定のすべてが依然として有効であるわけではないが，失効した地域的貿易協定の多くは，同一のメンバー間で新たな取極に差し替えられてきた。2006年6月15日時点でWTOに通告されている地域的貿易協定は197あり，そのうちガット24条に基づく自由貿易協定が126で6割程度を占めている[1]。

---

1) 2006年6月15日時点でGATT/WTOに通告されている地域的貿易協定の内訳は以下の通り。

根拠法規	加入	新規地域的貿易協定	合計
24条（自由貿易協定）	4	122	126
24条（関税同盟）	5	6	11
授権条項	1	21	22
GATS 5条	2	36	38
合計	12	185	197

http://www.WTO.org/english/tratop_e/region_e/regfac_e.htm
審査状況は以下の通り。

状況	授権条項	GATS 5条	ガット24条	合計
審査未要請	19	1	1	21
審査開始されず	0	12	51	63
審査着手	0	6	17	23
審査終了	1	16	46	63
報告草案協議中	0	3	4	7
報告採択	2	0	18	20
合計	22	38	137	197

第Ⅱ部　国際社会の組織過程における地域主義

　かつては地域的貿易協定に消極的であった米国も，1986年以降，地域的貿易協定の締結に関わり始め，今日では南北米大陸を縦断する米州自由貿易地域（FTAA）の交渉の前段階として，中南米諸国との自由貿易協定の締結に積極的である。アジアでも自由貿易協定の締結が加速している。とりわけ，カンクン閣僚会議以降，これまで地域的貿易協定を全く締結していなかった日本・中国・韓国・印度といった国々が，アセアン諸国との自由貿易協定の締結を模索し始めてきた。かくして，今日，地域的貿易協定を締結していない国家は，モンゴルのみとなっている[2]。また，最近では地域的貿易協定によって創設された地域同士が主体となって，それらの地域間で新たな地域的貿易協定が締結される現象も見られ，今後増大する傾向にある。例えば，ヨーロッパ共同体（EC）とヨーロッパ自由貿易連合（EFTA）間の自由貿易地域の形成や北米の自由貿易地域と南米のそれとの地域貿易協定の締結がその典型である。

　GATT/WTOと地域的貿易協定当事国と非当事国との間で，緊張関係が生ずることは回避できない。というのは，地域的貿易協定は特恵待遇を伴うので，非当事国に不利となるし，また，WTOの無差別原則と相反するからである[3]。それにもかかわらず，地域的貿易協定，なかんずく自由貿易協定の締結が増大している原因は何か。以下のような理由が挙げられてきた。

　第一に，WTOにおける自由化交渉の遅れのためである。WTOが機能不全に陥るのであれば，自国の国際競争力を向上させるために，地域的貿易協定の締結を通じて，企業活動を活発化させたいという思惑が背景にあるわけである[4]。例えば，シンガポール閣僚会議宣言決定第7節は，「地域的貿易協定は，さらに自由化を推進し，低開発国，途上国，市場経済への移行段階にある諸国が国際貿易制度に統合されるのを援助するであろう」とし[5]，2001年11月14日に採

　　　　http://www.WTO.org/english/tratop_e/region_e/summary_e.xls
2)　http://www.WTO.org/english/theWTO_e/whatis_e/tif_e/bey1_e.htm
3)　Matsushita et al., The World Trade Organization, Law, Practice, and Policy 342（2003）．なお，バグワティは，自由貿易地域（Free Trade Agreement）という呼称は誤解を招くので，特恵貿易協定（Preferential Trade Agreement）と呼ぶべきだと主張する。地域的貿易協定は，域内の貿易を自由化する側面と，域外に対して保護主義的になる側面を併せ持つからである。Jagdish Bhagwati, Free Trade Today 107（2002）．
4)　Colin B. Picker, Regional Trade Agreements V. The WTO: A Proposal for Reform of Article XXIV to Counter This Institutional Threat, U. Pa. J. Int'l Econ. L. Vol. 26 : 2, 276.
5)　http://www.WTO.org/english/theWTO_e/minist_e/min96_e/WTOdec_e.htm

択されたドーハ閣僚会議宣言第4節も,「我々は,世界貿易のルール作成および貿易自由化のための唯一のフォーラムとしてのWTOに対する我々の責務を強調する一方で,地域的貿易協定が,貿易の自由化および拡大,並びに開発の促進を助長するにあたり,重要な役割を演じることができることを認めている」[6]としている。

自由化促進という視点からは,WTOでの多角的交渉における梃子として,地域的貿易協定の実績を利用するということも挙げられる。例えば米国は,NAFTAにおいて自国に好都合なルールを導入し,これをWTOの場で世界に広げるというスタンスをとっている。1993年に発効したNAFTAは,当時のガットが導入していなかったサービス貿易に関するルールや知的財産権に関するルールを盛り込んでいた。貿易の自由化に伴う環境保護や労働基準の遵守など,WTOでは依然として慎重に扱われている問題も,既にNAFTAでは導入済みである。

第二に,上記の理由と関連するが,手続的な側面からいえば,地域的貿易協定は,当事国が少ないので,決定が適時に容易に,かつ効果的に行えるという理由が指摘できる[7]。

第三に,非経済的・政治的利益である。政治的理由の内容は多様であり,例えば戦争の悪循環を断つことを意図するものから,国際社会で政治的経済的影響力を高めるためというものまである[8]。

---

[6] http://www.WTO.org/english/theWTO_e/minist_e/min01_e/mindecl_e.htm

[7] Lorand Bartels and Federico Ortino (eds.), Regional Trade agreements and the WTO Legal Syastem (2006) iv.

[8] Matsushita, *supra*. note 3, at 342 は,現実の動機は混合的であるとしつつも,政治的理由が主であるとしている。Thomas Cottier and Marina Folter, Constitutional Functions of the WTO and Regional Trade Agreements in Regional Trade Agreements and the WTO Legal System, Bartels and Ortino (eds.), 44-47. および,WTO SECRETARIAT, REGIONAL TRADE AGREEMENTS SECTION, TRADE POLICIES REVIEW DIVISION, 'THE CHANGING LANDSCAPE OF RTAS', (paper prepared for the seminar on Regional Trade Agreements and the WTO), 14 November 2003, paras, 22-24. http://www.wto.org/english/tratop e/region e/sem nov03 e/boonekamp paper e.doc も同旨。より具体的に,ピッカー (supra. note 4 at 278) は,中東和平プロセスにおける地域的貿易協定の一定の非経済的な役割に言及している。また,冷戦後,共産主義の脅威がなくなり,西側先進諸国が一体化の圧力を強く感じなくなったことも,多角主義の必要性を感じなくさせ,むしろ,自身の地域的目的を追求するようになったという指摘もある (ibid., 286)。他方で,国家や地域が自由貿易協定を締結する最大の動機は,その経済的効果であると指摘するもの

（2） 地域的貿易協定の効果

　地域的貿易協定は如何なる効果を貿易に及ぼすか。その効果は静態的効果と動態的効果に分類される。静態的効果は関税引き下げを通じて資源配分の効率性に影響する効果のことであり、もたらされる変化は一回限りである。静態的効果として挙げられるのは、域内貿易拡大効果（域内における貿易を創出させる効果）、および、貿易転換効果（供給源を効率的な域外からの供給から非効率的な域内からの供給にシフトする効果）である。地域的貿易協定の当事国間では、貿易障壁が削減されることで、輸出国の生産者は輸出の拡大が期待できる。さらに輸入国の消費者は、輸入財およびサービスを、より安価に得ることができる。したがって、域内国の経済厚生は増大するとされる。

　貿易転換効果は以下を意味する。例えば、A国とB国の二国間で自由貿易地域が創設され、両国間の関税が従来よりも減少すれば双方共に輸出入が増大し、貿易自由化によって両国ともに利益を享受できる。しかし、域外国からすれば、これら二国の輸入先国が域内国に変更することになるから不利益を被る。条件が同じだったなら域外国からの輸入の方が有利であったとすれば、最適資源配分という点からは劣った制度ということになる[9]。

　地域主義が問題視されるのは、いうまでもなく貿易転換効果に関してである。地域主義は、域内諸国の貿易を拡大する効果を持つ一方で、世界経済を分裂状態に導き、最悪の場合、世界を破滅に導く可能性もあるからである。例えば1930年代の欧米、とりわけ英米二国による地域主義的政策は、世界中に経済のブロック化をもたらし、大恐慌の影響を拡大し、最終的に第二次世界大戦をもたらす一大要因となったことは周知の通りである[10]。

　もある（浦田秀次郎編『FTAハンドブック』50頁）。

9）　また、従来C国から輸入していたある製品を、特恵的利益を享受できるという理由で域内に建設された工場から輸入するようになると、域内の消費者は従来よりも安価な商品を取得できるかもしれないが、輸入国が従来得ることのできた域外からの製品に対する関税収入は低下する。後者の総額が前者よりも大きければ、輸入国自体の総利益は低下することになる。John H. Jackson et al., Legal Problems of International Economic Relations 465 (3rd ed., 1995).

10）　Dennis Kennedy, in Regional Trade Blocks, Multilateralism and the New Gatt: Complementary Paths to Free Trade 1 (Till Geiger & Dennis Kennedy eds., 1996). 池田美智子『ガットからWTOへ──貿易摩擦の現代史』23-41頁。

こうした展開に対する解決策の一つとして，第二次大戦後の国際貿易システムは，1947年のガットに象徴されるように，多角主義に基づく非特恵・無差別原則を強調し，地域主義はガット24条に従う限度で，例外的に認められるにすぎないものとされた[11]。こうした国際貿易制度の構築を主導したのは米国であり，とりわけ，戦後直後に植民地との特恵的関係を維持しようとした英国やフランスに対して，多角主義を強調した[12]。しかし，同時に，冷戦の展開する中で，ソ連陣営に対抗する戦略的必要性から，ヨーロッパなど一定の地域において，関税同盟や自由貿易地域等，自由貿易に対する例外の存在が不可避であることも認識していた[13]。例えば，ヨーロッパ経済共同体（EEC）の存在を黙認したことが，その典型である[14]。米国とヨーロッパとの圧倒的な経済力の差も，米国にこうした政策を行う余裕をもたらしたものといえる[15]。

このような国際情勢を背景として，1960年代には，地域主義の「第一の波」が見られる[16]。この時期には，EECに続いてラテン・アメリカ自由貿易連合（LAFTA），東南アジア諸国連合（ASEAN）の登場，北大西洋自由貿易地域（NAFTA）の提案が見られた。地域主義の「第一の波」は，主として政治的・戦略的動機によって推進された。米国はEECの形成を，東欧に勢力を有するソ連を牽制するために利用しようとした。ラテン・アメリカ諸国は，西欧の影響を排除して域内の繁栄をもたらすため，換言すれば反植民地主義，従属理論等に動機付けられて自由貿易地域を形成した。こうした理由で創設された組織は，経済的考慮に欠けていたことなどから，その多くが失敗に終わってい

---

11) John H. Jackson, World Trade and the Law of GATT 577 (1969).
12) Jagdish Bhagwati, A Stream of Windows:Unsetting Reflections on Trade, Immigration and Democracy 280 (1998). もっとも，これらのうち若干の特恵関税は既得権として承認せざるを得なかった（ガット1条2項参照）。
13) ガットの無差別原則からすれば，地域的経済統合が許されるのは，通商に関して統合体が一個の国家と同一視される限りにおいてである。したがって，許容されるのは，本来は関税同盟のみのはずであり，自由貿易地域が例外として存在を認められる予定はなかった。自由貿易地域も含めて創設が許容されることになったのは，ハバナ会議で認められて以降のことである。
14) Jackson, *supra*. note 9, at 576-77.
15) その後，域内貿易が発展する一方で，域外に対しては関税同盟が存在するので，EECの成功は世界経済に大きな問題をもたらした。すなわち，貿易をめぐる米国とEECの対立である。これは米国のケネディ大統領をして，「ラウンド交渉」による貿易条件の接近を試みさせるに至った。
16) Jagdish Bhagwati, Regionalism and Multilateralism, 15 World Economy 538-39 (1992).

る[17]。

　いずれにせよ，米国にすれば地域的貿易協定はあくまでも例外だったのであり，地域的貿易協定が誤用または濫用されないように，米国は強い影響力を行使して，ガット24条の文言を慎重に作り上げようとした。こうした米国の立場は，最終的にガット24条に規定された要件として具体化している。

　動態的効果は，長期にわたってもたらされる効果のことである。すなわち，構成国国内で生産性を向上させ，資本の蓄積を促進し，ひいては構成国の経済成長に影響する効果のことである。生産性の向上は，構成国間における貿易および投資の障壁が削減され，規模の経済が実現することによってもたらされるほか，安価な財とサービスの流入ならびに外資系企業が参入することで国内市場の競争が促進され，この競争に対処するために自国の経済構造の調整を促進すること等々によってもたらされる。こうした生産性の向上により，構成国の期待収益率が上昇し，または不確実性が減少することにより，直接投資等の形態で海外から資本がさらに流入し，蓄積する。資本の蓄積は，生産量の拡大に貢献するのみならず，研究開発投資の増加により，更なる生産性の上昇をもたらすこともある。今日の地域的貿易協定は，投資・競争・人の移動・環境といった分野のルールを含むものが多い。動態的効果が重要性を増していることに対応した傾向である。ただし，動態的効果についても，域外産品に対する差別的措置の結果，世界的な直接投資の流れにゆがみをもたらす可能性（投資転換効果）がある。例えば，自由貿易協定の原産地規則が厳しいとき，域外国から域内国への輸出は，域内への直接投資に代替される可能性がある。

---

17) Sungjoon Cho, Breaking the Barrier Between Regionalism and Multilateralism: A New Perspective on Trade Regionalism, Harvard Journal of International Law, 42 Harvard International Law Journal 427（2001）．なお，地域主義の「第二の波」は，ウルグアイ・ラウンドの副産物として登場した。この時には北米自由貿易協定（NAFTA），南米南部共同市場（MERCOSUR），アジア太平洋経済協力会議（APEC）等が登場した。「第一の波」と異なり，「第二の波」は強力であった。例えば，1948年か1989年にかけてガットに通告された地域的貿易協定は80ほどであったが，1990年以降だけで，120以上にも上っている。http://www.WTO.org/english/tratop_e/region_e/not_gt_e.htm. 第 2 の波が現れた原因も多様であるが，冷戦後の一過的現象ともいえるし，ウルグアイ・ラウンド後に予想されたグローバリゼーションに対処するものともいえる。ibid. 429.

（3） GATT/WTOにおける地域主義

　関税同盟や自由貿易地域の創設は，これらの地域的貿易協定の構成国間において，非構成国に対する条件よりも有利な条件を付与することになるから，ガット1条およびサービス貿易協定（以下，GATS）2条等に規定されるWTOの主要原則である最恵国待遇原則に反する。

　しかし，WTOは，以下の規則に従うことを条件として，一定の地域的貿易協定を締結することを例外的に認めている。

①ガット24条4－10項（「1994年の関税及び貿易に関する一般協定24条の解釈に関する了解」（以下，「了解」という）で明らかにされている意味を前提として）

　これらの規定は，物品の貿易に関する関税同盟や自由貿易地域の創設・運営について規定する。

②授権条項（enabling clause）

　1979年の東京ラウンド交渉で合意された「開発途上国に対する特別待遇の許与に関する1979年11月28日のガット総会決定」で，途上国に対する貿易上の特別待遇（特恵的貿易取極の締結）が認められた。合意は，「開発途上国の，異なるかつ一層有利な待遇，並びに開発途上国の相互主義およびより十分な参加」を内容としている。この内容から「授権条項」と呼ばれる。その2項(c)は，途上国間で関税や非関税障壁を相互に削減・撤廃する場合，最恵国待遇原則の例外とする旨規定されている。ガット24条と授権条項の関係は明確ではないが，2項(c)に基づいて途上国間で自由貿易協定を締結する場合は，ガット24条8項またはGATS 5条の「実質上のすべての貿易」を対象とする旨の要件等が免除されていると解される[18]。

③GATS 5条

　サービス貿易について，地域的貿易協定の締結を認める。ガット24条と異なり，GATS 5条は，関税同盟と自由貿易協定とはいわず，経済統合協定と呼称している。

　本章では，上記規則のうち，ガット24条を中心に議論する。ガット24条によ

---

18) Gabrielle Marceau and Cornelis Reiman, When and How Is a Regional Trade Agreement Compatible with the WTO, 28(3) Legal Issues of Economic Integration 327-28, (2001).

れば，ガットは，ガット締約国の領域の間で，関税同盟を組織し，もしくは自由貿易地域を設定し，または関税同盟の組織もしくは自由貿易地域の設定のために必要な協定（中間協定）を締結することを妨げていない（24条5項）。

ただし，関税同盟または自由貿易地域の目的は，密接な統合の展開により構成領域間の貿易を容易にし，かつ増大させることにあり，地域的貿易協定締約国と域外諸国との間の貿易に対する障害を引き上げてはならない（24条4項，24条5項(a)(b)）。この条件は，特恵的な協定を利用することによって地域的貿易協定の構成国でないガット締約国との貿易パターンを歪曲するのを防止するために設けられたものである。さらに，差別的・保護的目的をもった地域的貿易協定の濫用防止のため，当該協定の締約国間では，実質上のすべての貿易に関する障害が廃止されなければならない（24条8項(a)(b)）（域内的要件）とし，さらに，手続的要件として7項（特に，通告義務）を規定している。

しかし，ガット24条は，廃止されるべき貿易障害の具体的計測方法を明示していない。また後述するように，文言は曖昧な表現に終始しているため，規制としての効果はほとんどない。さらに，地域的貿易協定が，ガット24条と整合的であるかどうかを審査し，認定結果をWTO構成国に送付する地域貿易協定委員会（以下，CRTA）は，当事国を含むCRTAのメンバーのコンセンサスによることを原則としている[19]。それゆえ，かりにガット違反であるとの意見が出ても，対象となる地域的貿易協定当事国の代表の反対または態度保留によって，違反の結論をもって合意することは事実上不可能となっている。それゆえ，ほとんどの地域的貿易協定が，GATT/WTOによって是認も否認もされないまま存在しているのが実態である。例えば，GATT/WTOは今日に至るまで，ヨーロッパ共同体（以下，ECという）の存在自体およびECの過去数度にわたる拡大について公式の立場を表明していない[20]。

したがって，既存の制度の下では，保護主義的措置が濫用される危険性が，

---

19) ガット時代の審査は，個々の作業部会において行われていた。WTO時代となった1996年2月6日，WTO一般理事会は，本文で述べたCRTAを創設した。CRTAは，地域的貿易協定を審査して，それらがWTO規則と一致しているかどうかを評価し，さらに，地域的貿易協定が多角的貿易システムにどの様に影響するか，地域的取極と多角的取極の関係は如何なるものかについて検討する（WT/L/127, 7 February 1996）。

20) John H. Jackson et al., *supra* note 9 at 471.

十分存在する[21]。前述したように，WTOには，多くの地域的貿易協定が通告されており，これらは，戦間期に特徴的なブロック化とその性質を異にするとはいうものの，地域主義がマイナスの効果を持つ事態も考えられる。とりわけ，問題となり得るのは，地域主義によってもたらされるかもしれない過度の排他性である。構成国の利益が，「要塞化」による非構成国の排除によってもたらされるのであれば，構成国は自国の利益を確保するために，経済統合を旗印に排他性を維持しようとするであろう。

今日の地域主義は，このような潜在的可能性を孕んだ状態で進展している。地域統合の代表的存在たるECは統合の拡大と深化を進めているが，いうまでもなく，それは構成国にとって有利であるからに他ならない。国際関係が国家間関係を基本とし続ける限り，国家が自国（民）の利益を最優先するのは当然のことであり，統合が進むことによって自動的にこうした配慮が消失するわけではない。また，EC自体，域外諸国との関係の中で相対的に自らの行動を策定していくわけであるから，地域主義が過度な排他主義に直結する懸念は潜在的に消失しない。

逆にいえば，このような排他性によってもたらされる利益の存在によって，地域的組織または統合といったシステムの実効性が担保されるわけである。地域主義がもたらす問題の核心はここにある。すなわち，秩序の実効性を担保している一つの要素として，短期的にせよ長期的にせよ構成員に利益をもたらす法システムの一定の排他的性質が，構成員にとって当該システムに留まる重大な契機となっており，不可欠であるとともに，ある程度許容されている一方で，そうした地域主義の潜在的特性たる排他性が，結果的に非特恵・無差別原則という価値に対立せざるを得ないとすれば，地域主義のもたらす「排他性」が許容される度合はどの程度なのかということである。地域主義の存在価値を承認しつつ，それがもたらすであろう問題点を具体的に明らかにし，そうした問題点に如何に制度的に対処すべきか考察することが必要となる[22]。

---

21) 「ECは，その対外通商上の手段に基づき，第三国に対して保護主義的措置をとることができる。ガット規則との抵触はみとめられているのである。この保護主義的措置が乱用される危険性は十分存在するのであり，ヨーロッパの要塞化に対する懸念はその限りで妥当する」ディルク・ペーターマン「EC対外通商法の法的基礎」国際商事法務Vol. 20, No. 4, p. 374）。問題は，許容される保護の程度ということになる。
22) この点に関して指摘されるのは，地域的貿易協定は，第三国に対する貿易に障壁をも

2 GATT/WTO における地域的貿易協定の処理

(1) 地域的貿易協定の審査手続

WTO に通告された物品貿易に関する関税同盟および自由貿易協定は、サービスについての経済統合協定および途上国間で締結された特恵的取極と同じように、WTO 構成国による審査を受ける。地域的貿易協定はガットの基本原則である無差別原則の例外を構成するから、地域的貿易協定の締結を希望するものは、WTO ルールに従っていることを立証する責任がある[23]。

物品貿易に関する地域的貿易協定については、ガット24条4－11項に規定されている[24]。これらの規定について、より明確な解釈が必要とされたため、ウルグアイ・ラウンド交渉で作成されたのが、前述した「了解」である[25]。

(a) 通告および情報提供の義務

WTO 構成国は、自国が締結した地域的貿易協定を WTO に通告し、協定に関

たらすことなしに、グループ内国家間で、より自由に貿易が行われるよう役立つべきであるということ、換言すれば、地域統合は多角的貿易体制を補完すべきであって、脅威となるべきではないというものである。ガット24条が想定するのも同様のことであり、非構成国と当該グループ内諸国との貿易は、当該グループ設立以前よりも制限的とされるべきではないとしている。以下の米国代表の発言も同旨である。「関税同盟は望ましい。しかし、それは関税同盟設立前と比較して、域外諸国に不利益をもたらさないことを条件とする」(Jackson, *supra* note 9 at 577)。 地域主義に関連して最も頻繁に提起される疑問は、地域主義はWTOの多角的貿易システムにとって有用か否かという点であるともされる (Joseph H. H. Weiler & Sungjoon Cho (eds.), Class 2: Globalism v. Regionalism, in The Law of the World Trade Organization Through Cases (2001), http://www.jeanmonnetprogram.org/WTO/Units/index.html,at 2)。しかし、より本質的な問題は、個々の国家の置かれた経済的・政治的事情を前提とした地域的結合を承認しつつ、多角主義と如何に調整させていくかということになろう。資源の最適配分のみを基準として全てを処理することはできないからである。したがって問題は、地域主義と多角主義の調和を、両者の「長所」を維持しつつ、如何なる方法と基準で達成していくべきかということに集約されよう。

23) Compendium of Issues Related to Regional Trade Agreements, TN/RL/W/8/Rev. 1 1 August 2002, 3. II. 3. 3.
24) 以下の記述は、主として Compendium of Issues Related to Regional Trade Agreements, TN/RL/W/8/Rev. 1 1 August 2002 に依拠している。
25) これまでのところ、パネルは「了解」の法的性質について明らかにしてはいない。しかし、「了解」は WTO 構成国が締結した国際合意と考えるのが合理的であろう。ただし、「了解」は、地域的貿易協定と多角的貿易制度の間の関係を変更せず、地域的貿易協定の24条との整合性を確保できていないとされる (Colin B. Picker, *supra* note 4 at 283-84)。

する情報を提供する義務がある（ガット24条7項(a)，授権条項4項(a)，GATS 5条7項(a)）。前述したように，物品貿易に関する審査は，1996年以降，CRTAで行われている。審査の目的は，WTO構成国が，①関連するWTO規則と当該地域的貿易協定との適合性を評価し，②WTO協定の履行に関する情報および通告された地域的貿易協定に関する経済・貿易上の情報を地域的貿易協定当事国から得ることである。

　WTOの設立後は，地域的貿易協定に対する透明性の要求が増大しており，審査の重要性も増している。しかし，後述するように，構成国間で審査基準の理解が多様であるため，審査メカニズムが上記の目的を達成するために十分貢献できているとはいえない。1996年以降になって大量に通告された地域的貿易協定については，審査に大幅な遅れもみられる。そもそも，地域的貿易協定の構成国がどのような情報をWTOに提供すべきかについて明確に示されてはいない。

　通告がどの時点で行われるべきかについての明示規定もない。24条7項(a)の「関税同盟若しくは自由貿易地域……に参加することを決定する締約国は，その旨を直ちに締約国団に通告し」という文言からすれば，通告または情報提供が，少なくとも地域的貿易協定の発効前に行われるべきことを意味しているとされてきた。しかし，実際には，地域的貿易協定のほとんどが，その署名後か効力発生後に通告されている。ガット時代の作業部会も，WTOになってから作業部会を受けついだCRTAも，発効後の地域的貿易協定が通告され，事後審査が普通になっている。例えば，NAFTAは92年12月17日に署名され，94年1月1日に発効しているが，作業部会がガットとの整合性の審査手続を終了させたのは94年3月23日である。遅れた通告は，GATT/WTO違反の地域的貿易協定を許容するのと同じ結果をもたらしかねない[26]。このことは，審査過程の意義を希薄化する。しかし，地域的貿易協定をめぐる争点の複雑性，とりわけ批准前に地域的貿易協定を通告するにあたって生じる政治的・法的問題に配慮して，事前通告は行われ難いのが実態である。

　事後審査の場合で地域的貿易協定がWTOルールと一致していないとき，協定に対して如何なる改善措置が加えられるべきかも明らかではない。もっとも，CRTAはコンセンサス方式によるので，地域的貿易協定当事国たるWTO構成

26) Matsushita, *supra*. note 4, at 350.

国は，多角的ルールと彼らの地域的貿易協定が適合していると主張するであろうから，この問題は純粋に理論的なものではある[27]。

地域的貿易協定を審査するためには十分な統計情報が必要である。しかし，審査に利用可能な統計が，地域的貿易協定発効直前のみのものであったり，発効後1年程度のみだった場合，審査に困難が生じる。特に重大な移行期が予測される場合がそうである。前後数年の統計が提供されるべきだとされている。より詳細に言えば，提出される情報は，農業部門と工業部門に分類されるべきだし，貿易量および関税分類品目の点からも，最恵国待遇の対象となっている物品と関税非課税等の対象となる物品の貿易割合を示すべきだと主張されている。

しかし，実際には，これらの統計を入手するのは困難だし，常に変動する経済統合過程のダイナミズムを所与とすれば，統計自体が誤解を招くものでしかないこともあり得る。

(b) **ガットにおける地域的貿易協定の審査手続**

ガット時代の手続は以下の通りであった。

① 通告された地域的貿易協定は，まず理事会で検討される。その後，当該地域的貿易協定とガットルールとの整合性を審査するために，作業部会が形成される。理事会は作業部会に当該協定の検討を命じ，ガット締約国団には，地域的貿易協定当事国に対する質問を文書で行うよう要請する。提起されたガット締約国団の質問には，文書で回答するよう地域的貿易協定の当事国に求めた。

② 質問と，それに対する回答を伴った正式文書の作成後，作業部会は作業を開始する。

③ 作業部会の会合（通常，地域的貿易協定当事国も参加する）では，更なる質疑応答が行われ，政治的声明，および法的コメントが出される。時として，当事国はさらに文書で情報を提出する。ここで情報とは，通常は統計である。情報は正式の文書として公刊されるときもある。

④ 審査に関する作業部会報告が合意されると，採択のために理事会に送付さ

---

27) WTOの決定方式はコンセンサスだが，コンセンサス方式で決定できないときは別段の定めがある場合を除き投票によって決定される（WTOを設立するマラケシュ協定9条）。ただし，投票に付された事例はない。Ibid. 349-350.

れる。手続は非公開で行われる。それまでに提出された文書と合意された報告は後に公開される。ただし、討論の議事録は存在しない。一般的に、地域的貿易協定関連の作業部会の活動に積極的だったのは、若干の（たいてい同じ）ガット締約国のみであった。

作業方法は、個々の作業部会が決定する。その方法は多様だった。これらの相違を反映して、作業部会報告の形式も多様だった。事実に関する情報とガット規定との適合性に関する判断を混合させつつ、記述的方法を好んだものもあれば、体系的なアプローチを好む形式もあった。しかし、いずれにせよ、ほとんどの結論は、地域的貿易協定とガットルールとの整合性の評価に関して明確な判断をすることなく、多様な見解を併記して記録に残すだけであった。さらに、域内貿易要件を満たしているかどうか法的テストを行う必要のある諸国は、大体において作業部会の活動に対して積極的ではなかった[28]。

(c) **WTOにおける審査手続**

1996年、WTOのCRTAが、それまでの作業部会に取って代わった。CRTAに参加するのはWTOの全構成国である。

CRTAが創設されて、地域的貿易協定を処理する手続にも変更が見られた。ただし、表決方法は同じであり、かつ、報告が当事者に何らの行動も強制しない点に変更はない。

① 協定の通告についてであるが、ガット24条の下で通告される場合は、物品の貿易に関する理事会（CTG）に、GATS 5条の下で通告される場合は、サービスの貿易に関する理事会（CTS）に、授権条項に基づく場合は、貿易と開発委員会に対して行われる。通告後、各理事会が調査事項（terms of reference）を採択し、CRTAに審査の任務を委ねる。CRTAは、調査事項および手続に従って協定の審査を行い、審査後に関連機関が適当な行動を行うことができるように、報告を当該関連機関に提示する[29]。

② 地域的貿易協定の締約国は、指定された書式の文書で、協定に関する予備的情報を提出するよう求められる。地域的貿易協定の締約国は、「締約国団（WTO構成国）が適当と認める報告及び勧告を（地域的貿易協定の）締約国に

---

28) Frieder Roessler, in Kym Anderson et al, Regional Integration and the Global Trading System 311.
29) Decision Establishing the CRTA, 6 Feb. 1996, WT/L/123, 7 Feb. 1996, 1(a)(b).

行うことができるようにその関税同盟又は自由貿易地域に関する情報を締約国団に提供しなければならない」(ガット24条7項(a))。文書は正式文書として公刊される。

③ 少なくとも1回または2回のCRTA通常会期の間に,検討されている地域的貿易協定に関して,当該協定の締約国および他のWTO構成国による一般的声明の交換とともに,口頭での質疑応答が行われる。

④ 会合ごとに,追加的な文書による質疑応答が行われる。このとき提出された文書も正式文書として公刊される。

⑤ 事実に関する審査が終了したとCRTAが考えたとき,WTO事務局は,(制約のない非公式のCRTA会合での)協議の基礎として,審査報告草案作成の要請を受ける。

⑥ CRTAは適当と考える如何なる勧告を行うことも可能であり,審査中の地域的貿易協定がガットと両立しない旨を勧告することもできる。中間協定についてのCRTAの権限はさらに広く,CRTAの修正要請に応じないときは,地域的貿易協定を維持できない旨指摘できる。もっとも,WTO構成国はそれほど強力に権限を行使していない。WTO時代になっても,執行の実態はガット作業部会時代とほとんど変化がない[30]。

⑦ CRTAはコンセンサスで決定を行う。コンセンサスによって作成されたCRTA報告は,採択のために,審査を委ねたWTOに送付される。「コンセンサスで合意するに至らない場合,問題は,必要に応じて,一般理事会,物品の貿易に関する理事会,サービスの貿易に関する理事会,貿易と開発委員会に移送される」[31]。

CRTAはコンセンサス方式を採用しているものの,ガットの作業部会と異なり,恒久委員会であるので,その判断は,一貫性と高度の専門性を伴う。したがって,その判断は何らかの結晶化をもたらす可能性が高い。つまり,地域経済統合について,より一貫した法理をもたらし得ると考えられている[32]。

当事者が提供した情報,文書で交わされたWTO構成国間の質疑応答は,まずは閲覧が制限された公式のWTO文書として公刊され,後にこの制限は解除

---

30) Matsushita, *supra*. note 4, at 350.
31) CRTA規則, Rule 33, WT/REG/1, 14 August 1996.
32) Matsushita, *supra*. note 4, at 348.

される。CRTAの正式会合は，WTO構成国とオブザーバーに開放される。報告草案に関する協議はCRTAの非公式会議として開催され，WTO構成国に開放される。

⑧　サービス貿易に関する地域的貿易協定は，サービス貿易に関する理事会に対して速やかに通告されなけばならない。理事会は，当該協定を検討するために作業部会を設置することができる（GATS 5条7項(a)）。

⑨　中間協定の場合，計画または予定表が必要である。完成までの合理的期間は10年以内とされる。ただし，これより長期の期間が必要である旨，十分な説明がなされるのであればこの限りではない（「了解」3項参照）。

　これまでCRTAは多くの地域的貿易協定を審査してきたが，ガット時代の作業部会と大差なく，ガット規定との整合性について何らかの結論を出したことはほとんどない[33]。

　何らの結論にも至らない理由はいくつかある。第1に，決定がコンセンサス方式であることである。コンセンサスが得られないと，作業部会もCRTAも決定を提案せず，会合で表明された意見を併記して報告するだけである。地域的貿易協定のガット整合性をあくまで主張したい締約国は，ガットの紛争解決手続に訴えることができるが，そのようにした実績はない。したがって，地域的貿易協定とガット規定の一致に関する正式の決定は若干の例外を除き存在しない[34]。

　第2に，そもそもガット24条の要件を満たすかどうか検証するにあたり，いくつかの主要な関連用語の定義が不明確であるため，ガット時代の作業部会のみならず，CRTAも地域的貿易協定の24条との整合性について結論に至れない[35]。例えば，次の（2）で指摘するように，協定当事国間では，「実質上のすべての貿易」について，関税その他の制限的通商規則を廃止する必要があるのだが，「実質上のすべての貿易」の意味が明確ではない[36]ため，例えば，

---

33) Frieder Roessler, The legal structure, functions & limits of the World Trade Order : a collection of essays, at 192（2000）
34) Ibid., 193.
35) William J. Davey, Regional Trade Agreement and the WTO, 日本国際経済法学会年報第13号，at 150（2004）．
36) Guide to GATT law and practice: analytical index, vol. 2（1995），824-827.

EFTAが農業貿易を協定から排除していることについて,「実質上のすべての貿易」を対象としているかどうか争いがある。そもそも,第三国は,「実質上のすべての貿易」という要件自体にそれほど強い関心を持たないという事情もある。この要件を厳格に解すると,第三国に対する差別化の徹底を主張する結果になるからである。これが,今日まで第三国が「実質上のすべての貿易」要件の充足のため,法的手続に訴えることに積極的な関心を示さなかった理由である[37]。他に,WTO構成国は,CRTAによって先例が作られることを望まないという理由もある。CRTAでWTOルールとの適合性を明確に承認された事例として挙げられるのは,チェコとスロバキア間の協定(1994年)などわずかしかない[38]。今日でも未処理のままの地域的貿易協定は35にも上る。その中で,24条に整合的な地域的貿易協定はほとんどないと考えられる。そもそもWTOに通告されない協定も多い[39]。

(2) ガット24条の解釈および実行

(a) 4項と5-9項の関係

4項と5-9項との関係について,ガットが初めて詳細に検討したのは,EECの設立基本文書であるローマ条約に関連してであった。作業は4つの部会で行われ,中間報告を作成した。そのうち,関税に関する部会は,ローマ条約の関税条項を検討した際に,4項の意味について活発な議論を行った。この部会で,EECの代表は以下のように指摘している[40]。

「4項と,5-9項は相互依存的に解釈されなければならない。5項は,『よって』で始まっており,このことは疑いもなく4項と5項の間に関係があることを示す。……つまり,5項から9項までの要件を満たせば,関税同盟も自由貿易協定も自動的かつ必然的に4項の要件を満たすことになる。というのは,5項から9項までは,単に4項の含意を明らかにしただけだからである。

---

37) 例えば,チュニジア・EEC間の連合協定(1969年)でEEC製品に対するチュニジアの関税削減は,チュニジアにおける米国の競争的立場を悪化させる。第三国たる米国としては,米製品が,第三国間の地域的貿易自由化の対象から除外されることを望むので,「実質上のすべての貿易」要件は緩やかで曖昧なままである方が米国の国益に適うわけである(Roessler, *supra*. note 33, at 194)。
38) ガットの記録については,Analytical Index, *supra*. note 36, 817 以下を参照。
39) Picker, *supra*. note 4, 284.
40) 以下は,専ら Analytical Index, *supra*. note 36, 796-97 による。

この解釈は24条本文の採択に関連した準備作業の記録によって確認される」。

部会構成国のほとんどは，この解釈を受け入れなかった。彼らは4項自体が独自の基本原則を定めていると主張し，関税同盟は4項に規定するガットの目的と矛盾しないように適用されるべきだとした。そして，個々具体的なケースで5項から9項までの適用について問題が生じた場合，問題は常に4項に具現化された原則に従った方法で解決されるべきであるという。さらに若干の部会構成国は，「5－9項の適用が，4項に規定した関税同盟の目的と両立するかどうか確認しなければならないであろう」とも考えていた。

なお，「了解」1項は，「24条に適合すべき関税同盟，自由貿易協定…は，とりわけ5項から8項の規定を満足させなければならない」と述べるのみである。

トルコ繊維事件[41]において，上級委員会は，ローマ条約を検討した際の上述したEEC代表の解釈を否定している。上級委員会によれば，4項は，同委員会が重視した5項柱書きの文脈を明らかにするにあたり，重要な要素となる。5項柱書きは，「よって」で始まる。上級委員会は，この「よって」という文言を4項と5項を繋げる文言と考えた。したがって，5項柱書きおよびその後に規定された要件は，4項に述べられた関税同盟の目的に照らして解釈されなければならないとし，5項柱書きの解釈は，4項に規定された目的に言及することなくして正確に行うことはできないとしたのである[42]。

(b) **24条8項**

後述する5項(a)と異なり，8項に関しては，ウルグアイ・ラウンド交渉の過程で，内容を明確にする作業が行われていない。そのためもあって，「実質上のすべての貿易」，「実質的に同一の」，および「その他の制限的通商規則」の内容について，依然として論争がある。

(i) 実質上のすべての貿易（8項(a)(i)と8項(b)）

---

[41] ECとの統合へのステップとして，トルコは，繊維および衣料貿易について，ECと「実質的に同一の通商政策」を適用しているとみなされるため，1996年1月1日以降，インドからの19カテゴリーの繊維・衣料製品輸入について数量制限を導入した。トルコは，この措置がガット24条の下で正当化されること，およびパネルは関税同盟の創設について審理する管轄権を持たないことを主張し，他方，インドは，トルコがインドに対して導入した繊維および衣料製品輸入に関する数量制限が，ガット11条，13条および繊維および繊維製品に関する協定（ATC）2条4項と両立しないと争った。詳細については，拙稿「地域主義をめぐるWTOの勧告」白鷗法学18号（2001年）303-93頁参照。

[42] WT/DS34/AB/R, 22 October 1999. paras. 56-57.

第Ⅱ部　国際社会の組織過程における地域主義

　関税同盟であれ自由貿易協定であれ，WTO 構成国は，地域的貿易協定の構成国間の域内貿易を自由化するために，「実質上のすべての」域内貿易に関して，関税とその他の制限的通商規則を廃止しなければならない。
　「実質上のすべての貿易」という要件が規定された目的は以下の通りとされている[43]。
　第1に，国内の保護主義的圧力の影響を回避するためである。国家は，国内の保護主義的圧力に屈して，輸入を増大させることになる特定産品に対する特恵を認めたがらない傾向がある。また，特恵を付与する産品を選択可能にしたら，貿易迂回（転換）のための特恵という考え方をガットが優越させることになる。「実質上のすべての貿易」要件は，こうした可能性から帰結するであろうモラル・ハザードを排除する手段となるとされる。
　第2に，地域的貿易協定の数を増加させないためである。「実質上のすべての貿易」を要件とすることで，一方的で利己的な保護的措置をとれないようにし，「実質上のすべての貿易」を対象とすることでもたらされるかもしれない不利益を予測させて，地域的貿易協定によってもたらされる第三国に対する差別を抑制しようとするわけである。厳格に解釈すれば，24条が差別を許容するのは，当事者が，多少の負担を負ってでも，真に相互に優遇し合おうと真剣に考えるときのみである。特恵的取極の締結に伴う高コストは，そのような取極の創出を抑止することになる。
　しかし，「実質上のすべての貿易」とは何か。その精確な内容については，ガットも WTO も，明確で実行可能な法的定義を提供できていない。「実質上のすべての貿易」が，域内の貿易障害を全面的かつ一括して引き下げることを要求しているのか，または実質的なセクターが引き下げの対象から除外可能なのかは不明である。前述したように，そもそも地域的貿易協定の非当事国たる WTO 構成国は，この概念を具体化する動機も政治的意思ももっていない。したがって，驚くべきことではないが，この概念の意味を探求しないことが，ほとんどの WTO 構成国の意思と合致しているのである。明確にすると，CRTA および WTO の決定機関の裁量性を制限することになるのは必至であり，これも歓迎されないということもある[44]。

---

43) Roessler, *supra*. note 33, at 184.
44) Matsushita, *supra*. note 3, at 360.

「了解」前文4項には、「関税地域を構成する領域間における関税その他の制限的な通商規則の撤廃がすべての貿易に及ぶ場合にはそのような（世界貿易拡大への）貢献が増加し、他方において、貿易の主要な分野が当該撤廃の対象から除外される場合にはそのような貢献が減少することを認め」という表現が挿入されたが、「実質上のすべての貿易」の内容を明らかにするものではない。

それではどのように考えられるべきか。「すべての貿易」は、「実質上の」という文言で修飾されている。「実質上の」とあるから、全品目の関税撤廃を意味しない。したがって、問題は8項の要件を満たすために、どの程度の障壁が撤廃されなければならないかということになる。

「実質上の」の意味については、量的な意味と質的な意味があるとされる。①量的アプローチは、例えば地域的貿易協定の当事者間における一定の貿易割合のように、統計上の量的基準を採用する。量的アプローチが使用されると、一定分野の産品が貿易自由化の対象から除外される可能性がある[45]。②質的アプローチは、個々の産品に注目するもので、如何なる分野（または少なくとも如何なる主要な分野）の産品も、地域的貿易協定当事者相互の貿易自由化から除外されるべきではないと考える。地域的貿易協定を締結する以前に制限的貿易政策によって貿易制限の対象だった産品を、地域的貿易協定を締結するにあたり、貿易の自由化の対象からはずさないようにするのが質的アプローチの目的である。

地域的貿易協定を締結するにあたり、すべての分野で貿易を自由化すべきであるとする主張は別にして、上記二つのアプローチは相互補完的に採用されるべきことが示唆されてきた。例えば、地域的貿易協定が対象とする自由化の範囲を、貿易量（trade flows）のみならず、一定割合の関税品目分類の点からも明確にするという方法である。例えば、閾値は6桁レベルでのすべてのHS[46]関税品目分類（tariff line）の95％として、地域的貿易協定履行の段階において一定の貿易量評価で補完するという提案がそれである。

---

45) *supra*. note 21, para. 68.
46) 関税率表は、「商品の名称及び分類についての統一システムに関する国際条約」（HS条約）に基づいて作成された。HS条約は、関税、統計、貿易などに関する商品分類の国際統一を図ることにより、国際貿易が円滑に行われるために締結された。日本も1988年から使用している。加盟国間では共通の品目分類で貿易が行われ、税率の適用で無用な摩擦が生じるのを防止する。

ガット作業部会での実行からは，明確な定義を読み取ることはできない。例えば，1960年の EFTA に関する作業部会報告では，「自由貿易の対象の割合が90％だったとしても，考慮されるべき唯一の要因とはみなされない」とし，他の報告では，割合がどうであれ，一定の産品部門の全体が排除されているのであれば，24条の精神に反するとされた。

また，かつて EC は，「実質上のすべての貿易という用語に言及する正確な定義は存在しない」，「1957年に EEC 構成国が貿易全体の80％を自由化した場合，この要件を満たしたと言えると考えるべきだ」と主張したが，他の作業部会メンバーに拒否されている。

ウルグアイ・ラウンドでは，「実質上のすべての貿易について，障害を廃止すること」の意味について，主要産品を除くことは認められないとの提案が為されたが，合意に至っていない。

1997年に，豪州はこの用語の明確化を提案している[47]。豪州は，「実質上のすべての貿易」について，将来の交渉は概念とともに数字を入れることに集中すべきと主張した。そして，HS にある6桁の関税品目分類の95％が「実質上のすべての貿易」の意味であると提案した。95％が恣意的な数字であることを豪州は認めるが，これは暗礁に乗り上げた交渉を動かすために意図した数字だという。この後，交渉は動いていない[48]。

もっとも，貿易量の基準について決着がついたとしても，時間の問題が残る。仮に「実質上の」という要件が100％の障害排除を意味するとしても，履行までの許容時間が無期限でもよいとなれば，100％未満の特恵付与の取極が事実上承認されることになる。現実に中間協定は完成までに長期間を設定している。そもそも関税同盟も自由貿易協定も，その完成までの期間について詳細な約束を規定しないものが多い[49]。なお，「了解」で，完成までの期間が10年とされたのは既述の通りであるが，この点について「了解」が実効的に規律できているかどうかは別の問題である。

(ii) 「実質的に同一の」（8項(a)(ii)）

関税同盟の構成国は，同盟の各構成国が，実質的に同一の関税を，その同盟

---

47) WT/REG/W/18, 17 Nov.1997, および WT/REG/W/22/Add.1, 24April 1998.
48) Matsushita, *supra*. note 3, at 357.
49) Jagdish Bhagwati, The World Trading System at Risk at 68-69（1991）.

に含まれない地域の貿易に適用する必要がある。トルコ繊維事件において，パネルは，8項(a)(ii)に規定される「実質的に」という文言に内包される柔軟性[50]を，以下のように解した。

「……関税同盟構成国の政策は同一であるのが理想的であるが，それでもなお，幅広い可能性がWTO構成国に残されていると我々は考える。この幅広い可能性を考慮しつつ，我々は次のように考える。一般的に関税同盟構成国が第三国との貿易に関して類似した効果をもたらす『似たようなcomparable』貿易規則を有するのであれば，それは，一般的に8項(a)(ii)の要件の質的側面を満たすであろう。……我々の見解では，8項(a)(ii)の解釈は，……特別な移行期レジームの下で数量制限を課すことのできる関税同盟構成国もあれば，数量制限を課すことのできない関税同盟構成国もあるということになる」[51]。

上級委員会は，8項(a)(ii)の「実質的に同一の」という表現は，共通通商政策を作成するにあたり，関税同盟構成国に一定程度の柔軟性を付与したという点について，パネルの意見に同意した。しかし，以下の点について，パネルの意見に同意しなかった。「『柔軟性』は制限的であることに我々は注意を喚起したい。『実質的に』という文言は，『同じ』という文言を修飾していることを忘れてはならない。したがって，我々の見解では，『同一性（sameness）』に極めて近いものがガット24条8項(a)(ii)によって必要とされる」として上記のパネル報告の理由づけには同意しなかったのである。そして，「8項(a)(ii)は，関税同盟構成国が『実質的に同一の』貿易規則を採用することを要求している。我々の見解では，『類似した効果をもたらす似たような（comparable）貿易規則』ではこの基準を満たさない。同規定は，これよりも程度の高い『酷似性（sameness）』を要求している」[52]，とした。

(iii) その他の制限的通商規則　8項(a)(i)，(b)

「その他の制限的通商規則」の廃止という文言を通常の意味に従って解釈す

---

50) 8項にいう「実質的に同一の」または「実質上のすべての」という文言は，「全く同一の」または「すべての」を意味せず，したがって，採用される措置について，ある程度自由に選択できる余地が関税同盟や自由貿易地域を構成する構成国に残されている。これを柔軟性の原則という。

51) WT/DS34/R, 31 May 1999. para. 9. 151.

52) WT/DS34/AB/R, 22 October 1999. para. 50. ただし，Davey, *supra* note 31, at 154 は同一性に関するこの要件も内容が必ずしも明確ではないと批判する。

れば（条約法条約31条），同項の括弧内に示されている通商制限以外の規制を禁止するものと思われるが，必ずしもそのように処理されてはいない。括弧内に明示された以外の制限的通商規則は絶対的に禁止されているのかどうかが解釈上の問題となる[53]。一見したところ，書かれていないことは許容されないように見える。つまり，例えば，アンチ・ダンピング措置は地域的貿易協定当事国間では許容し得ないということになる。しかし，我々の知る限り，アンチ・ダンピング関税を構成国間で廃止しているのはECとオーストラリア・ニュージーランド経済協力緊密化協定（ANZCERTA）のみである。NAFTAは構成国同士でのアンチ・ダンピング課税を許容している。

アンチ・ダンピング課税やセーフガードの廃止についてはともかく，安全保障を理由とする例外措置については，廃止とはいかない。地域的貿易協定の締約国の行動により，自国の安全が，武器，爆発物の輸出入等によって脅威に晒されないとはいえない[54]。

ウルグアイ・ラウンドでは，24条と19条（緊急輸入制限）の関係について議論され，以下のような草案が提出された。「19条に基づく措置がとられるとき，それらの措置は，関税同盟または自由貿易協定の他の構成国に適用される必要はないし，適用されてはならない。…関税同盟または自由貿易協定の他の構成国からの輸入によって引き起こされた損害は，19条に基づく措置を正当化する際に考慮されるべきではない」[55]。しかし，この提案は否決され，以後，WTO構成国間で意義のある議論は行われていない[56]。

WTOの紛争解決機関（DSB）の実行によれば，括弧内に記載されたもの以外の制限的通商規則を域内で援用できる方向で議論が進んでいるように見える。上級委員会は，二つの事件で，地域的貿易協定の当事国が，セーフガード措置を同一の地域的貿易協定の他の当事者に適用できるかどうかを検討した。一つはアルゼンチン履物事件での関税同盟，他の一つは米国小麦グルテン事件での自由貿易協定である。これらの事件では，WTOのセーフガード協定の解釈が問題となったのだが，同時に，上級委員会は，8項のカッコ内の事項が網羅的

---

53) Roessler, *supra.* note 33, at 192-93.
54) Matsushita, *supra.* note 3, at 361.
55) WT/REG/2/17, 31 Oct. 1997, at 4.
56) Matsushita, *supra.* note 3, at 362.

か否かという問題にも答えている。そして，いずれの事件においても，上級委員会は，以下の条件をすべて満たす場合には，地域的貿易協定の他の当事国に対してセーフガード措置の実施を認めているようにみえる[57]。第1は，実質的にすべての貿易が対象であること，第2に，域外諸国からの輸入量水準が輸入国にとって有害となるときで，それに対応するセーフガードの保護水準が，有害となる輸入量に対応するものであるときである[58]。

したがって，紛争解決機関の実行によれば，8項(a)(i)(b)の括弧内の措置は網羅的なものではないものと思われる。今では少なくともセーフガード措置が含まれよう。それ以外の他の措置が許容されるかどうかの判断は将来に委ねられているといえよう。上級委員会およびパネルは，プラグマティックな態度を採用したいと考えているように思われる。そうすることで，諸国の意向を考慮したガット24条の再構成を行っているわけである。時代の現実に歩調を合わせられない厳格な文理解釈的アプローチは条約法条約が予期したものではない。おそらく「条約の適用につき後に生じた慣行」は，条約法条約31条に挙げられた最も重要な解釈方法かもしれない[59]。

(c) 24条5項

5項は，地域的貿易協定の当事国と，その域外地域との関係を規律する。換言すれば，地域的貿易協定の締結後に域外地域に対して採用される制約の変化に関する規定である。

(i) 関税同盟

関税同盟の構成国は，関税同盟の創設時にその同盟の構成国でないWTO締約国との貿易に適用される関税その他の通商規則を，全体として (on the whole)，当該関税同盟の組織の前にその構成地域において適用されていた関税の全般的な水準 (the general incidence) および通商規則より，それぞれ高度なものであるかまたは制限的なものにしてはならない (5項a)。

---

[57] 例えば，アルゼンチン履物事件で，上級委員会は以下のように指摘する。「本件で，アルゼンチンが，その調査に基づいてセーフガード措置を実施するにあたり，同国はセーフガード協定2条2項の下で，メルコスール構成国を含めて，すべての国と地域からの輸入品を対象としてこれらの措置を実施するよう求められた」(WT/DS121/AB/R, para. 112)。なお，米国小麦グルテン事件については，WT/DS166/AB/R, para. 96 参照。

[58] Gabrielle Marceau and Cornelis Reiman, *supra* note 18, at 317.

[59] Matsushita, *supra.* note 3, at 363.

かくして，関税同盟構成国は，関税同盟を創設するにあたり，域外諸国との関係で二種類の義務を負う。①関税同盟構成国は，その創設にあたって対外的保護水準を「全体として」一定レベルを超えて上げてはならない義務，②関税同盟を構成する国が，その関税を関税同盟レベルに合致させるにあたり，結果的に引き上げる事態となったとき，域外諸国に補償する義務である（6項）。
① 「全体として」
　この文言について，起草者は以下の意図を有していたものとされる。「『全体として』という用語は，……平均関税（average tariff）が個々の製品ごとに決められるべきだということを意味しなかった。単に関税同盟全体として，関税水準が以前の構成国地域の全体的平均水準よりも高くならないようにすることを意味しているにすぎない」[60]。
② 「関税の全般的水準」
　ガット協定のジュネーブ草案では，24条2項(b)で「平均水準（average level of the duties）」という文言を使用し，「全般的水準（general incidence）」という表現ではなかった。この点についてハバナ会議での小委員会報告は，以下のように指摘している。「小委員会は，『全般的水準』という文言を勧める。小委員会の意図によれば，後者の文言は，数学的な関税平均を必要としない。貿易の全体量が考慮されるように，より大きな柔軟性を許容すべきであるというのがその趣旨である」と指摘した[61]。
　なお，その後の作業部会の実行からすると，譲許税率または実行税率のいずれが5項(a)の文脈で使用されるべきかについて意見は一致していなかった。トルコ繊維事件において，上級委員会は，「関税の全般的水準」の解釈にあたって，「了解」2項に依拠して，実行税率によることを確認している。上級委員会は，関税同盟の創設前後の評価の基準について以下のように述べる。「……1994年のガット24条に関する了解2項は，ガット24条5項(a)の下で，関税同盟創設前と後に適用される関税の全般的水準の評価が，加重平均関税率および徴収された関税の全般的な評価に基づくことを要求する」。かくして，評価は譲許税率ではなく実行税率を比較するものとされた[62]。この評価については，

---

60) EPCT/C. II/38 at 9 reproduced in GATT Analytical Index, *supra* note 28, at 803.
61) GATT Analytical Index, *supra*. note 36, at 804.
62) Report of the AB., *supra* note 52, para. 53.

当該関税同盟によって提供される過去の代表的な期間の輸入統計（関税品目分類に従い，かつ，WTOの原産地規則に基づき国別に区分された価額及び数量によるもの）に基づいて行う（「了解」24条2項）。

③ 他の通商規則

今日に至るまで，「他の通商規則」が何を対象としているのか，そして，関税同盟や自由貿易協定の締結前より制限的かどうかを如何に判断するかについて，WTO構成国間にコンセンサスがないのが実情である。「他の」という表現は，関税以外で対象となる措置をかなり幅広く考えているように思われる[63]。この点について，パネルはトルコ繊維事件において以下のように指摘している。

「9.120　……この「他の通商規則」という概念については，WTO構成国間で合意された定義がないとはいえ，我々の目的にとって，数量制限を含むことは明らかである。より広く言えば，「他の通商規則」という文言の通常の意味は，貿易に影響する如何なる規制も含むと理解され得る（例えば，衛生および植物衛生，関税評価，ダンピング防止，貿易に対する技術的障壁といったWTOルールが対象とする分野における措置，および環境基準，輸出信用スキーム等の貿易関連国内規制）。地域的貿易協定のダイナミックな性質を考えれば，これは進化する概念であると我々は考える」。

「他の通商規則」が制限的となったかどうかについての水準は，如何に評価されるべきであろうか。この点について，「了解」2項は，作業が困難であることを認識しているようである。数量化が困難であることを前提として，「その他の通商規則の水準の全般的な評価については，個別の措置，規制，対象産品及び影響を受ける貿易の流れに関する検討が必要とされることがあることを認識する」とのみ規定している。

困難な数量化を可能な限り促進するためには，関税の場合のように，地域的貿易協定の形成前後における関係諸国の規制状況をCRTAが収集するよう指示するべきであろう。地域的貿易協定当事国の規制体制に生じた変化を認識することで，少なくとも，CRTAにおける議論は促進されるであろう。

(ii) 自由貿易地域

対域外貿易の規律方法について，関税同盟と自由貿易協定には相違がある。自由貿易協定は構成国間での貿易自由化のみを目的とするからである。しかし，

---

63) Gabrielle Marceau and Cornelis Reiman, *supra*. note 18, at 321.

原産地証明を伴わないで産品が自由貿易地域に自由に流通するのであれば，域外の輸出業者は最も安価な関税手続港（POE）を選択するであろうから，原産地規則は，構成国が個別に制定するのではなく，自由貿易地域自体が規定することになる。自由貿易地域の制定する原産地規則は，域外諸国に対する自国産業保護に大きな影響を与え得る。自由貿易協定の当事国が，「地域的」原産地規則を規定するとき，それは，これまでの経験によれば，自由貿易協定を締結してから後に，より厳しい内容のものとなる傾向があるからである[64]。

(iii) 原産地規則

同一の国家が，複数の自由貿易協定の当事国となることから，一国家が異なる複数の貿易規則，とりわけ複数の原産地規則の規律に服するのが最近の傾向である。同一問題を処理する規則の統一性の欠如は，貿易コストを増大させ，貿易阻害要因となっている[65]。しかし，許容される原産地規則は如何なるものかについて，WTOで意見の一致はない。

1973年のEFTA諸国とEECの自由貿易協定に関するガットの作業部会報告で，協定中の原産地規則について，以下の見解が示されている[66]。

「ある作業部会構成国は，……当該協定がガット違反であると指摘した。というのは，協定中の原産地規則は，ガット24条4項にいう自由貿易地域の目的を妨げるであろうからである。つまり，この原産地規則は，原産地規準を満たさない域内貿易を妨げるのであり，第三国の中間生産物の貿易にとって障害となるであろう。……この原産地規則は複雑で煩わしいので貿易の障害となっている」。

これに対して，当該自由貿易協定の当事者である作業部会構成国は，以下のように反論している。

「ガット協定は，原産地規則の客観的評価基準を提供していない。したがって，ガット締約国は，ガット24条の枠組の中で，かつ，自由貿易地域の創設目的に反しない限り，その必要性と第三国の必要性に見合うシステムを自由に採用できる」。

EFTAとスペイン間の自由貿易協定（1980年）に関するガットの作業部会報

---

64) Matsushita, *supra*. note 4, at 351.
65) Preliminary Draft prepared for the SEMNAR ON REGIONALISM AND THE WTO, WTO Secretariat, Geneva, 26 April 2002., para. 20）。Para. 1.
66) 以下の記述は，主としてGATT Analytical Index, *supra*. note 36, at 802-3 による。

告でも同旨の論争が繰り返されている。自由貿易協定の当事者は、「原産地規則は自由貿易協定に不可欠だった。規則の目的は迂回貿易を防止するためであり、自由貿易の範囲を制限するものでもなければ、第三国の輸出に障害をもたらすものでもない」と反論している。

米加自由貿易協定をめぐるガット作業部会報告（1991年）において、米加は、「自由貿易協定に規定された産品に関する原産地規則の目的は、単に、当該産品が協定上の特恵扱いの利益を得ることができるかどうかを決定することであった」と主張した。これに対して、作業部会の他の構成国は、「原産地規則に関する自由貿易協定の規定の運用にあたり、当事者はガット24条4項と5項(b)に留意すべきである。両規定が明確に規定するのは、他のガット締約国の自由貿易地域との貿易に対する障害は引き上げられるべきではないこと、新たな通商規則は自由貿易地域の創設前に存在するものより制限的たるべきではないことである。自由貿易協定における原産地規則のガット適合性は、これらの基準に照らして検討されるべきである」。

そして、カナダ代表は、「原産地規則が5項(b)の見地から『他の通商規則』のひとつであるか否かの問題は、これまでの自由貿易協定に関する作業部会で解決されていない。本自由貿易協定の原産地規則は、第三者の貿易に悪影響を及ぼさないように運用されるであろう」と再反論しているが、生産的な議論は展開されていない。

トルコ繊維事件で、パネルは、トルコの数量制限がガット11条、13条、ATC（WTO繊維協定）2条4項に反すると認定し、ガット24条によって輸入制限が許容されると主張したトルコの抗弁を認めなかった。上級委員会は、パネルがガット24条5項柱書きに照らして法的推論を行わなかったことを批判したが、その他の点については概ねパネル報告を支持し、トルコがECとの関税同盟を創設するために、インドからの繊維の輸入について規制することが不可欠であることは認めたが、8項に組み込まれた「柔軟性」を考慮すると、インドに対して数量制限を課すのではなく、より貿易制限的でない選択肢、例えば「原産地規則」を、関税同盟の創設から生ずる迂回貿易を回避するために導入すべきであったとのパネルの指摘を再確認した。

上級委員会によると、この方法であれば、ECとトルコが懸念した迂回貿易の回避という問題に取り組めたと同時にガット24条8項(a)(i)の要件も満たせた

であろうという。上級委員会は，そもそもトルコとEC自身が，トルコ・EC連合理事会決定1／95の12条3項で，そのような選択肢を承認していたように思われることを強調して，自身の司法積極主義を正当化したのである[67]。

しかし，関税同盟の創設理由は原産地証明システムを設ける必要性をなくすことにあるのであるから，この見解は必ずしも適切ではないとの批判がある。上級委員会は，自由貿易地域と比較した関税同盟の長所を取り去るような仕方で，関税同盟の定義を極めて狭く解釈してしまったというわけである。すなわち，関税同盟の創設は，原産地規則の具体的実施に伴って生ずる国境管理費用（取引費用に転化）を除去しようとするものであるから，実質的には，上級委員会は域内での国境管理なしの完全な関税同盟の創設を妨害し，関税同盟がもたらすいくつかの利点を低下させてしまったのである[68]，と。

3　24条の改正にあたって留意すべき問題

24条を起草した当初の意図は明確であった。地域的貿易協定によって特恵的貿易を認めるとしても，それはあくまで例外的に許容されるに過ぎないということである。しかし，これまで述べてきたように，条文の曖昧さ故もあって，24条は当初の理念通りに地域的貿易協定を規制し得てはいない。EECの統合過程で，24条に基づく規律が不明瞭だったことが，ガットルールによる規律の破綻の始まりだったともされる[69]。1994年の「了解」は，24条の内容を明確にしようとしたが，諸国の実行が先行しており，地域的貿易協定を規律するのに十分対応できていないのが実情である。

また，24条が起草された1947年当時と最近の経済状況は大きく変わってきている。例えば物品貿易に関する一般的な関税水準はこれまで数次にわたって開催されたラウンドの成果によって，40％から5％以下に低減されており，取り組むべき問題が，今日ではTRIPSや透明性確保の問題などに移っている[70]。

---

67) Report of the AB., *supra* note 52, para. 62.
68) Joel P. Trachtman, Decisions of the Appellate Body of the World Trade Organization, Turkey-Restrictions on Imports of Textile and Clothing Products. http://www.ejil.org/journal/curdevs/sr6.html.
69) Bhagwati, *supra* note 49, at 67-69.
70) Picker, *supra*. note 4, 286. WTOレベルでの関税引き下げが進んでいる現在，大方の電

こうした中で，今日までに提示されてきた24条の様々な改正提案は，地域的貿易協定の現状を所与のものとして，それを如何にしてWTOの枠組みに取り込むかという視点から考察されてきたといえよう[71]。以下では，如何なる改正提案が妥当であるかを検討する前段階として，これまで検討してきた24条に関する実行を前提としつつ，考慮されるべき基本的な問題点について若干の考察を行っておきたい。

(1) 経済的影響の計測

現在のWTOにとって，地域的貿易協定が増大することによってもたらされる最大の問題は，WTOが目的とする多角的かつ無差別な自由貿易への道を阻害することである。例えばピッカーは以下のように指摘する。仮に地域的貿易協定の形成が抑制されれば，国家は特恵的利益を喪失することで経済的利益を失ったと考えるかもしれない。しかし，この損失は短期的なものでしかない。自国が締約国である地域的貿易協定によって得られる利益は，自国が締約国でない他の地域的貿易協定による市場アクセスの喪失を意味する。地域的貿易協定が増大することによって，得られるよりも失う市場のほうが多いかもしれな

子製品の非特恵関税はゼロに近くなっており，自由貿易地域内の特恵関税は意味を失ってきている。WTOでの非特恵の対域外関税障壁が低減すればするほど，地域的貿易協定の域内特恵と対比される対外差別は消滅する趨勢にある。ただし，問題が消失したわけではない。前述したように「実質的に」等の意味，センシィティブ産品の問題などは，依然として未解決だからである。なお，透明性については，例えばTN/RL/W/8/Rev. 1 1 August 2002, "COMPENDIUM OF ISSUES RELATED TO REGIONAL TRADE AGREEMENTS"を参照。

71) 例えば，ピッカーは，次のような提案を行っている（Picker, *supra*. note 4, 307 以下）。①独自の裁判所を持つ地域的貿易協定が増大しているので，WTOは，これらの紛争解決機関が行う判断との調和を目指す必要がある。そこで，地域的貿易協定に付属する紛争解決機関の判断は，WTOと矛盾しない限り，改正提案に取り込まれるべきである。②地域的貿易協定の起草および修正過程で，WTOルールとの一貫性を確保するためにWTO事務局と協力し合うような手順が必要である。現行法では，CRTAに情報を提供し，批判に答える義務のみ存在するが，これだけでは地域的貿易協定をWTOルールに収斂させるためには不十分である。協定作成段階でのWTO事務局との協力関係を構築することで，透明性を確保することもできるとしている。ただし，ほとんどの場合，CRTAにおける議論は両論併記で決断できないからこそ，GATT／WTOの規制が緩やかな地域的貿易協定が増大しているといえる。そのような現状で，地域的貿易協定の当事者が，柔軟に対応できる規律内容なくして，第三者（WTOを含め）の関与を認めるような手続に同意するとは思われない。制度的構造の集権化を通じて地域的貿易協定とWTOの規律を両立させるというのが提案の目的なら，何も決められないであろう。

い。長い目で見れば，理論上，世界全体にとって最適な政策は，あくまでも域内外を問わず無差別に貿易を自由化することであり，平等で無差別な市場アクセスを通じて，すべての国家の福利を増大させる[72]という。また，地域的貿易協定は，最適資源配分も低下させる可能性がある。そこで，地域的貿易協定が許容されるかどうかは，地域的貿易協定の締結によって，貿易を創出させることになるか，または転換させるかという視点から検討を行い，そして，特恵関税が，第三国の福祉を減少させるか否かという評価から認定すべきだという指摘が多い。

しかし，地域的貿易協定に規定される特恵的利益の付与が，どのような経済的影響を与えるのか，通常はあらかじめ正確に確定することはできない。貿易転換効果によって経済的効率性が損なわれるか否かは個々の地域的貿易協定の置かれた状況によって異なり，一律に論ずることはできない。地域的貿易協定の当事国がコントロールすることも予見することもできない要因の存在故に，貿易を転換させた特恵が明日の貿易を創出するかもしれないし，その逆もあり得る。こうした理由から，地域的貿易協定は，それらが貿易を創出する場合においてのみ，または転換させる以上の貿易を創出する場合においてのみGATT/WTOによって許容されるべきだという主張は，地域的貿易協定を交渉する政府の行動指針とすることを困難とする[73]。さらにいえば，経済的効果の計測基準が不確定であるにもかかわらず，24条がもっぱら地域的貿易協定の経済効率性の側面に焦点をあてているため，24条の規範力が損なわれているのである[74]。

例えば域内要件のひとつである「実質上のすべての貿易」の基準を数量で示したとしても，それが数量的に計測できるかどうか定かではない。確定的数値を算出するためには，通常は入手不能な需要供給の弾力性に関する情報を必要とするし，経済的影響は，市場の条件と第三国の経済政策が変わると変化するからである[75]。

---

72) Picker, *supra*. note 4, 313.
73) Roessler, *supra*. note 33, 182.
74) Picker, *supra*. note 4, 284-86.
75) Roessler, *supra*. note 33, 183.

（2） 経済的効率性に優先する理由

仮に経済的効率性が計測できたとしても，そもそも自由貿易が絶対的な善であるのかどうか，換言すれば，経済的効率性を錦の御旗に掲げ，それを偏重して処理しようとする主張について検討する必要もある。

上述したように，GATT/WTOは，自由貿易の実現を主たる目的としている。戦前のブロック経済が先の大戦を招いたという前提に立っているからである。こうした考え方からすれば，自由貿易自体が絶対的な善であるということにはならない。あくまで戦争防止という一定の価値観にとって有用な手段であると考えられているに過ぎない[76]。そもそも人間の生存は，経済的効率性のみを絶対的基準として営まれると考えられるべきではないだろう。経済的効率性を重視する提案は，たいていの地域的貿易協定が，その起源を経済的考慮よりもむしろ政治的考慮に由来させていることを重視しない。地域的貿易協定の当事者は，一般的に政治的結びつきを増大させるために，より密接な経済的結びつきをもたらそうと願っている。典型的なのがヨーロッパ統合の端緒となるローマ条約（1957年）であり，その前文には，平和と自由を守ることが目的である旨述べられている。ヨーロッパ共同市場の創設は，この目的のための手段なのである。また，アセアン特恵貿易取極を創設した目的の一つは，「地域の政治的経済的安定に貢献するため」とある。ANZCERT前文も同旨である。したがって，ガットにおいて地域的貿易協定が検討される際に，経済的効率性を最重要視すべきとする旨の提案は，次のような事実，すなわち，ほとんどの地域的貿易協定が経済的効率性を理由として締結されているのではないこと，地域的貿易協定を規律するガットルールの主な機能は，締約国が何らかの外交政策目的のために地域貿易の自由化を追求しているという事実を無視するものでしかない[77]。

---

[76] そもそも，戦間期のブロック経済によって「持たざる国」を追い詰めた側の米英が，戦後になって先の大戦の原因たるブロック経済を云々する（池田美智子前掲註8）23-41頁）のは実は笑止なことである。しかも，東西冷戦の中で，ガット規定に明白に違反するEEC統合過程を黙認するに至っては，「公正な」貿易とは何かについてナイーブな見解を展開することを躊躇させる。

[77] Roessler, *supra*. note 33, 182. ただし，第1の波で明らかなように，経済的考慮を全く欠くような制度は，永続することなく，失敗に終わっている。

第Ⅱ部　国際社会の組織過程における地域主義

　1で述べたように，地域的貿易協定が増大してきた理由は多様であるが，これらは以下の二つに集約できるであろう。一つは，国家が自らの生存のために必要としたこと，もう一つは国際協力の一形態として有効と考えられたことである。言うまでもなく，国家にとっては前者の理由が圧倒的に重要であろう。EC/EUにせよ，NAFTAにせよ，生存競争に勝ち抜くための処方箋のひとつであったことは明らかである[78]。ヨーロッパの統合過程で，EC構成国は，ガット24条の解釈を，もっぱらヨーロッパ統合を事実上追認させるような仕方で展開してきた[79]。その当否はさておき，生き抜くための理論武装は当然であり，だからこそ，その主張は，国際秩序全体にとって多くの問題点を内包させているわけである。翻って，国家の生存のための制度としての側面を否定すると，地域的貿易協定は意味を失う。同時に，WTO自体の存立も危ぶまれることになるかもしれない。

　実効的な国際制度を構築するためには，一方で，制度の客観的な目的を明確にすることが必要であることはいうまでもないが，他方で，国家理性に基づいて国家が行動する側面も考慮しなければならない。国益に配慮した国際制度の構築が，不可欠とならざるを得ない。ガット24条が当初意図したのは例外としての地域的貿易協定であるが，国益追及が地域的貿易協定によるものとなれば，これを過度に例外視することもできない。必要なのは，地域的貿易協定の締結が，特定の国家のみならず，国際社会全体にとってもプラスとなるような制度となることであろう。公正な貿易という場合の公正という概念には，個別国家の利益への配慮も含まれなければならない。

　また，諸国間の経済統合が密接になればなるほど（あるいは，例えば8項の「実質上のすべての貿易」という要件について，100％に近くなればなるほど），統合の許容される度合いが増すという発想は，実は大いなる矛盾を内包している。というのは，ガット24条8項にしろ5項にしろ，そこで規定された要件を厳格に守れば守るほど，諸国間の結びつきは単一国家類似の関係になるわけであり，

---

[78] 時として停滞しつつもヨーロッパ統合が進展したのは，外部の影響から自らを守るためであった。日本経済の影響，東欧圏の市場経済化とそれに対するドイツの動向などが統合促進の主要因であった。

[79] Analytical index *supra* note 36, 794以下によれば，ガット24条に基づく審査の対象は，ECに関するものが圧倒的に多い。しかも，前述したように，報告は両論併記で終始しており，少なくともECが公式にガット24条違反を咎められたことはない。

いわば「要塞化」が進むことになる。換言すれば，排他性が強化されざるを得ない。何故，単一国家類似の経済単位になれば特恵的地位が認められ，それを満たさなければ認められないのか。この問いに対して積極的な回答は見当たらない。

実はこのような疑問は既に古くから提起されている。例えばダムは，域内貿易の要件としての「実質上のすべての貿易」の基準は，100％とすべきではないとし，その理由として域外諸国に対して差別的でない方が良い旨指摘している[80]。それにもかかわらず，その後の議論は，どの程度の高度の基準とすべきかに集中してきた。しかし，90％であれ100％であれ，このような数字が提起される根拠について，前述したように，消極的な理由（国内の保護貿易政策要請圧力を抑制する等々）こそ指摘されてはきたものの，積極的な理由は不明なのである。

それでは，どのような考え方が望ましいのか。次の（3）の問題とも関連するが，まずはWTOの基本原則である最恵国待遇原則の意義は，より柔軟な枠組の下ではあるが，認めるべきであろう。その上で，地域的貿易協定に関する柔軟な多角的ルールを作成して，その基準の枠内であれば，広く地域的な結びつきを認めるべきであろう。そのような枠組の中で，国際協力の一形態として，地域的貿易協定を積極的に評価する必要があろう。また，地域主義に関わる最重要問題は，ブロック化による域外諸国の排除であるから，経済効率性を過度に重視するような厳格な数値基準を設定して，国家に類似する経済的結びつきならば認めるという発想は排除されるべきであろう。そのような前提から，ダムは，改正を求めているのだが，対外的な要件を重視し，地域的貿易協定の締結によって，域外諸国に対して，貿易障害を高めないことを，あるいは，少なくとも，地域的貿易協定が貿易転換効果を上回るだけの貿易創出効果をもたらすことを重視するのである[81]。実際に，多くの諸国は，地域的貿易協定の締結によって域内諸国間でのすべての貿易の自由化が要求されているとは考えていない。自由化によって損害を受けるか消滅の危機に瀕する可能性のある産業が存在するときは，そうしたセンシティヴな産業を域内貿易自由化の対象から

---

80) Kenneth W. Dam, Regional Economic Arrangements and the GATT: The Legacy of a Misconception, 30 Chicago Law Review, 633 (1963)
81) Ibid.

除外することは，それ以外のすべての貿易が自由化される限り許容されると多くの諸国は主張している。

すなわち，地域的貿易協定を評価するにあたっては，少なくとも域内構成国間の貿易について厳格な基準を設定するのではなく，協定が構成国と域外諸国との間の貿易を全体として減少させたかどうかを検証し，少なくとも減少させていないのであれば，当該地域貿易協定は否定されるべきではないというわけである[82]。前述したように，統計資料の扱い方自体に困難な問題が付随するが，それでも事後の検証こそが，より重視され，その際には，ある程度幅のある基準で審査されるべきであろう。構成国間のみでの域内障壁の完全な撤廃重視策は，域外諸国の貿易上の立場を，常に，より困難なものにする。そして，たいていの場合，不必要なほど巨大な額の貿易迂回をもたらす[83]。ただし，この提案の問題点は，如何にしてガットの基本原則である最恵国待遇を定義づけ，その正統性の基礎を維持できるかということにある[84]。

(3) 法規則の適用関係について

改正案作成にあたり留意しておくべきもう一つの重要な問題として，WTOの多角的ルールと，地域的貿易協定の内容が抵触するとき，その抵触は如何に処理されるべきかがある。既存の条約と新たな条約の間で義務の抵触が生じる場合は多い。この点について，NAFTAが典型的な問題を提起している。NAFTA103条2項は，「別段の規定がある場合を除き，WTO協定と抵触する場合，抵触の程度において本（NAFTA）協定が優越する」と規定している。この規定に関連して，NAFTA内では米加間の紛争が二件発生しており，未解決のままである。

時間的に相前後する条約が同一事項に関する権利義務を定めるときで，内容が競合し矛盾するとき，如何に処理されるかについて，条約法条約は，個々の条約で特別な規定をおく場合を別にして[85]，競合する条約を共に有効なもの

---

[82] John McMillan, Does Regional Integration Foster Open Trade, in K Anderson and R. Blackhurst, (eds), Regional Integration and the Global Trading System, 306 (1993).
[83] Ibid.
[84] James H. Mathis, Regional Trade Agreements in the GATT/WTO, 108 (2002).
[85] 例えば，ローマ条約234条（ニース条約307条）は，構成国が以前に第三国と締結し，依然として有効な条約で，ローマ条約（ニース条約）と両立しない条約について，「この

としている（30条）。条約法条約30条の前提は当事国間の合意の優越である。強行法規に関わる規定を除けば，常に合意が優先する。上述したNAFTA103条2項のような規定も，現行法では否定しようがない[86]。

　条約法条約は，条約当事国のすべてが後の条約の当事国である場合，および，条約当事国のすべてが後の条約の当事国となっていない場合であれば，双方の条約の当事国の間においては，後法優位の原則を妥当させ（30条3項，4項a），条約当事国のすべてが後の条約の当事国となっていない場合で，双方の条約の当事国である国といずれかの条約のみの当事国である国との間では，共に当事国になっている条約だけを適用するとしている（30条4項b）。ただし，後者の場合，新旧条約の効力の優劣については規定がない。WTOのルールと地域的貿易協定について，この原則をそのまま適用すると，国際貿易秩序自体の存立基盤が損なわれかねない。条約法条約30条が多くの点で不十分な規定であることは明らかである。文言は多くの厄介な問題について配慮できていない。たとえば，同一の問題を扱う二つの条約が並存し，一つは地域的レベルで交渉され，当事国間では高度な相互信頼感が存在し，もう一つは普遍的組織の枠組で交渉されたときに生じ得るこうした矛盾について配慮できていない。この問題は相当に厄介なので，仮に一般的ルールを定めようと試みられたとしても，すべての難問を処理できたとは思えない。国家実行が発展中の分野であり，条約法条約制定当時に一定の指針を設定できたとしても，それは未成熟な段階に留まるものであったと思われる[87]。

　地域的貿易協定とWTOのルールとの間で抵触が生じたとき，両者の関係を如何に調和させるべきかという問題について，両者を対等な法制度と考え，非階層的で上下関係のないグローバルな貿易共同体の中で作用するものと理解すべしという指摘がある。これに対して，ピッカーは，ふたつの法秩序を対等なものとして並存させることは不可能であると批判している。というのは，地域

　　条約の規定によって影響されない」と規定している。Anthony Aust, Modern Treaty Law and Practice, 176.
86) 　国際法には，異なる法源や規範構造間の関係を明らかにする憲法的構造が存在しない。国連憲章103条は例外であり，条約で明示の規定がなければ優劣関係は存在し得ない。Thomas Cottier and Marina Foltea, *supra* note 8 at 51 によれば，地域的貿易協定とWTOの関係について，条約法条約30条と41条を考慮しつつ検討されたことは，Mathis, *supra* note 84 at 265-286 を除きほとんどない。
87) 　I. M. Sinclair, The Vienna Convention of the Law of Treaties, 69（1973）.

的貿易協定の目的と活動は，WTOの目的とそのための制度を阻害すべきではなく，したがって，地域的貿易協定はWTOに従属しなければならないからである[88]。前者の主張は，WTOが地域的貿易協定の内容をWTO規定の理念通りに実効的に規律できない事実を理論的に説明せんとする趣旨によるものと思われるが，それは，無差別な自由貿易の実現というWTOの存立目的たる理念を初めからすべて放棄するようなものであろう。しかし，後者の立場に立つにせよ，問題は，如何にして現実にWTOが地域的貿易協定をコントロールできるかである。コントロールの内容次第では，結果的に前者と同じ帰結しかもたらされないことは明白である。

　両者は上下関係にあるものとしつつ，上位の規定ほど規律の基準を幅広いものとする必要があろう。つまり，（2）で指摘したように，大枠としてのWTOルールと，その枠組みの中で機能する地域的貿易協定という前提で，大枠のルールは可能な限り多くの国が受け入れられるような緩やかな基準を設定し，WTOが明確に禁止する場合においてのみ地域的貿易協定の関係規定も無効となるとするわけである。いわゆるpreemptiveな関係として両者を捉えるわけである。この点については，EC/EU法とその構成国の国内法との関係が参考になるかもしれない。また，いわゆる枠組条約の概念が有効かもしれない。この概念は比較的最近登場したもので，特に環境関係の条約で多用されている。多数国間条約で，法的効果については他の条約と同じであるが，後に作成される，より詳細な条約（通常は議定書とよばれる）または国内法の枠組を提供する。後の条約や国内法は，枠組条約で明らかにされた原則を，その原則から逸脱しないことを前提としつつ詳細に規定することになる[89]。

　要は，地域的貿易協定の締結により，域外諸国に対して従来よりも障害を過度に大きくする結果をもたらさないこと，かつ，WTOが大枠として明確に規定する基準を下回らないことであろう。同時に，地域的貿易協定との相互作用の中で，WTOが時代の要請に応じて新たな基準を設定し続けることである。いきなり詳細で厳しい内容の基準を設定して，地域的貿易協定の内容を収斂させる必要はないし，そもそもそれは不可能であろう。服従の習慣はその後に生み出されるのであり，そのような過程を経て，結果として「協力関係」を志向

---

88) Picker, *supra*. note 4, 287.
89) Anthony Aust, *supra*. note 85, 97.

するような制度が構築されることになろう[90]。

4　結びにかえて

　これまで述べてきたように，現在の国際貿易制度は，自由貿易を志向している。経済のブロック化が世界戦争をもたらしたという前提の下に運営されているからである。また，地域的貿易協定が無差別原則に基づく多角的貿易体制を補完するという主張に対しても，地域的貿易協定の貿易転換効果の故に，世界全体の経済厚生が高まるかどうかは不明であると指摘されるように[91]，ガット24条は例外扱いされている。しかし，自由貿易体制が「絶対的に」正しい基本原則たるべきだという前提は必ずしも正当とはいえない。ブロック化が先の大戦をもたらした一大要因だったので，これを阻止すべきことが正当とされても，達成された自由貿易が公正さを伴わない制度である限り，平和を維持できるとは限らないであろう。自由貿易体制が無条件で公正な制度だとはいえないからである。したがって，問題は，公正な制度とは何かを明らかにし，明らかにされた公正さに基づいた制度を構築し，運用することになろう。少なくとも，community なき社会における「自由化」は，不公正な制度になりかねない。

　序論で述べたように，WTO では自由化が積極的に進められないので，地域的貿易協定を締結する動きが活発化したという指摘がある。そうした側面もあるだろうが，こうした現象の，より説得力のある説明は，個々の国家が自国にとって都合の良い関係を他国との間で結びたいためというものである。そもそ

---

[90]　条約法制定当時，地域統合は EC を除きほとんど存在しておらず，ILC でも国際法の地域的な淵源について議論してこなかった。したがって，条約法条約が，多角的条約，地域的条約，二国間的条約を区別していないからといって批判するのは適切ではない (Isabelle Van Damme, RTA and the WTO legal system in Bartels and Ortino (eds.), *supra* note 8 at 563)。地域主義と国際法の関係については，最近の ILC の研究動向も注視していく必要がある。国際法の分裂 (Fragmentation of International Law) に関して Koskenniemi を中心とする ILC の作業部会が指摘しているように，国際貿易法のような国際法の下部システムにおいて，「地域主義は一般法に大きな影響を与えつつある」からである。ILC, Report of the ILC on the Work of its 57th session, at Ch XI. C. 2. ILC 研究部会の最終報告書は，A/CN.4/L.682 にまとめられている。別の機会に検討したい。

[91]　「世界全体としての経済厚生」のみを基準として国際経済秩序を評価するのも不適切であることは既にふれた。仮に，地域的貿易協定当事国の利益が，非当事国の損失を上回り，世界経済全体にとって利益をもたらすことが実証されたとしても，それは無条件で推奨されるべきではない。

も国際社会の現状において，個々の国家の置かれた状況を無視して無条件の無差別原則適用は不可能である。こうした指摘は，国益追及という国家の姿勢に追従せよということではない。繰り返しになるが，国益の追求という国家の本質を所与の前提としつつ，より多くの国家が参加し得て，かつ全体としての利益も創出できるような制度を構築する構想力が必要だということである[92]。

---

92) 国際社会における秩序の構築は，ナショナリズムのエネルギーを抑圧するのではなく，飼いならしつつ行われるべきである（ジョゼフ・ワイラー『ヨーロッパの変容』邦訳148, 154頁参照）。なお，ここでいう構想力に関連していえば，我々が，国際秩序の構築に寄与してこなかったわけではない。誤解に包まれたままであると思われる大東亜共栄圏という理念も，今後，我々が何らかの構想を積極的に提示するにあたって，再検討しておく必要があろう。何故ならば，この発想は，ダーウィンの進化論のうち，最適者生存理論を否定して，「棲み分け理論」を前提にした発想と類似性を有し，今後の世界史の展開において，きわめて有用な示唆を与えるものと思われるからである。本文で指摘したように，地域主義は，生存競争のための側面と国際協力の方法としての側面を併せ持つと考えられるが，「棲み分け」は，他者との共存を志向するものであり，したがって，個体への配慮と全体としての利益を調和させようとする発想であると推定できる。つまり，国際協力のための制度構想にも大いに貢献することができよう。棲み分けと類似の発想を前提とし，少なくとも，真の意味の共存共栄を追求せんとする理念を内在していたと考えられる大東亜共栄圏の構築という発想は，独善的足らざるを得ない一神教の社会に不可避な二元論的発想（例えば支配−従属関係）に基づくものとは考えられず，共存共栄をもたらす社会秩序の構築に大きなヒントを与える要素を内包していたといえる。そのような視点からの考察は，東アジアにおける地域主義の可能性を，制度的側面から検討する際に不可欠となろう。大東亜共栄圏思想の積極的再評価が望まれる所以である。なお，「棲み分け理論」が，生物学会の進化論論争において如何なる評価を与えられるべきかについて，門外漢がとやかく言う資格はない。既に多くの批判にさらされてきたのは事実である（例えば，L. B. ホールステッド『「今西進化論」批判の旅』参照。他に，『生物科学』57巻3号（2006年）は，その特集の表題を「今西錦司の遺産―清算の試み」としており，そこには「今西の考えはますます忘れ去られていくだろう」との記述もある（171頁））。しかし，但し書きはつくものの，相対的に安定した社会秩序を維持してきた我が国の歴史を顧みれば，そこから生まれた価値観に基づく理論を積極的に評価の対象とし，国際秩序構想のヒントとすることに何ら問題はないだろう（上記の『生物科学』で，河田雅圭氏は，棲み分け理論を大東亜共栄圏と絡めて批判しているが，大東亜共栄圏自体の理解がどの程度のものであるかは不明である）。「棲み分け理論」を提唱した今西錦司博士の思想については，とりあえず，『生物社会の論理』（76頁以下）や，「生物の世界」，「私の進化論」，「ダーウィン論」などを参照した。

7 貿易協定の実施に有用な国際法メカニズムの構想

キャレン・アルター

1 序 論

　血にまみれた20世紀が終わるとともに，生気あふれる楽観主義が登場した。この楽観主義によれば，これからは国際組織を利用していくことで，世界の稀少な資源をより良く管理し，諸国間の貿易を促進し，地球規模および地域レベルでの安全保障上の脅威を緩和し，そして，共通の価値を確認していけると考えられた。国家間の協力協定が増大するとともに，公式の国際法的メカニズムが登場した。法的および準法的メカニズムを創設する際には，3つの意図が見出される。①国際的な約束を実施可能とすることで，それらの約束の信頼性を高め，②紛争を平和的に解決する手段を提供し，そして，③すべての国と個人が，同一のルールに対して責任を負うことを示すことで，公正感と相互主義を生み出すことである。第二次大戦後，19の国際的司法機関と37の国際的準司法機関が創設された。そして，さらなる創設の動きが加速しているといえる。1990年代は，これまでに見られなかったほど多くの国際司法機関が形成されたのである[1]。

　国家に国際法上の責任を負わせ，紛争を解決し，政治に影響を与えてきた国際法的メカニズムの記録を詳細に検討して言えることは，個々の制度ごとに，その内容と機能が大いに異なるということである。最も古くてよく知られている国際裁判所のひとつである国際司法裁判所（ICJ）は，国際法違反を抑止することはおろか，国際法違反に取り組む実効的手段さえ明らかに提供してこな

---

1) Cesare Romano, "The Proliferation of International Judicial Bodies: The Pieces of the Puzzle," *New York University Journal of International Law and Politics* 31, no. Summer (1999). and http://www.pict-pcti.org/matrix/matrixhome.html

かった。もとより，すべての国際法制度がこれと同じだとはいえない。国際法メカニズムの中には，国際法ルールを尊重するよう慫慂するにあたって極めて実効的であると認められているものもある。本章は，貿易協定をめぐる法制度に焦点をあてている。そして，どのような時に，国際法制度は国際協定の遵守 (compliance) をより良く促進するのであろうかを問うものである。

　私が主張したいのは，国際法上の制度というのは，国家が政策を決定する際にも，そして国家間の交渉に際しても，国際法の影響を高めるのに有用たり得るということである。しかし，すべての国際法制度が国際法の遵守を高めるのに有用だろうとは思わない。法制度が国家の行動を方向づけるのに有用であるためには，3つの機能的目的を達成しなければならない。すなわち，法制度は，①ルールの解釈権を，国家自身から第三者に変更しなければならない。②国家の政策決定過程において指針となり，かつ，拘束力があると同時に相当明確なルールを創造しなければならない。③敗訴した場合，否定的な帰結をもたらさなければならない。もっとも，法制度が，これらの機能的目的を実現したとしても，それは国際協定を遵守するようアクターが強いるために利用できる一手段でしかない。法制度を利用するかどうかは係争当事者次第である。そして，係争当事者が，国際法メカニズムを受け入れるかどうかを決定するのは，法制度の外に起因する多くの要因であろう。

　2は，国際法制度が法の遵守をより一層高めるのは如何なる状況においてかを探求する。この問題を検討するには，貿易が適当である。3は，国際裁判所を創設する際の基準，例えば，裁判所の利用可能性に関するルール，強制管轄権，常設法廷，執行メカニズムなどが，如何にして国際裁判所の能力を形成し，上述した3つの機能的目的を達成するかを検討する。最後に，ヨーロッパ裁判所（ECJ）とアンデス裁判所（ACJ）を比較して，法制度に外在する諸要因も極めて重要であることを明らかにしたいと思う。

2　国際法上の制度は，国際的ルールの遵守の度合いを高めるか[2]

　周知のように，国内法上の制度は，アクターが意思決定を行うに際して，法の影響力を高めることができる。ムヌーキン（Robert Mnookin）とコーンハウ

7 貿易協定の実施に有用な国際法メカニズムの構想〔キャレン・アルター〕

ザー（Louis Kornhauser）は，法廷内での紛争処理に使用されるルールと手続が，法廷外での交渉過程にどれほど影響を及ぼしてきたかを示している。例えば，法の影響力によって，訴訟当事者は法廷外での交渉力を得ているし，さらに，離婚に至るのはどのような時か，離婚がどのように進められなければならないか，離婚が何をもたらすであろうかといったことにも法の影響力は及んでいるのである[3]。比較司法制度論（comparative judicial politics）の研究者たちもまた次のように指摘する。すなわち，（合衆国の）憲法上の裁判所（constitutional courts）が存在する場合，立法府，圧力団体，政府関係者は，法制度の影響について認識しているがために，法的な戦略と法的な予測を彼らの政策決定に際して組み入れてきたのである[4]という。本章での筆者の関心事項は，国家による国際法ルールの遵守についてである。というのは，国際法は主として国家を対象としており，そしてまた，国際貿易ルールが国内で執行されるか否かを左右しているのは政府だからである。如何なるときに，国際裁判所は法の役割を高めて国家の戦略策定に影響を与えるのであろうか。国際裁判所は，如何なるときに国家の国際法遵守の度合いを高めることができるのだろうか。

　この疑問に答えることは容易ではない。何故ならば，国際法をより良く遵守させるにあたり，裁判所は必要ではないし，また，十分でもないからである。実のところ，国際法の遵守に関する文献は，国際法遵守の度合いを高める上で国際裁判所にはほとんど期待していない。多くの人が指摘してきた通り，通常の国際関係の状態は，「ほとんどすべての国が，ほとんどすべての時に，ほとんどすべての国際法原則を遵守している」[5]というものである。裁判所への権

---

2) 本節は，以下の拙稿での議論を要約したものである。Karen J. Alter, "Do International Courts Enhance Compliance with International Law?," *Review of Asian and Pacific Studies* 25 (2003).

3) Robert Mnookin and Louis Kornhauser, "Bargaining in the Shadow of the Law: The Case of Divorce," *Yale Law Journal* 88 (1979).

4) Erhard Blankenburg は，ドイツで主要な立法を計画する際，政府および野党がドイツ憲法裁判所判事およびその協力者との間で「情報提供を目的とする事前協議」をせずに行うことはないと指摘している。Erhard Blankenburg, "Changes in Political Regimes and Continuity of the Rule of Law in Germany," in *Courts, Law and Politics in Comparative Perspective*, ed. Herbert Jacob, et al. (New Haven: Yale University Press, 1996). 政治過程における憲法裁判所の影響力については，see: Alec Stone Sweet, *Governing with Judges* (Oxford: Oxford University Press, 2000).

5) Louis Henkin, *How Nations Behave* (New York: Columbia University Press, 1979), 47.

限委任は，追加的な保険を提供するという意味では望ましいかもしれない。しかし，裁判所は実際には国際法の遵守の度合いを向上させるのにそれほど寄与してはいないだろう。国際法の遵守に影響する要因を研究してきたほとんどの学者が共通して認識しているのは，法の遵守が疑わしい状況では，国際裁判所に依存したからといって，国際法遵守の度合いを高めるのに有用とはならないということである。したがって，現実には，裁判所の関与に信頼を置かないのである。

　学者の懐疑主義の因ってきたるところは，議論の展開方法にあるともいえる。国際法学者は，何年にもわたって，国際裁判の重要性を重視してこなかった。極めて制約の多いことが明らかな国際司法裁判所（ICJ）と国際法を過度に密接に結びつけることを回避してきたためである[6]。そして，政治学は，国際裁判所を，国家の行動を形成する要因として看過する傾向があった。というのは，政治学の文献のほとんどは，レジームに焦点をあててきており，そこでは国際裁判は存在していないか，または政治的に重要性がないからである[7]。

　　類似の議論については, see: Abram Chayes and Antonia Handler Chayes, "On Compliance," *International Organization* 47, no. 2 (1993), George Downs, David Rocke, and Peter Barsoom, "Is the Good News About Compliance Good News About Cooperation?," *International Organization* 50, no. 3 (1996).

6）　国際法学者は，現実主義者からの批判に対して裁判所を重視しないと答え，それどころか国際法の重要性は履行可能かどうかに関わらないと主張した。国際法学者が主張するには，国際法は，アクターたちが行動する際に，どの行為が正当とされるか考えるにあたって枠組を作るという。そして，「適法な」政策は，正当であると極めて容易に他者に「納得してもらえる」ので，適法に行動することはそれ自体が魅力的なのであると主張した。また，法律家たちは以下のように指摘する。実行上，国際法は守られている（強調原文），というのは，法に従うことは，国益にかなうからである。さらに次の様に主張する。国際法の妨げとなっているのは，強制自体が欠如していることではなく，国際法の遵守を導きだすメカニズムが弱いことである，と。Francis Boyle, *World Politics and International Law* (Durham: Duke University Press, 1985), Abram Chayes, *The Cuban Missile Crisis: International Crises and the Role of Law* (New York: Oxford University Press, 1974), Abram Chayes and Antonia Handler Chayes, *The New Sovereignty* (Cambridge: Harvard University Press, 1995), Chayes and Chayes, "On Compliance.", Thomas M. Franck, *Fairness in International Law and Institutions* (Oxford: Clarendon Press, 1995), Thomas M. Franck, *The Power of Legitimacy among Nations* (New York: Oxford University Press, 1990), Henkin, *How Nations Behave*, Robert E. Hudec, *Enforcing International Trade Law: Evolution of the Modern GATT System* (New Hampshire: Butterworths, 1993).

7）　法令遵守（コンプライアンス）に関する最も広範な研究は，環境レジームに焦点をあ

そもそも法が遵守されそうにない分野で裁判所は有用とはなりえない。そのように考えられる実質的な理由もある。国家の国際法遵守に関する研究は，国際法遵守に貢献するであろう極めて基本的な要因を大量に見出してきた。例えば，明確な義務の存在[8]，ルールを作成し，かつ履行するにあたって民間部門が関与すること[9]，義務は衡平であるとの感覚[10]，近隣諸国の法令遵守[11]，そして多くの国内条件（所定の問題について，すでに立法が行われているかどうか，国家が十分な行政能力を有しているかどうか，国家の規模がより小さいかどうか，そして，民主主義的国家であるのかどうか等）等々は，すべて法令遵守と積極的に結びついている[12]。法令遵守をもたらすかどうかを決定するのがこれらの

てきた。このレジームには協定を履行させるための裁判所が存在しない。また，安全保障レジームのほとんどは法廷で履行不能である。法令遵守（コンプライアンス）に関する文献として，see: Peter M. Haas, Robert O. Keohane, and Marc A. Levy, *Institutions for the Earth: Sources of Effective International Environmental Protection*, Global Environmental Accords Series (Cambridge, Mass.: MIT Press, 1993), Harold Jacobson and Edith Weiss, "Strengthening Compliance with International Environmental Accords: Preliminary Observations from a Collaborative Project," *Global Governance* 1 (1995), David G. Victor, Kal Raustiala, and Eugene B. Skolnikoff, *The Implementation and Effectiveness of International Environmental Commitments: Theory and Practice* (Cambridge, Mass.: MIT Press, 1998), Oran Young and Marc Levy, "The Effectiveness of International Environmental Regimes," in *The Effectiveness of International Environmental Regimes: Causal Connections and Behavioral Mechanisms*, ed. Oran Young (Cambridge: MIT Press, 1999), Oran R. Young, "The Effectiveness of International Institutions," in *Governance without Governments: Order and Change in World Politics*, ed. James Rosenau and Ernst-Otto Czempiel (Cambridge: Cambridge University Press, 1992).

8) Jacobson and Weiss, "Strengthening Compliance with International Environmental Accords: Preliminary Observations from a Collaborative Project."
9) Ibid, Ronald B. Mitchell, "Regime Design Matters: Intentional Oil Pollution and Treaty Compliance," *International Organization* 48, no. 3 (1994).
10) Franck, *Fairness in International Law and Institutions*, Jacobson and Weiss, "Strengthening Compliance with International Environmental Accords: Preliminary Observations from a Collaborative Project."
11) Jacobson and Weiss, "Strengthening Compliance with International Environmental Accords: Preliminary Observations from a Collaborative Project.", Beth Simmons, "The Legalization of International Monetary Affairs," *International Organization* 53, no. 3 (2000).
12) Jacobson and Weiss, "Strengthening Compliance with International Environmental Accords: Preliminary Observations from a Collaborative Project.", Simmons, "The Legalization of International Monetary Affairs."

要因だというのであれば，裁判所が付け加えられるものはほとんどないであろう。まさしくこの論理こそが，チェイズ夫妻をして次のような結論，すなわち，制裁と強制の戦略によって法令遵守を増大させようとするのは「たいていの場合，時間の無駄」であるとの結論に導いた根拠である[13]。

　法令遵守（compliance）を妨げる根本的な障害を克服するのに裁判所が有用だとは言えない。ただし，裁判所は，法令遵守の度合いを高めるのには有用である。法令遵守に関する文献を見ると，我々は，国際裁判所がどのような時に法令遵守を高めることができるのか，そして，どのような時に高めることができないのかについて，次のような仮説を立てることができそうである。

① 国家が法令遵守を単に優先させていないだけということが問題のとき，裁判所は有用となり得る。しかし，国家がそもそも法令を遵守できないのであれば，裁判所は役立たない。したがって，国際協定が，主として締約国自身の問題を処理する能力の向上，および国際関心事項に取り組む能力の向上を目的とするとき，法令遵守は国際裁判所によって高められそうにはない。

② 既に国家が行っていることを法典化したとき，裁判所の有無にかかわらず，法令遵守の水準は高いものとなろう。そして，国家の行動が変わることもないであろう。(i)国家実行が法の要求することと異なり，(ii)国家が法を欺きたい誘惑に駆られ，そして，(iii)国家が法に従う能力を有するとき，法的制裁という威嚇は法令遵守を促すのに有用と思われる。

③ 協定を遵守する政治的意思が欠如しているとき，裁判所は遵守意思の欠如を代替するものではない。国際法が社会の支持を欠いているとき，そして社会規範が国際法と大きく異なるとき[14]，国際裁判所は法令遵守を高めるようには思えない[15]。

---

13) Chayes and Chayes, *The New Sovereignty*, 7.
14) これはエリックソンの研究成果である *Order without Law* での主張である。エリックソンは，シャスタ郡（Shasta County）の地域的慣習が法ルールと異なること，そして，地元の人々が地域的慣習に基づいて交渉したがることを発見した。このことが実際上の問題として意味するのは，シャスタ郡では，違法な行為が，法的に問題とされることはめったにないだろうということである。Robert C. Ellickson, *Order without Law: How Neighbors Settle Disputes*（Cambridge, Mass.: Harvard University Press, 1991）．
15) 法令遵守に関する文献は，法令遵守の目的と実効性の目的との間に存在する緊張関係を認識した。法令遵守を優先すると，実効性に欠けるルールを創出することになるかも

④　ヘンキンは，次のように主張した。「国際社会においても，法はヒトラーのような者たちに対しては実効性を欠く。…国際法が対象とするのは，原則として法を遵守する国家であり，それでいて，自国にとって不利な結果をもたらさないようであれば，容易に法を侵害してしまうような国家なのである」16)。我々は，法令不遵守という不遜な評判を生き甲斐にしているようなアクターや，国家が法に服さないよう強く動機づけられている状況についてまで，裁判所が重要となるとは思わないであろう。

　これらは確かに重要な制約である。しかし，裁判所が重要となる分野は依然として広大である。その中には，政府が十分に法令を遵守していないか，または上手く誤魔化したいと思っているような場合もある。機能している政府が，法令遵守に対する障害に直面し，しかもその障害が克服可能である場合もあれば，アクターが法の尊重を期待する場合もある。法の尊重という場合，国際法であるか国内法であるかを問わない（したがって，アクターが法を尊重する場合，国際法は社会の規範的支持を受けることになる）。そしてまた，国家が約束 (covenants) を守っているという評判を重んじる場合もある。こうした状況であれば，国際裁判所は国際法の遵守を高めるのに有用かもしれない。貿易がその一例である。そこで，我々は貿易分野に見られる最も成功した国際法メカニズムを少しばかり見ていくことにしたい。

3　法令遵守の度合いを高める国際法上の制度

　法制度が法令遵守の度合いを高めるのはどのような場合か。自国に有利となるよう協定を解釈する能力を国家が放棄し，かつ，法を侵害すると不利な帰結を招来するような場合である。政府は，①一定の政策が批判される可能性を合理的に計算しなければならないし，②法廷に持ち込まれたら負けるかもしれな

しれず，そのルールは組織の目的達成にほとんど役立たないであろう。望ましい戦略は如何なるものか。完全な法令遵守を引出すものではないが，実効的な法令遵守をもたらす方向に作用する実効的ルールを創出することであろう。この二律背反の議論については，see: Kal Raustiala, "Compliance and Effectiveness in International Regulatory Cooperation," *Case Western Reserve Journal of International Law* 32 (2000).

16)　Louis Henkin et al., *International Law: Cases and Materials*, Third ed., *American Casebook Series* (St. Paul: West Publishing Co., 1993).

いこと，そして，③敗訴したら不利な帰結がもたらされるであろうことも合理的に予測しなければならない。私は，これらの関連性を，法制度が持つ3つの機能的目的に分類する。そして，これらの目的が達成できるかどうかは，法制度の構想次第であること，したがって，構想自体がルール違反と不利な帰結とを結び付けていることを主張したい。何故，これら3つの関連性なのか。国際裁判所の構想はどのようにこれらの関連性と関係しているのであろうか。

(1) 法制度の3つの機能的目的

(a) **国家が第三者による法解釈に従う義務を負うように国家を納得させること**

政府が法の解釈を委ねられれば，自国の行った政治的選択が何であれ，自己を正当化する方法でルールを解釈する可能性が高い。しかし，自国の政策を第三者の判断に委ねなければならないのであれば，政府は，法的に弁護し得るような政策を採用する可能性が高くなるであろう。国家が第三者の行う法解釈に従う義務と大いに関係するのは，紛争当事者が裁判制度を利用する権利 (rules of access) および管轄権に関するルールであろう。

(b) **国家の政策決定の指標となり得るような拘束的で相当程度明確なルールを作ること**

国際法ルールの中には，内容が明確で，ルールの遵守にあたって必要なことを明快な用語で明らかにしているものもある。ルールが曖昧なとき，そして，ルールについて，多様な解釈が法的に可能であるとき，国家が敗訴するかどうか政府が計算する際に決定的な鍵となるのは判例であろう[17]。判例（当局に命令し，ひいては政府の政策決定の指標となる）を発展させる裁判所の能力を左右するのは，当事者が裁判制度を利用する権利に関するルール，および裁判所 (legal body) の性質であろう。

(c) **敗訴した場合，不利な帰結がもたらされるであろうという「見込み (expectation)」を創り出すこと**

私は，「見込み」という言葉を強調する。というのは，私にとって，不利な

---

[17] ムヌーキンとコーンハウザーは，どの程度，法の影響の下で取引が行われるのかを決定する主要な要因として，判決が下される確実性を挙げている。Mnookin and Kornhauser, "Bargaining in the Shadow of the Law: The Case of Divorce."

帰結の見込は，一定の場合，強力な制裁よりも重要だからである。また，強力な制裁が現実に使用されることはほとんどないだろうからである。かくして，非常に強力な制裁のみが存在するところでは，実際には制裁の見込みはきわめて低いということになろう。国家がルール違反を行ったときに不利な帰結を予測するかどうかを決める要因となるのは，当事者が裁判制度を利用する権利に関するルール，法制度が有する制裁手段の型，そして誰が制裁を決定するかである。

下の表1は，制度に関する構想上の特徴の相違が，機能目的に如何に関係するかを示したものである。私は，構想上の特徴として4点を考慮した。①当事者が裁判制度を利用する権利に関するルール，②管轄権のルール，③裁判所の型，④制裁の性質である。表が示すように，構想上の特徴は，少なくとも機能目的のいずれかの達成に影響する。以下で私が議論するのは，構想上に見られるこれら4つの特徴の変形についてである。

表1　法制度の機能的目的および関連するレジーム構想の特徴

機能的目的	機能的目的達成に寄与するレジーム構想の特徴
第三者が行うルールの解釈を通じて国家に責任を問う	<u>当事者が裁判制度を利用する権利に関するルール（アクセス・ルール）</u>：アクセス・ルールが緩やかだと，訴訟を提起するアクターの数を増大させることができる。そして，ルールに違反した政府が第三者の前で責任を問われる可能性も増大させる。 <u>管轄権のルール</u>：強制管轄権が存在するとき，国家は第三者が解釈したルールを通じて責任を問われる可能性が高くなる。
国家の政策決定の指針とするために，曖昧なルールをより明確にする。	<u>アクセス・ルールおよび管轄権のルール</u>：緩やかなアクセス・ルールと強制管轄権を有する法制度には，より多くの事件が付託されるであろう。そして裁判所は網の目のように先例を発展させ，国家の政策決定の指針となることができるようになる。また，付託される事件が多くなれば，裁判所が漸進主義的意思決定という戦略を採用して，正統性を構築することが可能となる。そして，法的支配という権威（および服従の力）を高める。 <u>裁判所の型</u>：常設裁判所の方が，政治的に有用なアクターとなることが可能であり，政治的圧力に耐え，判決を遵守するよう強いるために必要な正統性を構築し得る。
敗訴の場合に不利な帰結をもたらす見込	<u>アクセス・ルール（および管轄権ルール）</u>：民間アクターを活用して法令遵守を監視させる制度は，ルール違反とそれに起因する不利な帰結とを巧みに結び付けることができる。民間の係争者に国際裁

みの創出	判機関を利用させることは，民間アクターを利用して制裁の見込みを高めることになる。他に混合型の制度もあり，それは，民間アクターを利用する一方で，国際裁判機関に付託されるような型の事件に対して政治的コントロールを維持する。 <u>制裁の性質</u>：多様な不利益処分が利用可能で，しかも裁判所が制裁の程度を決定する制度であれば，ルール違反に対して不利な帰結がもたらされる見込みを高くする。

（2） 構想の特徴 1 ——第三者紛争解決機関を利用する権利に関するルール（アクセス・ルール）——

　アクセス・ルールは，誰が提訴できるかを明らかにする。通常は，裁判所を設立する条約または設立文書で明示される。アクセス・ルールは多様であり，国際裁判所の及ぼす影響力が極めて多様である理由はこれに由来する。というのは，アクセス・ルール次第で，法制度が達成する必要のある3つの機能的目的の成就如何が決定づけられるからである[18]。国際裁判所に提訴して，国家の政策に異議を申し立てることを許可されたアクターには，基本的に3つの型が存在する。たいていの国際法制度では，国家のみが国際裁判所の利用が認められる。国家を被告として訴訟を提起したり，勧告的意見を求めることのできる国際制度も存在し，そこには超国家的委員会または国際的検察官が存在している。また，私人たる訴訟当事者が，国家の政策を争って異議を申し立てることのできる法制度も存在する。以下で，私はこれらのアクターを裁判へと駆り立てる多様な誘引について考察する。国家よりも委員会の方が提訴する可能性が高く，私人の方が委員会よりも提訴する可能性が高いことを指摘して，裁判所を利用する門戸が広ければ広いほど，国家は法に従うよう責任を問われやすいことを主張したい。

(a) 国　　家

　国家は法的な紛争解決に代わる代替的解決方法を豊富に有しており，法的紛争解決を使用<u>し</u>ないもっともな理由も有している。政府は国際関係において特

---

[18] コヘイン，モラヴシック，スローターにとって，アクセス・ルールは，国家間（interstate）の裁判と国家という枠組を超えた（transnational）裁判とを区別し，全く異なるその後の政治を説明する極めて明確な特徴である。Keohane, Robert, Andrew Moravcsik, and Anne-Marie Slaughter. "Legalized Dispute Resolution:Interstate and Transnational." *International Organization* 54, no. 3 (2000): 457-88.

権的地位を有するアクターである。国際組織内では独占的な発言権を持ち，他国の政府と直接意思の疎通を図ることのできる広範な外交上の情報網を有している。国家は，紛争を外交的に解決することを好む性向がある。解決が迅速だからである。また，国家の望まない合意を回避できるからである。法的に紛争を解決する場は，国家がたやすく思いのままにできるものではない。そしてまた，公式にはそのときの紛争のみを拘束するとはされているものの，実際には，先例を生み出して，将来，他国が援用できるような権威的解釈を確立する。訴訟を提起すると，報復されることもあり得る。実際に，WTO制度（旧ガット）において，原告として提訴したことで，相手国側から原告国に対する提訴を増大させており，その数は55件にも上っている[19]。

しかしながら，国際法に基づく討論の場を利用することには利点もあるので，見過ごされるべきではない。国家（とりわけ，政治的に弱小な国）は，交渉では得られない結果をもたらすために，法的な場に注目する可能性がある。そして，仮にそうした国家が勝訴すれば，これらの諸国の立場について国際社会における政治的支持を増大させられるかもしれない。また，国家が争点の処理を国際裁判所に委ねたがる場合として，以下のような理由も考えられる。時間を稼ぐため，国内政治の場から当該問題を取り除くため，当該国家に対する圧力を減らすため，国内の一定集団を失望させる事項について政府に対する非難を回避するためなどである[20]。

政府の利害関係は多様であり，たいていの場合，競合している。そのため，法が政府にとって有利であっても訴訟を回避しようとすることがある。提訴することによって，他の重要な目的の達成を損なう可能性があると政府は決断するかもしれないからである。法的手続は，ルール違反に関する交渉を非政治化することができる一方で，それでも法的な提訴が攻撃的行為とみなされることもあるし，そのため，建設的な国家間関係を構築しようとする努力を損なうか

---

19) Eric Reinhardt, *Aggressive Multilateralism: The Determinants of GATT/WTO Dispute Initiation- 1948-1998* (1999 [cited]); available from http://userwww.service.emory.edu/~erein/..

20) Robert E. Hudec, "Transcending the Ostensible: Some Reflections on the Nature of Litigation between Governments," *Minnesota Law Review* 72 (1987), Beth Simmons, "Capacity, Commitment and Compliance: International Institutions and Territorial Disputes," Manuscript (2001).

もしれないのである[21]。国際裁判は，経費も極めて高く，とりわけ，貧しい国は相当注意深く相手を選ばなければならない[22]。また，政府は国内の政治的要因も考慮するであろう。例えば，一定の国内集団を宥める必要性があるのかないのか，提訴は，政府が推進しようとしている計画に対する支持を得るのに有用かどうか，法的決定が下されたとき，国内における政治的費用または便益が低下するかどうか等々である。どの事件を提訴すべきか決定する大きな要因となるのは，事件の請求の実体というよりも，以上の要因であるといえよう。

(b) 国際委員会／国際検察官

たいていの国際委員会は，国家よりも頻繁に国際法メカニズムを利用する傾向がある。国家の行動に影響を及ぼすために国際委員会が有している手段は限定的である。しかし，委員会が提訴できることにより，そうでなかったなら限られたものでしかなかったであろう委員会の交渉力を強化するであろう。また，通常，委員会が提訴の権限を有しているのは何故かといえば，国際協定の遵守について，委員会が監視し，履行を強制することを国家が望んでいるからである。したがって，侵害を追及するのが委員会の仕事ということになる。そして，国家は委員会に不満を持つかもしれないが，他方で，国家は，委員会が任務を遂行していることを理由に，委員会に報復することは通常はない。それどころか，国際委員会が国家の法令遵守を監視しているレジームでは，国家は法違反の追及を，好んで委員会に委ねているように思われる[23]。

委員会と検察官が，提訴すべき事件かどうかを決定する要因は多様である。

---

21) WTO（ジュネーヴ）で私の行ったインタヴューにおいて，韓国代表団法律顧問（2001年3月15日），および在ジュネーヴ国際機関日本政府代表部公使（2001年3月14日）は，以下のように述べた。WTOはアジア諸国間の紛争を審理するために利用されることはまずないであろう。というのは，提訴は，「我々の文化的伝統に反する」と見られるし，したがって，攻撃的行為と見られるからである。

22) Andrew T. Guzman and Beth Simmons, "Power Plays and Capacity Constraints: The Selection of Defendants in WTO Disputes," (2004).

23) 例えば，ヨーロッパ連合（EU）において，構成国は自身で事件を追及するのではなく，委員会に提訴する。事実，1960年から94年までの間，国家間の事件は4件しかない。この間，委員会は1045件も提訴している。Karen J. Alter, *Establishing the Supremacy of European Law: The Making of an International Rule of Law in Europe* (Oxford: Oxford University Press, 2001). 欧州評議会（the Council of Europe）では，1958年から89年にかけて，ヨーロッパ人権裁判所で審理された事件のうち，国家が国家を提訴したのは1件のみであり，他の205件は委員会が提訴したものであった。A. H. Robertson and J. G. Merrills, *Human Rights in Europe* (Manchester: Manchester University Press, 1994).

超国家的アクター（委員会）は，自己の法的・政治的影響力を示すために事件を選択し，自らの限られた人的資源を巧みに使わなければならない。加えるに，国際事務局は，「法令遵守を増大させるための管理任務（the management tasks of increasing compliance）」も委ねられることが多い。「法令遵守を増大させるための管理任務」というのはチェイズ夫妻が命名したもので，国際事務局が国家と共同作業を行い，国家の能力を高め，法制度への支援を確立し，法令遵守の度合いをさらに高めることを奨励することをいう[24]。委員会は，積極果敢に法令遵守を強制することに躊躇するきらいがある。そのかわりに，委員会の限られたエネルギーを，既存の，または新たな計画を政治的に支援するため使おうとする[25]。委員会は，法制度の脆弱性を心配しなければならない。つまり，政治的な反発を引き起こすような，または侮辱をもたらすような事件を回避すべきだということである。しかしながら，次のような配慮も不可欠である。すなわち，超国家的アクターは，法違反の追及にあたって中立的であると認識されるべきだという配慮である。超国家的アクターが，法令遵守について国家と効率的に交渉できるようにするために必要とされる気遣いである。

(c) 私人たる訴訟当事者

たてまえからいえば，大抵の場合，私人たる訴訟当事者が提訴によって失うものはほとんどない。というのは，敗訴したとしても，単に現状での生活を維持するに過ぎないからである。さらに，私人たる訴訟当事者は，国際法ルールのより完璧な執行者となる可能性が高い。というのは，既に先例が存在する訴訟を提起して，先例の適用を求めるからである。委員会および国家であれば，人的資源を節約するためにそのような訴訟を回避する傾向がある。実際のところ，ヨーロッパ連合では，国家が回避したであろう訴訟で，実際にヨーロッパ委員会が取り下げを決定していた訴訟を，私人たる訴訟当事者が提起したこともある[26]。提訴の最大の障害は，法外な訴訟費用，法手続の遅延，政府によ

---

24) Chayes and Chayes, *The New Sovereignty*.
25) Jonas Tallberg, "Making States Comply: The European Commission, the European Court of Justice, and the Enforcement of the Internal Market" (Lund University, 1999).
26) ヨーロッパ委員会が取り下げた事件には，著名な *Cassis de Dijon* がある。Karen J. Alter and Sophie Meunier-Aitsahalia, "Judicial Politics in the European Community: European Integration and the Pathbreaking *Cassis De Dijon Decision*," *Comparative Political Studies* 24, no. 4 (1994). and the Lütticke case Alter, *Establishing the*

る個人的報復に対する恐怖であろう。訴訟当事者が裕福であればあるほど，提訴する可能性が高い[27]。さらに，裕福な訴訟当事者は，繰り返して当事者となることで訴訟技術を獲得することができ，将来の訴訟および様々な国家に対する訴訟を容易に行うことができるようになる。WTOの訴訟援助事務所またはAIDs防止のような問題に取り組むことを目的とした非政府団体などは，常時何がしかの知識を提供して，こうした訴訟技術の不均衡を均衡させることができる。もっとも，彼らの援助は，主として防御的ではある。なぜなら，こうした事務所や団体もまた，法的活動を行うにあたり十分な人的資源を欠いているからである。企業が率先して行う訴訟は，グローバルなルールおよび地域的なルールの地域的な適用を促進するかもしれない。しかし，これらの企業が進展させようとするルールは，国際的な巨大複合企業に有利なものである。そのため，国際貿易のための法制度は，だいたいにおいて，小規模で地域的なアクターに対する多国籍巨大複合企業の力と影響力を高めるのに資するだけかもしれない。

（3）　構想の特徴2──管轄権──

　訴訟当事者は，提訴するにあたり，当事者適格を有する必要がある。提訴できるのは誰か，どの問題について訴訟を提起できるのか，国家が違法な行動について責任を負うのか等々を決定するのは管轄権のルールおよび当事者適格のルールということになろう。裁判所は，判例を作り上げるために事件が必要なので，管轄権のルールもまた，裁判所が包括的な先例集を構築して国家の政策決定に指針を与える能力に影響を与える。

　多様な側面をもつ管轄権を理解するための最初の切り口は，裁判所の管轄権が非強制的か強制的かを見ることである。管轄権が任意の場合，紛争の両当事者がともに事件を裁判所に付託するか否かを決定しなければならない。強制管轄権の場合であれば，事件が提訴された場合に，被告は提訴に応じて法的手続に参加しなければならない。裁判所の管轄権が非強制的であるとき，敗訴が見込まれる当事者は，事件を裁判に付託することを拒否して法的手続を回避する

Supremacy of European Law: The Making of an International Rule of Law in Europe.
27)　Marc Galanter, "Why the "Haves" Come out Ahead: Speculations on the Limits of Legal Change," *Law and Society Review* 9, no. 1 (1974).

ことができる。逆に，強制管轄権を有する裁判所は，国家の法的義務について責任を問う能力が高くなるといえよう。WTOの紛争解決手続が強制管轄権によって如何に変わったかを考えていただきたい。ガットの紛争解決制度は，報復的制裁を許容してはいたが，強制管轄権はなかった。国家がパネルの設置を阻止すると考えて，手続が開始されることさえなく終わった紛争がどれほどあったかを知ることはできない。しかし，ヒュデックの認定によれば，80年代に始まった紛争の25％，そして，途上国が提起した申立の半分以上は，阻止されたか，または撤回されたとされる。撤回された理由は明白である。ガットの裁定は政策の変更をもたらさないからである[28]。1989年に，締約国は紛争解決パネルの設置を阻止する権利を削除することに同意した。しかし，パネルの報告が採択されるためには，依然として全会一致の合意が必要とされた。表2が示すように，WTOの扱う事件数は強制管轄権の導入により劇的に増加した。任意管轄権から強制管轄権への変更が，WTOの取扱件数の増大した唯一の理由ではないものの，大きな要因の1つであることは確かであろう。

　この表は，裁判所の管轄権を評価する方法としては明らかに雑駁である。裁判所の実質的管轄権が制限されることから生じる制約を捉えきれていないし，当事者適格に対する，巧妙で広く行きわたっている制約も表現されていない。後者の制約は，法の規定の仕方に由来するものであり，また，直接影響を受ける人は誰かを確定する際に，裁判所が援用するルールに由来するものである。認識するのが困難なこれらの管轄権に関するルールこそが，証拠要件が創り出す障害と同様に，一定の状況で訴訟当事者が提訴できるかどうかを左右するのであり，しかも，管轄権に関するルールは，争点ごとに変わってくるのである。いくつかの国際裁判所が，幅広いアクセス・ルールを持つにも拘らず，付託される事件数が少ない理由は，これらの微妙な管轄権に関するルールによるものと説明できよう。また，一定の法的争点をめぐって訴訟が集中し，他の争点に集中しないのは何故なのかを説明できるかもしれない。

（4）構想の特徴3——法的機関（legal body）の型——

　法形式主義（legal formalism）を信じるのであれば，事件を審理する機関の型

---

[28] Hudec, *Enforcing International Trade Law: Evolution of the Modern GATT System.* p. 286 and 322.

表2　非強制管轄権から強制管轄権への移行に焦点をあてた GATT/WTO 取扱件数の推移

	1953-1994 事実上の非強制管轄権	1980-1988 比較的最近における事実上の非強制管轄権[29]	1989-1994 改革途上：パネル設置は自動的に。ただし，パネル報告は阻止され得る[30]。	1995-2003 事実上の強制管轄権
提訴された事件数	229件	103申し立て	34申し立て	304紛争
一年あたり事件数	5.5	11.4	5.6	33.8
裁定段階まで進んだ事件数	98	47	29	115

ガット時代のデータはヒュデックによる[31]。最近のデータは WTO のウェブサイト "Update of Dispute Resolution Cases" から引用。http://www.wto.org/english/tratop_e/dispu_e/dispu_e.htm

は問題にならないだろう。どのような型の機関がルールを解釈しようと，ルールは拘束力を持つし，裁判所の型がどうであれ，裁判機関のルールの解釈方法に影響することはないだろう。しかし，実際には，裁判所は政治的官僚機構であり，自らの正統性と権威を高めようとし，必死になって眼前に示された政治的な利害関係を処理しようとする[32]。仲介機関および仲裁機関が，首尾一貫した先例を組み立てるであろうなどと期待することはほとんどできないであろうが，裁判機関が常設性を帯びれば帯びるほど，こうした先例構築は可能となり，それらの先例は，国家の政策決定の指針となり，裁判所が政治的圧力に抵抗する際にも有用となろう。さらには，より多くの係争事件で裁判所が権限を行使する際にも役立つであろう。

　周旋，仲介，調停に関与する第三者は，一般的に既存のルールを適用しない。

---

29) Id. at 597-608.
30) Robert Hudec. "The New WTO Dispute Settlement Procedure: An Overview of the First Three Years." *Minnesota Journal of Global Trade* 8 (1999): 1-53. Note 14.
31) Hudec, *Enforcing International Trade Law: Evolution of the Modern GATT System*.

また，彼らの決定は，後代にまで拘束力を及ぼすようなルール解釈を行おうとは考えない[33]。仲裁では，紛争を解決するために，第三者が一般的に既存のルールを適用するか，または既存の協定を解釈する。調停の場合であれ，仲裁の場合であれ，紛争解決機関は，必要があるときに事件ごとに設置される。結果は当事者を拘束するであろうが，当該紛争自体を超えて拡がることはない。いずれの制度も，あらゆる状況で一元化された政策決定を促進することはない。第三者たる仲介者（仲裁人）は，根拠として過去の実行を引きたがるかもしれない。しかし，事件ごとの決定は一定の形式を与えられることもなければ公刊されることもない。そのため，参考にすべき詳細な資料はほとんど存在しない。とはいえ，このようなメカニズムは歓迎されることが多い。拘束力ある先例が確立しないよう講じられているからである。

　事件ごとに設置された法的紛争解決機関は，その決定が公刊されているときでさえ，将来の事件のため一貫した解釈を発展させるのにそれほど有用とはいえない。これらの法的機関の任務は，付託された紛争を解決することに限られており，そうした機関が他のアド・ホックな機関の決定を参照するよう動機づけられることはほとんどないからである。法的紛争解決機関は自らの判断の正統性を高めるために，それを支持するような他の決定を引用することもあろう。しかし，以前の決定に同意しないときは，これまでにアド・ホックな機関が発展させてきた原則を維持して，さらにそれを継続的に一貫させることもできない。アド・ホックな機関を支援するために，法務事務局が設置され，事務局が法的判断全般にわたって一貫性を促すことはあり得る。しかし，法的紛争解決機関の見解がそれ以前の判断と相違する場合には，当該紛争解決機関に対して，一貫性のある決定を下すよう促す真の誘引は依然として存在していない。

　常設の法的紛争解決機関は，将来の係争当事者が政策決定を行う際に指針となり得るような一連の先例を構築する可能性が高い。常設的な国際裁判所は，

---

[32] Alter, *Establishing the Supremacy of European Law: The Making of an International Rule of Law in Europe.*

[33] 「周旋」は，一もしくはそれ以上の国家または国際組織が，和解過程に関わって，紛争当事国が交渉を継続するよう奨励して交渉を促進することである。仲介は，それよりも積極的な関与をして紛争の解決をもたらすように機能することである。審査は，国際機関による正式の事実認定を行う。調停は，第三者機関が事実認定を行い，非拘束的な結論を作成する。Ernst-Ulrich Petersmann, *The Gatt/Wto Dispute Settlement System* (London: Kluwer Law International, 1997).

個々の事件を処理するだけでなく，漸進的に判例を発展させる可能性がある。というのは，常設裁判所は，一般的に安定した運営を行えるような構造を有しており，かつまた，常設的な法的紛争解決機関自身が確固たる名声を得ようとする動機を有すると思われるからである。漸進主義は，裁判所に法的権威を生み出す主たる戦略とみなされてきた[34]。アド・ホックな機関と比較して，常設的な法的紛争解決機関は，個々の事件において，法的性質の濃厚な争点に取り組む可能性が高く，そして，将来の先例としての見地から事件を処理する可能性が高い。

（5） 構想の特徴4 ——制裁メカニズムの性質——

ルールに違反した国が，その法違反について責任を負わせられるかどうかは，違法行為についてアクターが提訴する能力を持つかどうか次第といえなくもない。さらに，敗訴によって不利となる帰結がもたらされるかどうかにもよろう。制裁の性質が重要となるのはここにおいてである。一方で，あらゆる法制度は，制裁を課すための手段，すなわち，法的決定（legal ruling）を下す制度を当然に有している。国際的な法機関が，より権威のあるものとなり，より尊重されればされるほど，かつ，法的決定に敬意を表する歴史が長ければ長いほど，法的決定はますます権威のあるものとなり，拡散した相互主義（diffuse reciprocity）が，法的決定に対する敬意を高める要因として機能することになろう[35]。さらに，政府が得意としていた政策分野で敗訴するようなことになれば，当該敗訴は，それ自体が意義深いものとなる可能性がある[36]。ただし，状況によっては，この制裁が，国家の行動を変更させるのに十分なほど重要となることはないであろう。

法的決定は，国家の行動を変更させるのに十分ではないかもしれない。だからといって，制裁が強力であれば法的決定の影響力が増すかといえば，両者の間に直線的な関係が存在するわけでもない。制裁手段としての経済的禁輸措置および軍事行動は，度を過ぎる傾向が強い。極めて重大な違反の場合を除けば，

---

34) Laurence Helfer and Anne-Marie Slaughter, "Toward a Theory of Effective Supranational Adjudication," *Yale Law Journal* 107, no. 2（1997）.

35) 拡散した相互主義については，以下を参照。Robert Keohane, *After Hegemony* (Princeton: Princeton University Press, 1984).

7 貿易協定の実施に有用な国際法メカニズムの構想〔キャレン・アルター〕

やりすぎである。これらの制裁措置は，基本的に使われたことがないので，国際司法裁判所（ICJ）の判決がこれらの手段で執行され得ることが事実だとしても，ほとんど意味がない。さらに，制裁として禁輸措置と軍事行動を採用すると，実際には相手国の政治指導者が国内で力を増大させることもあり，したがって，国際法違反について責任を負うべきアクターに不利となる帰結をもたらせないこともある。金銭賠償の請求は，理論上それほど困難ではないが，たいていの場合，実際に徴収する方法がない。銀行口座を凍結し，外国での利益を差押さえ，新たな資源の流れを制限することは可能であろうが，そのような行動の対象が明確でないことがよくあり（ニカラグアの港の機雷敷設について賠償させるために，誰の口座を凍結しようというのか），違反した政府をして，原告たる国際的アクターや国家に賠償金を払わせる方法もないのである。違反した政府を罰するために，貧しい国からの資源供給を止めるとしても，国際社会で最も弱い国々に苦痛を与えるだけで終わることにもなりかねない。そして，国際法と国際協力に対する人々の支持も失わせ，国際法を侵害したことについて大きな責任を負うべきアクターも処罰されずに終わるだろう。これらの理由から，強力な制裁が可能であったとしても，必ずしも国家に対して通常の国際法違反（異常な国際法違反はもちろん）を抑止することにはならないであろう[37]。

　法制度が多様な制裁メカニズムを利用できる場合，状況に応じた段階的な対応が可能となる。最良のメカニズムは，不利な制裁の結果，その影響が国内レベルに浸透し，政府が重要と考えているもの，例えば，国内での正統性の根拠や支持基盤を侵害することである[38]。WTO，アンデス共同体協定，北米自由

---

36) リッス（Risse），シキンク（Sikkink），ロップ（Ropp）は，政府が利用するレトリックと政府の現実の行動とのギャップを，如何に圧力団体が利用し，そして政府が規範変更の第二段階（否認）に入ることを強いるかを議論している。Risse, Thomas, Stephen Ropp, and Kathryn Sikkink. *The Power of Human Rights: International Norms and Domestic Change*. Cambridge: Cambridge University Press, 1999.

37) 確かに，チェイズ夫妻が示したように，このような執行メカニズムに依拠する歴史は強い印象を与えるものではない。Chayes and Chayes, *The New Sovereignty*.

38) Laurence Helfer, "Why States Create International Tribunals: A Theory of Constrained Independence," *draft manuscript* (2004), Helfer and Slaughter, "Toward a Theory of Effective Supranational Adjudication.", Hudec, *Enforcing International Trade Law: Evolution of the Modern GATT System*, Anne-Marie Slaughter, Robert Keohane, and Andrew Moravcsik, "Legalized Dispute Resolution, Interstate and Transnational," *International Organization* 54, no. 3 (2000).

貿易協定のメカニズムは，貿易侵害について，目標を定めた報復的制裁（譲許関税の停止）を許容しているが，国内レベルに浸透するよう設計されている。他国の侵害行為によって損害を被る国家は，特定の国内産業を目標として，侵害した政府に政治的・経済的な負担をかけることができる。そして，交差的に譲許を停止する（つまり，侵害が物品貿易についてであっても，知的財産権に関わる相手国の利益を否定する）ことさえできる[39]。この方法は，国家が現実に産業を識別できて，目標となった国内産業に損失を与えられるときに機能する。途上国にとって，この方法は困難である[40]。もう1つのアプローチは，国際的な決定を国内裁判所で履行するものである。この方法はヨーロッパ裁判所やヨーロッパ人権裁判所，およびアンデス裁判所の判決に見られる。

　強力な制裁は，重大で危機的な状況の場合を除いて実施されることはないだろうから，国家の小規模な違反行為を抑制することにはならないだろう。そして，国家の死活的利益が問題となっていると政府が認識するとき，または，主要な国内団体が強く国際法に反発するとき，当該政府を抑制するのに十分な制裁は存在しないであろう。とはいえ，たとえ政府に政策を変えるよう促すのに十分ではないとしても，ともかくも制裁が存在することが重要である。あからさまな違反行為が放置されたままだと，悪循環が始まる。人々や政府が法を欺き，処罰を免れることになれば，相互主義の感覚は失われ，厳格に法を遵守しているとは言わないまでも，おおむね遵守している個人や政府までが，ルールに従うべき感覚を失ってしまうであろう[41]。ヘンキンが以下のように主張したのは以上の理由による。「実効的な法制度というのは，…できるだけ多くの侵害者を罰する制度ではなく，法が潜在的侵害者の発生を抑止するため，罰する侵害行為がほとんど存在しない制度をいう。侵害者が処罰されるのは，もっぱら行為基準を再確認し，他の人々の侵害行為を抑止するためである」[42]。

---

39) Andrew S Bishop, "The Second Legal Revolution in International Trade Law: Ecuador Goes Ape in Banana Trade War with the European Union," *International Legal Perspectives* 12, no. Fall 2001/Spring 2002（2002）.
40) 途上国が嘆くように，力関係の差が大きいとき，WTO制度は崩壊する。WTOの報復制度の限界についての詳細は，Joost Pauwelyn, "Enforcement and Countermeasures in the WTO: Rules Are Rules-- toward a More Collective Approach," *American Journal of International Law* 94（2000）. and Bishop（ibid）.
41) 国際法の悪循環および好循環については，Alter, *Establishing the Supremacy of European Law: The Making of an International Rule of Law in Europe.*

（6） 4つの変数の総合

　私が主張したいのは以下のことである。ルール違反があった場合に，法制度が不利益をもたらすべきであるとすれば，そして，そうすることによって，国家の政策決定に対して国際法の影響を高めるべきであるとすれば，法制度は，上述した3つの機能的目的を達成しなければならないということである。法制度の構想に関する4つの特徴は，すべてこれらの機能目的と関係している。そして，我々は国際裁判が程度の差はあれ積極的に活動し，国家の活動に影響を与えることができるように，これらの構想上の特徴を基準にして国際裁判所を計画することができよう。強制管轄権と何らかの制裁力を有する法制度は利用される可能性が高い。民間アクターが利用できる法制度も同様である。司法活動が活発であればあるほど，恒久的な法的機関の創設へ向けた推進力となろう。そして，ひとたび恒久的な法的機関が創設されると，その機関は自身の権威を高めることに関心を寄せる可能性が高い。如何なる方法で高めるのか。法的機関が徐々に判例法を構築し，そして，類似した事例には類似したルールを適用することで，一貫した決定を行うという評判を得ることで権威を高めようとするのである。

4　法制度の構想では処理できない外在的要因の重要性
——ヨーロッパ裁判所（ECJ）とアンデス裁判所（ACJ）の比較——

　アクターに法を尊重させるよう影響力を及ぼすにあたり，訴訟は潜在的に有効な手段となり得る[43]。前節では，訴訟がアクターの行動に影響するのは，法を侵害すると不利な帰結がもたらされるからであることを主張した。しかし，1で示唆したように，訴訟は如何なる状況であっても有用であるわけではない。訴訟に至らない方法であっても，法に従わないと大きな負担がかかるような方法も存在するかもしれない。場合によっては，法令遵守を助長するのに，棒を振りかざすアプローチよりも人参をぶら下げる方法のほうが機能しやすいこともあるだろう。さらにまた，裁判所が扱っているのは人権か，貿易か，戦争犯

---

42) Henkin, *How Nations Behave*, 93-94.（強調追加）
43) Carol Harlow and Richard Rawlings, *Pressure through Law* (London: Routledge, 1992).

罪かといったように，裁判所の内在的構成ではなく，全般的な背景事情が重要となるかもしれない[44]し，また，国際法の遵守促進のために訴訟という方法を使用することが有用かどうかを判断するにあたって，執行されるべきルールについて政治的支持があるかないかということが重要となるかもしれない。

以下で，私は 2 つの裁判所を比較する。いずれの国際裁判所も，国際法の遵守を促進するための実効的手段となり得る特徴をすべて有している。アンデス裁判所は，明らかにヨーロッパ裁判所を模倣して創られた。したがって，その構想は事実上ヨーロッパ裁判所と同一である。いずれの裁判所も常設裁判所であり，私人の利用を認めており，強制管轄権を有する。そして，国内レベルで判決を執行する制度も有している。驚くべきことではないが，両裁判所は，あらゆる国際法上のメカニズムの中で最も活動的である。以下，これら 2 つの裁判所の構想と利用実態を簡単に比較する。

（1） ヨーロッパ裁判所とアンデス裁判所の構想の類似性

2 で議論した構想の特徴という視点からいえば，両裁判所はともに強制管轄権を有し，かつ移送命令権を持たない。つまり，提訴されたすべての事件は，原告が取り下げない限り，争われるわけである。さらに，両裁判所は，ともに私人が直接提訴することを認めているし，先決判決手続を使って国内裁判所経由で利用することも認めている。両裁判所の主たる相違は，提訴の時間的制約，アンデス裁判所判事の説明責任に関するメカニズム，判決履行制度に関連する事項である。提訴の期間，または Junta（ヨーロッパ共同体の委員会に相当）が行為するための期間は，ヨーロッパ共同体の法制度で許容されているより長い場合もあれば短い場合もある。裁判所主任事務官（Court's Chief Officer）や裁判所書記官（Court's secretary）といったアンデス裁判所職員の任期は，ヨーロッパ裁判所のそれと比較して多少短く，しかも再任されない。アンデス裁判所判事の任期は，ヨーロッパ裁判所判事と同様に 6 年である。しかし，前者は一回しか再任できない。判事の解任手続はヨーロッパ裁判所に比べてアンデス裁判所の方が明確である。そして，単一アンデス協定（single Andean Pact）の当事国は，判事を解任する手続を開始できる。もっとも，判事を解任できるのは「重大な違反」がある場合で，解任の最終決定は，特別全権会議における全会

44） Helfer and Slaughter, "Toward a Theory of Effective Supranational Adjudication," 330.

一致の表決によるべきものとされている（裁判所条約10条）。アンデス条約は，アンデス裁判所が，法令を遵守しない国家の便益を停止することを国家に許可することを認める[45]。他方，1991年以降のヨーロッパ共同体条約は，構成国に法令非遵守がある場合，ヨーロッパ委員会が第二の訴訟を提起することを認め，さらにヨーロッパ裁判所が法令非遵守国に対して罰金を科すことを認めている。この相違が意義のあることなのかどうかは明らかでない。何故ならば，想定されたシナリオが現実に生じたのかどうか不明だし，それぞれ別個に構想された両裁判所の手続が実際に使用されたのかどうかも明らかでないからである。

　下記の表3は，両裁判所の類似点と相違点を示したものである。表で明らかなように，これらの裁判所は，共通ルールの遵守を単に強制するだけのものではなく，むしろ，それぞれの共同体内部で憲法的な法の支配に基づく政治秩序を創設することも目的としているといえる。この特質は重要である。というのは，大体において，この特質が両裁判所の構想を具体化させているからである。構想者たちが，共通ルールについて超国家的執行機関に責任を負わせるよう国際裁判所に望むのであれば，裁判所は強制管轄権を持たねばならないし，行政ルールに服するアクターが裁判所を利用することも認めなければならない。国際的ルールを裁判所で適用するにあたり，私人たる訴訟当事者の裁判所利用について，機能上必要な要件は存在しない[46]。

（2）　ヨーロッパ裁判所およびアンデス裁判所の利用実態

　以下で述べる両裁判所の利用実態の比較はかなり大まかなものである。また，アンデス裁判所に関する情報，または両裁判所に提訴された事件の実態について情報が少ないので，以下の比較は現時点の筆者にとって可能な範囲で行われたものである[47]。

---

[45] E. Barlow Keener, "The Andean Common Market Court of Justice: Its Purpose, Structure, and Future," *Emory Journal of International Dispute Resolution* 2, no. 1 (1987): 53-58.

[46] これらのカテゴリーと議論の詳細については，Karen J. Alter, "International Courts in International Politics: Four Judicial Roles and Their Implications for State-IC Relations" (The Hague, September 5-7, 2004).

[47] アンデス裁判所は，その判例および利用実態についての統計を公表しない。誰がアンデス共同体で訴訟を提起しているのかの学問的分析も存在しない。我々はヨーロッパ裁

表3 ヨーロッパ裁判所（ECJ）とアンデス裁判所（ACJ）の比較

役割	ヨーロッパ裁判所	アンデス共同体裁判所	主たる相違
憲法的役割 裁判所は，共同体ルールの妥当性に対する異議申立を審理することができる。裁判所の裁定は，権限踰越であるかまたは違法な共同体の政策を無効にする。	**直接的異議申立** 共同体機関（委員会，理事会，最近では議会も含む）および構成国は，ヨーロッパ裁判所において共同体の政策に異議を申し立てることができる。私人は，自己に直接影響を及ぼすルールについて直接異議申立を行うことができる。 **先決判決手続** 私人は国内裁判所で共同体ルールの妥当性に異議を申し立てることができる。国内裁判所は先決判決手続によりヨーロッパ裁判所に当該異議申立を移送することができる。	**直接的異議申立** 共同体機関（*Comisión*および*Junta*）＊および構成国はアンデス裁判所においてアンデス共同体の政策に異議を申し立てることができる。私人は，自己に直接影響を及ぼすルールについて直接異議申立を行うことができる。 **先決判決手続** 私人は国内裁判所で共同体ルールの妥当性に異議を申し立てることができる。国内裁判所は先決判決手続によりアンデス裁判所に当該異議申立を移送することができる。	アンデス共同体には議会が存在しない。したがって，*Junta*または*Comisión*の行動について議会が異議を申し立てる手段はない。 ヨーロッパ共同体は，構成国が無効化の異議申立を行うことを認めている。アンデス共同体は，新たな政治指導者が前政権の署名した協定に異議を申し立てることを防止するために，国家が賛成した決定に異議申立を行うことを禁じている。
管理的役割 裁判所は，委員会／*Junta*の決定を無効化する権限，および委員会／*Junta*に不作為の違法があることを認定する権限を有する。	**直接的異議申立** 構成国と私人は，ヨーロッパ裁判所において，委員会の行為と政策について直接的に異議を申し立てることができる。 **先決判決手続** 私人は国内裁判所で委員会の行為と政策の妥当性について異議を申し立てることができる。国内裁判所は先決判決手続によりヨーロッパ裁判所に当該異議申立を移送することができる。	**直接的異議申立** 構成国と私人は，アンデス裁判所において，*Junta*の行為と政策について直接的に異議を申し立てることができる。 **先決判決手続** 私人は国内裁判所で*Junta*の行為と政策の妥当性について異議を申し立てることができる。国内裁判所は先決判決手続によりアンデス裁判所に当該異議申立を移送することができる。	ヨーロッパ共同体の場合，提訴できるのは委員会の行為が行われてから2ヶ月以内である。アンデスの場合は1年以内である。

7 貿易協定の実施に有用な国際法メカニズムの構想〔キャレン・アルター〕

紛争解決 裁判所は，共同市場ルールの解釈について疑義があるときに事件を審理することができる。	基本条約の解釈について意見の相違があるとき，争点は解決のためにヨーロッパ裁判所に付託され得る。 <u>直接利用できる権利</u> 国家のみが他国の関与する事件を解決するためにヨーロッパ裁判所に提訴することができる。実際にはこの任務が行われたことはほとんどない。 <u>先決判決手続</u> 国内裁判所は事件を移送することができるので，私人同士の事件がヨーロッパ裁判所に送致されることが可能である。	基本条約の解釈について意見の相違があるとき，争点は解決のためにアンデス裁判所に付託され得る。 <u>直接利用できる権利</u> 国家のみが他国の関与する事件を解決するためにアンデス裁判所に提訴することができる。この権利が行使される頻度に関する情報はない。 <u>先決判決手続</u> 国内裁判所は事件を移送することができるので，私人同士の事件がアンデス裁判所に送致されることが可能である。	相違はない。
執行任務 委員会／*Junta*は，国家の不遵守について，裁判所に提訴する権限がある。	構成国および私人は，法令不遵守について委員会の注意を喚起することができる。委員会は，告発を調査し，協議し，そして最終的に法令不遵守国家をヨーロッパ裁判所に提訴することができる。 構成国は，法令不遵守の告発を直接ヨーロッパ裁判所に行うことができる。 まず第一に，ヨーロッパ裁判所は国家が「その義務を履行できなかった」と宣言することができる。1991年には，新たな手続が追加	私人は，法令不遵守について*Junta*委員会の注意を喚起することができる。*Junta*は，告発を調査し，協議し，そして最終的に法令不遵守国家をアンデス裁判所に提訴することができる。 アンデス裁判所は，法令不遵守国が得ている共同体の便益を制限するかまたは停止する権利を，構成国が行使できる旨の判決を下すことができる。	アンデス裁判所の時間表は若干厳しい。*Junta*が原告の申立に答えるのに2ヶ月しか時間枠が設定されていない。 アンデス裁判所は，1年以内に新たな事実によって裁判所の注意を喚起できるのであれば，自己の下した決定を修正できる。ヨーロッパ裁判所は明示的にはこれを認めていない。新たな事実に照らして変更する権利を排除しているわ

	された。それによれば，委員会はヨーロッパ裁判所の決定に従わない国家に対して新たな訴訟を提起することが許され，ヨーロッパ裁判所は罰金を科することができる。罰金は一括して徴収できる(Tallberg, 2003 : 81)。		けでもない。判決の執行メカニズムは異なっている。もっとも，ヨーロッパ裁判所の執行メカニズムは稀にしか利用されていないし，これまでにアンデス裁判所が便益を停止することを国家に認めたことがあるのかどうか筆者は知らない。

＊アンデス条約で，ヨーロッパ共同体の委員会に相当するのが *Junta* である。理事会に相当するのは *Comisión.* と呼ばれる。

　ヨーロッパ経済共同体（EEC）は，1958年に創設され，創設当時から裁判所（ECJ）を有していた。アンデス共同体は1969年に設立されたが，裁判所が付置されたのは1984年になってからである。アンデス裁判所はアンデス共同体内での法令不遵守問題に取り組むのに有用であろうと期待された[48]。両裁判所を比較するとき，以下を考慮に入れる必要がある。アンデス裁判所は比較的新しい裁判所であり，共同体発足後15年にして設置されたこと，アンデス裁判所は，その統計を異なる方法で作成していること，アンデス裁判所と比較してヨーロッパ裁判所は，構成国数[49]，人口数，生産高および生産物の交換能力，

　　判所の判決要録を知っている一方で，ヨーロッパ裁判所に付託された事件の内容を分析した研究を知らない。例えば，我々は先決判決手続事件が，どの程度共同体の行動に異議を申し立てようとしているのかを知らない。事件は一定の争点に集中し，他の争点に集中しない可能性が極めて高いのである。

48）Keener, "The Andean Common Market Court of Justice: Its Purpose, Structure, and Future."

49）いずれの共同体も，規模が極めて異なる6カ国で創設された。ヨーロッパ共同体は，フランス，ドイツ，イタリア，オランダ，ベルギー，ルクセンブルクである。アンデス共同体は，エクアドル，ヴェネズエラ，ペルー，ボリビア，コロンビア，チリである。その後，ヨーロッパ共同体には，1973年に英国，デンマーク，アイルランドが加入し，1981年にギリシャ，1986年にスペインとポルトガル，1995年にオーストリア，スウェーデン，フィンランド，2004年にキプロス，チェコ，エストニア，ハンガリー，ラトヴィア，リスアニア，マルタ，ポーランド，スロヴァキアが加入した。アンデス共同体は，

7 貿易協定の実施に有用な国際法メカニズムの構想〔キャレン・アルター〕

共同体の命令および規則が多いことなどである。

　いずれの共同体においても，国家はルールの執行を主に委員会／*Junta*に委ねている。下の表は，委員会／*Junta*が提訴した違反事件，および私人が提起した先決判決事件を比較している。構成国がアンデス裁判所に提訴した事件のほとんど全ては，共同体のルールを無効化することを目的としている。筆者は，ヨーロッパ共同体ルールの無効化を目的とした直接訴訟について比較できる数字を持ち合わせていない上に，筆者の焦点は，国家に共同体ルールの遵守を強制することにあるので，アンデス裁判所におけるいわゆる「無効化」事件（全部で26件）のすべてを除外し，ヨーロッパ連合内で構成国が相互に提起した4件の違反事件も除外した。アンデス裁判所については，さらにデータの蓄積年数が少なく，しかもこのデータは新しいので，カテゴリーを年毎に分けた。

　生の数値データによれば，アンデス裁判所が設立されて最初の18年間に裁判所が利用された数を，ヨーロッパ裁判所の最初の20年間と比較すると，アンデス裁判所の方が頻繁に使われているように見える。すなわち，最初の20年間に集中すれば，年平均41.9件であり，アンデス裁判所は最初の19年間で34.7件である。ただし，この比較は少しばかり不適切なところがある。というのは，アンデス裁判所条約が起草されたときからアンデス裁判所が1984年に設置されるまでに5年間が経過しており，*Junta*にとって，関連事件が蓄積していたはずだからである。もっとも，*Junta*はアンデス裁判所の最初の10年間で1件しか提訴していない。構成国の数が，最初の20年間の統計に，大体同じ様に影響するであろうが（ヨーロッパ共同体の新たな構成国が，1970年から79年にかけて先決判決手続に付託したのは全体の5％にすぎない。違反事件についても同様に少ない），ヨーロッパ諸国の経済は，アンデス諸国に比べてより大きくかつより活発であった。ここでは構成国が提訴した事件を含めなかった。もっとも，数ははるかに少ない。主たる原因は，国家が国家に代わって委員会／*Junta*または私人に提訴させることを望んでいるからである。ちなみに，強制管轄権を有するWTO時代初期（上掲表2）と比較すると，WTO制度は，他の地域的貿易制度よりもはるかに多くの構成員を擁しているのだが，年平均の系属事件数は33.8件であった。

　事件数について生の数値データを比較しても，国際的ルールの遵守に法制度

────
ピノチェト革命後の1976年にチリを事実上失っている。

215

表4　委員会および国内裁判所がECJに提訴した事件（1960-1999）

	1960-1969	1970-1979	1980-1989	1990-1999	1960-1999
委員会がECJに提訴した違反事件	27	70	646	861	1604
国内裁判所からECJに移送された先決判決手続	75	666	1255	2161	4157
上記の年平均事件数	10.2	73.6	190.1	302.2	

Alter（2001），p. 15から転載。違反事件の統計（1960-1993）は，情報サービス（Service Informatique）から提供されたもの。1993年以降の違反事件統計は，ヨーロッパ共同体法の適用を監視するヨーロッパ委員会年次報告書（1999 p. 301）による。先決判決手続の統計は，1999年のECJ年次報告書による。

表5　JuntaおよびACJに提訴した事件（1985-2003）

	1985-1995	1996	1997	1998	1999	2000	2001	2002	2003	1985-2003
JuntaがACJに提訴した違反事件	1	2	6	4	15	12	16	26	14	96
国内裁判所からACJに移送された先決判決手続	51	23	26	71	41	59	72	96	124	563
上記の年平均事件数	4.7									34.7

統計は，アンデス共同体のウェブサイトに公表された判決を数量化して作成した。また，筆者は，国家が提訴したのか，私人が提訴したのかを確定するために，「無効化」および「その他」の一覧表の下に提示されている短い要約を検討した。

が如何に影響する力を持つかを明らかにすることは困難であろう。もっぱら統計から見えてくるのは，統計が多くの疑問点を提起することである。それらの疑問点は，法制度の構想に外在する要因が裁判所の取扱件数に影響を及ぼすことを示唆しており，かつ，更なる研究を要求しているのである。

(a) **1980年代および90年代にECJの事件数が急激に増加したのは何故か，1995年にACJで事件数が急増したのは何故か。**

　ヨーロッパ裁判所で委員会が付託する事件が急増したのは，共同市場を創設するために政治的な取組みが新たに行われた時期と対応している。委員会が80年代と90年代に提訴した違反事件の多くは，命令が適時に履行されるよう確保

7 貿易協定の実施に有用な国際法メカニズムの構想〔キャレン・アルター〕

することと関係していた。そして，ヨーロッパ連合は記録的な速度で新しい命令を出していたので，委員会が提訴する違反事件も爆発的に増加していたのである[50]。アンデス共同体での付託事件数の急増は，論争の多かったアンデス投資コードを廃止したことと関係しており，おそらくこれで説明が可能であろう。このコードは，論争の元であり，ほとんど無視されていたので，*Junta* は執行しようとしたことがほとんどなかった。条文が存続し続けていた限り，外国資本の企業は訴訟を回避して，自分たちに注目が集まらないようにしたであろう。あるいは，企業にとって執行が望ましいルールがアンデス共同体には存在しなかったので，訴訟を回避していたのかもしれない。アンデス投資コードの廃止は，依存性のあるアンデス共同体の経済的基礎を根本的に逆転させるシグナルとなった[51]。アンデス共同体は，外国投資に対して非常に好意的となった。そして，アンデス共同体は，アンデス法に規定された権利を保護するために外国企業が援用し得る手段ともなった。このことが原因であるかどうかにかかわらず，私的アクター（その多くは現地に子会社を持つ外国企業）が提訴した事件数は，アンデス投資コードが廃止されてから劇的に増加した。

(b) **提訴された事件は何に関するものであったか，事件は共同体ルールの遵守または貿易を促進しているのか。**

ヨーロッパおよびWTOにおける法メカニズムは，国家がヨーロッパ法およびWTO法を遵守するよう圧力をかけるための潜在的な手段となり得る。このことは明らかである。アンデス条約についても同様のことがいえよう。ただし，アンデス裁判所の判決については，ほとんど研究されてこなかったのが現状である。同様に，裁判所の政治的影響力についても研究されてこなかった[52]。

---

50) Tanja Borzel, "Non-Compliance in the European Union: Pathology or Statistical Artifact," *Journal of European Public Policy* 8, no. 5 (2001), Jonas Tallberg, *European Governance and Supranational Institutions: Making States Comply* (London: Routledge, 2003).

51) Thomas Andrew O'Keefe, "How the Andean Pact Transformed Itself into a Friend of Foreign Enterprise," *International Lawyer* 30, no. Winter (1996).

52) 一握りのアンデス裁判所判決を分析する研究が1つある。しかし，これらの判決の政治的影響について検討してはいない。Maria Alejandra Rodriguez Lemmo, "Study of Selected International Dispute Resolution Regimes, with an Analysis of the Decisions of the Court of the Andean Community," *Arizona Journal of International and Comparative Law* 19 (2002).

しかし，法遵守の圧力をもたらし得るからといって，ヨーロッパ裁判所またはアンデス裁判所に提訴されたすべての事件が，超国家的ルールの遵守を高めるものであることを意味しない。共通に見られる誤解は，先決手続に関わる事件がすべて私人たるアクターに関するものであり，彼らが構成国政府に対して共同体ルールを執行することに関するというものである。明らかにこれは真実ではない。先決手続事件の多くが関わっているのは，共同体のルール自体を争うことであり，そしてまた，共同体のアクターが行う共同体ルールの解釈を争うことである。実際のところ，ヨーロッパ裁判所へのドイツの照会内容を研究したシュヴァルツの初期の研究は，以下のように述べている。すなわち，照会の37%のみが国家実行と共同体ルールの両立性について問うものであり，これらの事件のうち，30%のみが，実際に国家実行と共同体ルールが矛盾していると認定する決定を出しているにすぎない[53]。シュヴァルツの研究は，ドイツが，1965年から85年までの21年間にヨーロッパ裁判所に照会した事例を対象としているにすぎない。したがって，この研究から多くを推定するには注意が必要であろう。しかしながら，彼は以下のことを我々が知る必要性を示唆している。すなわち，誰がこれらの事件を提訴しているのか，何を争う事件であるのか，政府は如何にして自国にとって不利となる判決に対応しようとするのか，である。仮に，国際的な巨大複合企業が法制度における主たる訴訟当事者であるならば，または，訴訟当事者が定連で，しかも多くの場合，彼らが勝訴するのであれば，この事実は，貿易協定を執行する手段としての国際裁判の魅力と成功を評価する方法という視点から重要となろう。訴訟が共同体の目的，すなわち，共同市場の完成を促進するかどうか，そして，執行の手段として有用かどうかを知ることができるのは，我々が事件の内容について比較するのみならず，誰が法メカニズムを使用するのかを比較しなければ，可能とならないのである。

---

53) Jürgen Schwartz, *Die Befolgung Von Vorabentscheidungen Des Europäischen Gerichtshofs Durch Deutsche Gerichte* (Baden-Baden: Nomos Verlangsgesellschaft, 1988).

5　結　　論
──国際法制度は国際政治に対して如何なる影響を与えるか──

　国家が政策決定を行うに際して，国際法制度の存在は，法の役割を高めることができるし，如何なる帰結が生じるか法的な予測を行うにあたって有用といえよう。しかし，ここで重要なのは，法制度の構想である。本章で主張したのはこのことである。私が明らかにできたと思うのは，例えば，強制管轄権の有無やアクセス・ルールの有無といった国際法制度の構想に見られる一定の特徴こそが，制度の「利用」実態に影響するということである。ただし，私は国際法の執行メカニズム自体を括り出して，その独自の重要性を分析することはできなかった。何故なら，アンデス裁判所とヨーロッパ裁判所の決定を執行するにあたり国内裁判所が協力しているからであり，また，任意管轄から強制的管轄へ変更したことで，GATT/WTOの執行メカニズムが有効となる効果をもたらしたからである。さらに，常設裁判所が創設されるのは，多数の付託事件を処理するためと考えられるので，常設裁判所を設置する独自の重要性を評価できなかった。

　裁判所が何らかの政治的影響力を行使しようとすれば，事件を系属させなければならないが，事件の数だけでは，法制度の利用が，現実に共同体ルールを遵守させることに貢献したかどうか決定することはできない。何故ならば，訴訟事件の内容についても，事件の所産についても，あるいは判決が国家の行動に変化をもたらしたかどうかも，我々は良く知っているわけではないからである。したがって，国際法制度が法令遵守の促進に貢献できるという主張は，未検証のままである。もっとも，法的に勝利することで何らかの有用な利益を得られないのであれば，訴訟当事者がわざわざ提訴することはないであろうと推測することはできる。

　アンデス裁判所と比較してみると，ヨーロッパ裁判所が唯一の事例でないことが分かるが，これらの事例から我々はどの程度一般化が可能かという問題が提起される。両裁判所ともに，経済共同体内で創設されたが，構成国は超国家的な政治的機関を創設することを望み，そして，単なる自由貿易地域以上のものを望んだのである[54]。そのため，両裁判所が構想されたのは，紛争の解決

または共同体ルールの執行のみに留まらない。実際のところ，裁判所の構想を見ると，いずれの裁判所も，共同体ルールの実効的執行を求められているだけでなく，それ以上に，超国家的機関の行政命令に対する審査を行うよう求められているといえよう[55]。

アセアン諸国が，自由貿易地域という，より限定的な目的の追求を決定するにせよ，あるいは，共同市場（共同体レベルの政策を創出できる超国家的機関を設置することによるのではなく，諸国の政策の調整を通じて形成される市場）の創設を追求しようとするにせよ，共同体の裁判所の構想および役割は，明らかにヨーロッパ裁判所やアンデス裁判所とは異なったものとなろう。また，訴訟当

---

54) 1950年にフランス外相ロベール・シューマンが欧州石炭鉄鉱共同体（ECSC）の創設を提唱した大きな理由は，米国がドイツの石炭および鉄鋼産業の支配権をドイツに返却しようとしたことをフランスが恐れたためであった。石炭鉄鋼産業は戦争遂行にあたって死活的重要性を有し，そのためフランスは戦間期にルール地方に侵入し占領せざるを得ないと考えたほどである。Alan Milward, *The Reconstruction of Western Europe 1945-1951* (London: Methuen & Co. LTD, 1984). ヨーロッパ経済共同体（EEC）は，より広範な目的を伴ったヨーロッパ政治共同体，およびヨーロッパ防衛共同体という統合の失敗の上に構築されたものの，ヨーロッパ共同体を単なる共同市場以上のものにしようという希望は常に存在した。英国は，石炭鉄鉱共同体および共同市場の交渉に招待されはしたものの，創設されることになった機関の超国家的性質には反対した。1958年，英国は，共同市場が，より穏健な超国家的機関と，より穏健な自由貿易という目標を持ち，ヨーロッパ全体を対象とする自由貿易地域へ拡大すべきだという提案を行った。フランスは，この提案を拒否した。この拒絶によって，英国は別の自由貿易地域を創設することとなった。ヨーロッパ自由貿易連合（EFTA）である。ヨーロッパ自由貿易連合は共同市場の好敵手となった。英国のヨーロッパ経済共同体加盟問題を巡る論争は，ヨーロッパ経済共同体の精神が何であるかを明らかにするのに有用だった。共同体は，単に貿易を促進する以上の願望を示していたのであり，ヨーロッパにおける，より大きな政治的統一体の基礎を作るために，超国家的機関と超国家的法を使って，国民経済を単一の経済に統合しようとしていた。ヨーロッパにおけると同様，アンデス条約も単なる自由貿易地域を超え，共通政策を発展させることのできる超国家的機関を設立したいという若干の国家の願望を反映していた。ラテン・アメリカ諸国は，1962年に，手始めとしてラテン・アメリカ自由貿易連合（LAFTA）から始めた。1969年に，アンデス諸国であるチリ，ボリヴィア，コロンビア，エクアドル，ペルー，ヴェネズエラが，さらに一歩先に進み，構成国の経済を発展させると考えられた共通の政策を分野別に構築するために，共同市場を創設した。カルタヘナ条約は，ローマ条約と同様に，広汎な権限を有する超国家的機関を創設した。

55) しかし，ヨーロッパ裁判所が設立されたのは，主として委員会の広汎な権限を点検するためであるのに対して，アンデス裁判所が設立されたのは，アンデス・ルールがよりよく執行されるのを期待してである。Alter, *Establishing the Supremacy of European Law: The Making of an International Rule of Law in Europe*, Chapter 1. Keener, "The Andean Common Market Court of Justice: Its Purpose, Structure, and Future."

事者がどのように法メカニズムの利用に慣れ親しむかということも重要となる。国際社会では，米国風の対審型法律尊重主義への志向性が拡大しており，アジアでも同じ傾向が見られる[56]。こうした傾向にも拘らず，訴訟戦略の利用については大きな文化的相違が存在する。潜在的訴訟当事者が，政府と戦うのに訴訟は非生産的方法だと考えたならば，たとえ裁判所が存在し，強制管轄権を持ち，共通ルールの侵害について不利な帰結がもたらされるとしても，裁判所が使われる見込みはないであろう。

　ここでの筆者の焦点は，如何にして国際法制度は国際法の遵守に影響を与えるかについて，とりわけ貿易の分野で検討することであった。法令遵守の度合いを高めるということは，国際法制度が政治に影響を与える唯一の方法であろう。法制度がルール違反について不利な帰結をもたらせるのであれば，その影響は，政治過程に影響を及ぼすであろう。一定の政策が国際法と抵触するかもしれないという恐れから，国家はその政策を回避するかもしれない。例えば，法的抵触を回避するために，政策が書き直されたり，その履行が変更されるかもしれない。このことは，ヨーロッパ連合では頻繁に生じている。ヨーロッパ連合では，構成国が自国の司法省に，提案された国内立法とヨーロッパ連合法との整合性を判断させているのである。また，我々は過去に行われた対処方法が完全に回避されるのを見出すかもしれない。法的な異議申し立てに対しては，かつての方法では対処できないからである。そして，もし裁判所が注意深く協定の文言を読むことにでもなれば，国家が，取極められた条文の精査に務めるであろうとも考えられる。精査が厳格になれば，国際協定に対する国内の反対が高まる可能性がある。その結果，法の内容に変化を求めることになろうし，より多くの但し書きが国際協定に付記されることになるかもしれない。しかし，正統性を欠いている国際ルールが，国会を通過した国民受けのする政策と衝突するときはどうなるか。国際裁判は，民衆からの非難を助長するかもしれない。そして，国際裁判が，国際ルールを厳格に解釈しようとせず，協定の草案作成者が意図したこともなければ同意したこともないような解釈を行うのであれば，

---

56) R. Daniel Keleman and Eric Sibbit, "The Globalization of American Law," *International Organization* 58, no. 1 (2004).

57) Karen J. Alter, "Resolving or Exacerbating Disputes? The Wto's New Dispute Resolution System," International Affairs 79, no. 4 (2003).

国際組織は、真の正統性問題に直面することになるであろう[57]。そのようなフィードバック効果は、個々の紛争解決という現象をはるかに超えた帰結をもたらし得るし、あるいはまた、国際法の遵守という問題を超えた事態をもたらし得るのである。法令遵守を求める思いは、国家が国際法メカニズムをそもそも構築すべきかどうか、また、如何にそれを構築すべきかの決定に影響を及ぼすのであるが、上記の場合にもたらされるのは、法令遵守問題にとどまらないのである。

〔荒木教夫 訳〕

(2004年12月15日受領)

あとがき

　本プロジェクトを最初に考えた時の研究計画によれば，その研究目的として，EC/EU，ASEAN，NAFTA等の地域主義的「組織体」を，もっぱら法的視点から比較検討を加え，アジアにおける地域主義の可能性を展望することを意図していた。その場合の基本的な考え方として，法制度を支える法文化の違いを含めた比較法的な観点にまで着目することが出来れば良いと考えていた。動機としては，地域的国際組織全般に関する組織法的・制度的研究を，アジア，特に，北東アジアにおける地域的国際組織の設立の可能性に生かすことが出来ないかということにあった。最初の出発は，畏友杉江徹教授との歓談の中であった。国際私法を専攻し比較法を得意とし，アジア法の比較法的検討の経験のある杉江教授と国際組織に大きな関心を寄せていた廣部との間の様々な話の中の一つのテーマであった。本プロジェクトの申請をした時点で，杉江教授は既に病床にあったが，回復しないなどということは考えてもいなかったため，とりあえず廣部の責任で申請し，具体的に出発する際に更に検討を加えようということであった。したがって，最初の申請書では，学内的には，杉江教授と廣部が責任を持つことになっていた。しかし，許可がなされた後，プロジェクトが出発する前に，杉江徹教授は逝去し，残念の極みであった。

　プロジェクトに関する企画や事務的な仕事については，荒木教夫教授の協力を得た。また，翻訳については，荒木教授と小沼史彦氏に世話になった。

　本書はプロジェクトの3年目に当たる2004年度に発行される予定であったが，遅れること3年，ようやく日の目を見た。早くに原稿を提出して頂いた執筆者にはお詫びを申し上げると共に，今日まで本書の刊行を待っていただいた成蹊大学アジア太平洋研究センターの関係諸氏のご厚情には深甚の謝意を表するばかりである。また，この間，辛抱強くお付き合いを下さり刊行までこぎ着けて下さった不磨書房の稲葉文子氏にも心より感謝を申し上げる次第である。

　　　平成20年2月11日

廣部和也

事項索引

あ 行

IAPF →米州平和部隊
ILO →国際労働機関
アクセス・ルール ……………………197, 198
アジア化（Asianization）………………63
アジア太平洋経済協力会議（APEC）…62,
　　　　　　　　　　　　65-70, 74, 83, 84, 156
　技術的規則の起草，採択，および審査
　　のための指針……………………………71
　食料相互承認協定（MRA）………………71
　ソウル宣言……………………………………67
　非拘束的投資原則…………………………71
　ビジネス諮問委員会（ABAC）…………68
　マニラ行動計画（MAPA）………………69
アジア太平洋経済協力賢人会議（EPG）
　………………………………………………68
アジア太平洋自由貿易圏（FTAAP）構想
　………………………………………………76
ASEAN →東南アジア諸国連合
アパルトヘイト ……………………………145
アフリカ開発銀行（African Development
　Bank）………………………………………138
アフリカ経済委員会 ………………………138
アフリカ統一機構（Organization of
　African Unity, OAU）…115, 117, 126, 137,
　　　　　　　　　139, 140, 141, 144-146
アフリカ難民条約 …………………………141
アフリカにおける安全保障・安定・発展
　および協力に関する大臣会議（CSSDCA）
　………………………………………………138
アフリカ連合（AU）………………………126
アムステルダム条約 ……………………4, 6, 7
アメリカ開発銀行（Inter-American
　Development Bank, IDB）……………138
アメリカ連合規約（1776年）………………13
アラブ安全保障軍（Arab Security Force）
　………………………………………………120
アラブ工業開発鉱業機構（AIDMO）…139
アラブ防止軍（Arab Deterrent Force）
　………………………………………………120
アラブ連盟（League of Arab States, LAS）
　…………115, 117, 120, 126, 137-139, 144
アルゼンチン履物事件 ……………172, 173
UNCTAD →国連貿易開発会議
アンチダンピング ………………………47, 61
アンチダンピング課税 ……………………172
アンデス共同体 ……………47, 48, 207, 212,
　　　　　　　　　　　　214, 216, 217
　アンデス裁判所（ACJ）…………190, 208,
　　　　　　　　　　210-215, 217-220
　単一アンデス協定 ………………………210
　Junta ………………………………………210
アンデス条約 ………………214, 217, 220
アンデス投資コード ………………………217
EEC →ヨーロッパ経済共同体
EC →ヨーロッパ共同体
EU →ヨーロッパ連合
域内貿易拡大効果 …………………………154
イスラム会議機構（Organization of the
　Islamic Conference）……………115, 127
一般特恵制度（GSPs）………………………63
ヴァイナー（Viner）・ルール ………………74
迂回貿易 ……………………………………177
ウルグアイ・ラウンド ……………………66-68,
　　　　　　　　　　　　156, 160, 172
ANZCERT →オーストラリア・ニュージー
　ランド経済協力緊密化協定

225

事項索引

ATC →繊維および繊維製品に関する協定
APEC →アジア太平洋経済協力会議
ECOWAS →西アフリカ諸国経済共同体
SEANWFZ →東南アジア非核（兵器）地帯
EFTA →ヨーロッパ自由貿易連合
OECS →東カリブ諸国機構
OAS →米州機構
OAU →アフリカ統一機構
OHCHR →国際連合人権高等弁務官事務所
OSCE →欧州安全保障機構
大阪行動指針（OAA） ……………………69
欧州安全保障機構（OSCE） ………126, 134, 135, 146, 147
　　OSCE 裁判所 ……………………………42
欧州安全保障協力会議（CSCE） …115, 126
オーストラリア・ニュージーランド経済協力緊密化協定（ANZCERT） …172, 181

か 行

外交的支持（diplomatic support） ……134
カイロ行動計画 ……………………………139
核不拡散条約（NPT）再検討会議 ……103
加重投票 ………………………………………4
加重平均関税率 ……………………………174
GATS →サービス貿易に関する一般協定
ガット（1947）
　　1条 ……………………………71, 157
　　11条 …………………………………167, 177
　　13条 …………………………………167, 177
　　19条 …………………………………………172
　　24条 ……75-77, 81, 82, 151, 155-157, 160, 163, 165, 166, 172, 178, 180, 182, 187
　　24条4項 ………158, 166, 167, 176, 177
　　24条5項 ………158, 167, 173, 177, 182
　　24条5項(a) ……………………158, 167, 174
　　24条5項(b) ……………………………158, 177
　　24条5-9項 ……………………………166
　　24条6項 ……………………………………174

24条7項(a) ………………158, 161, 164
24条8項 …………157, 158, 167, 177, 182
24条8項(a) …………167, 170, 171, 173
24条8項(b) ……………………167, 171, 173
開発途上国に対する特別待遇の許与に関する1979年11月28日のガット総会決定 ……………………………………157
実質上のすべての貿易 …………165-170, 180, 182
実質的に同一の ……………167, 170, 171
その他の制限的通商規則 ……………165, 167, 168, 171
他の通商規則 ……………………175, 177
活動支持（operational support） ………134
カリブ共同体（Caribbean Community） ……………………………………………127
カルタヘナ条約 ……………………………220
環境保護 ……………………………………153
関税同盟 ……42, 48, 74, 75, 77, 155, 157, 158, 160, 164, 166-168, 170-175, 177, 178
関税の全般的水準 …………………173, 174
関税品目分類 …………………169, 170, 175
寛容の原則 ………………………………25, 26
北大西洋自由貿易地域（NAFTA） ……155
北大西洋条約機構（NATO） ………126, 127, 134, 148
規模の経済 …………………………………156
キューバのミサイル危機 …………………118
協議（consultation） ………………………133
強制管轄権 …………………………………197
強制行動（enforcement actions） ………112, 118-126
競争的地域主義 …………………………74, 75
共同行動（joint operations） ……………134
共同配置（co-deployment） ………………134
グアテマラ問題 ……………………………124
クアラルンプール宣言 ……………91, 99, 101
組み込まれた重商主義 …………………74, 75

226

事項索引

クルーグマン（Paul Krugman）………76
グレナダ問題 ………………………121
グローバル・ロー…………………19
経済協力開発機構（OECD）………66
経済相互援助会議（CMCE）………137
経済統合協定 ………………………157
経済ブロック ………………154, 181, 183
ケルゼン……………………………17
原産地規則 ……74, 75, 78, 84, 156, 175-178
原産地証明システム ………………178
憲法の寛容 …………………22, 24, 27, 28
攻撃的一方主義……………………78
公正な貿易 …………………………182
後法優位の原則 ……………………185
国際刑事警察機構（International Criminal Police Organization）………………127
国際原子力機関（IAEA）…………97
国際裁判所 190-192, 194-196, 198, 199, 209
国際司法裁判所（ICJ）……98, 189, 192, 207
国際法人格……………………………87
国際連合
　脅威，挑戦及び変革に関するハイレヴェル委員会 …………………………109
　事務総長の友 ………………………134
　待機取決システム（United Nations Standby Arrangements System）…148
　待機部隊 ……………………………114
　国際連合安全保障理事会 ………120-124, 128, 147, 148
　　決議（SCR）841 ………………144
　　決議（SCR）867 ………………144
　　決議（SCR）1063 ………………144
　　決議（SCR）1123 ………………144
　　決議（SCR）1141 ………………144
　　決議（SCR）1542 ………………144
　経済社会理事会（ECOSOC）…137, 139, 140
　　決議1267B（XLⅢ）……………140
　　人口開発委員会 …………………139

地域委員会 ………………………110, 137
国際連合憲章
　6章 …………………………………112
　7章 …………………112, 113, 126, 127
　8章 …………………109-114, 116-118, 122, 125, 145, 147
　9章 …………………………………113
　2条4項 ……………………………120
　33条 ………………………………113
　34条 ………………………………112
　35条 ………………………………112
　39条 ………………………………120
　43条 ………………………………114
　51条 …………………113, 118, 119, 122
　52条 …………………………111, 119-121
　52条2項 ……………………………124
　53条 …………………111, 120, 122, 123
　53条1項 …………………………113
　54条 …………………………111, 119, 120
　99条 ………………………………121
　103条………………………………185
　107条………………………………112
国際連合人権高等弁務官事務所（OHCHR）
　……………………………………146
国際連合総会決議
　2011(XX) …………………………140
　GA/39/9 ……………………………144
　GA/40/5 ……………………………144
　GA/42/231…………………………142
　GA/44/7 ……………………………144
　GA/45/10 …………………………143
　GA/53/9 ……………………………143
　GA/53/91 …………………………145
　GA/53/126…………………………142
　GA/54/193…………………………144
　GA/55/10 …………………………144
　GA/55/15 …………………………143
　GA/55/179…………………………146

227

事項索引

「アフリカ難民への支援」決議 ……… 142
「アフリカにおける難民，帰還民及び避難民に対する支援」決議 ……… 141
「1990年代におけるアフリカ開発のための国連の新たな課題（UN-NADAF）」(46/151, annex) … 145
国際労働機関（ILO） ……………… 141
国内問題 ………………………… 125
国連開発計画（UNDP） ……… 135, 140
国連海洋法条約 ……………… 97, 102
国連教育科学文化機関（UNESCO） … 141
国連グアテマラ人権監視団（MIUNGUA） ……………………… 135
国連グルジア監視団（UNOMIG） … 147
国連工業開発機関（UNIDO） ……… 140
国連コソヴォ暫定行政ミッション（UNMIK） ……………………… 146
国連児童基金（UNICEF） ………… 140
国連人口基金（UNFPA） ………… 139
国連ソマリア活動（第二次）（UNOSOM II） ………………………………… 114
国連難民高等弁務官事務所規程 … 140, 141, 146
国連ハイチ安定化ミッション（MINUSTAH） …………………… 144
国連ハイチ国際文民ミッション（MICIVIH） ……………………… 144
国連ハイチ国際文民支援ミッション（MICAH） ………………… 134, 144
国連ハイチ暫定ミッション（UNTMIH） ………………………… 144
国連ハイチ支援団（UNSMIH） … 144
国連ハイチ文民警察ミッション（MIPONUH） …………………… 144
国連ハイチミッション（UNMIH） … 134, 144
国連貿易開発会議（UNCTAD） …… 140
国連保護軍（UNPROFOR） ………… 134
国連ボスニア・ヘルツェゴビナ・ミッション（UNMIBH） ……………… 135
コモンウェルス ……………………… 126
コンセンサス ………………… 164, 165
根本規範 ……………………… 17, 19

さ 行

サービス貿易 ……………………… 153
サービス貿易に関する一般協定（GATS） ……………………… 157
　5条 ………………………… 157, 163
　5条7項(a) ………………… 161, 165
最恵国待遇 ………… 71, 74, 157, 183, 184
サミュエル・ジョンソン ……………… 22
サンフランシスコ制憲会議 ……… 113
CRTA→地域貿易協定委員会
自衛権 ………………………………… 122
ジェネリック薬品 ………………… 79, 80
市場統合 ……………………………… 78
実行税率 …………………………… 174
司法のグローバル化 ………………… 31
司法パネル …………………………… 41
上海協力機構（Shanghai Cooperation Organization） ………………… 127
周　旋 ……………………………… 205
従属論 ………………………… 79, 155
集団安全保障 ……… 110, 112, 113, 115
集団安全保障条約機構（Collective Security Treaty Organization） ……… 127
集団的自衛権 ………… 113, 118, 119
柔軟性の原則 ……………………… 171
自由貿易 …………………………… 74
自由貿易協定 … 42, 48, 71, 72, 76, 78, 79, 81-84, 151, 152, 160, 166-168, 170, 172, 175-177
自由貿易地域 …… 66, 73, 77, 82, 85, 155, 157, 158, 164, 171, 175, 176, 178, 179, 219, 220
授権条項（enabling clause） ……… 157, 163

事項索引

　　4項(a) ……………………………161
シュミット ………………………17-20
Junta →アンデス共同体
小規模の非公式主義………………………70
譲許関税の停止 …………………………208
譲許税率 …………………………………174
商品の名称及び分類についての統一シス
　　テムに関する国際条約 ……………169
条約法に関するウィーン条約 ………173
　　30条 ………………………………185
　　30条1項 …………………………54
　　31条 …………………………172, 173
　　41条 ………………………………185
シラク（Jacque Chirac）………………81
シンガポール閣僚会議 …………………152
新興工業経済地域（NIEs）……………63
人口開発委員会→国際連合経済社会理事会
人口と開発に関する国際会議 …………139
人道的干渉 ………………………………122
スーパー301条 …………………………62
数量制限 ………………167, 171, 175, 177
スカラピーノ（Robert Scalapino）…63, 78
スパゲッティ・ボウル …………………74
棲み分け理論 ……………………………188
静態的効果 ………………………………154
セヴェリーノ（Rodolfo Severino）………72
世界貿易機関（WTO）……52, 64, 68, 70, 77,
　　79, 83, 139, 199, 202, 207, 215, 217
　　上級委員会 ………………53, 54, 167
　　パネル …………………………53, 54
　　紛争解決機関（DSB）………………172
　　紛争解決制度 …………………82, 203
　　紛争解決に関する了解（DSU）3条2
　　　項 ……………………………………52
セーフガード協定2条2項 ……………173
セーフガード措置 …………………172, 173
繊維および繊維製品に関する協定（ATC）
　　2条4項 …………………………167, 177

1994年の関税及び貿易に関する一般協定
　　24条の解釈に関する了解 …157, 160, 165,
　　　　　　　　　　　　　169, 170, 178
　　1項 ………………………………167
　　2項 …………………………174, 175
先決判決手続（preliminary reference）…35,
　　37, 38, 40, 41, 45, 57, 210, 212, 214-216
専門機関 …………………………113, 137
早期自主的部門別自由化（EVSL）プロ
　　グラム ……………………………69
相互依存 …………………………………78
相互主義 ……………………………206, 208
相殺関税 …………………………………47

た　行

大国集中方式（hub and spoke）………78
大東亜共栄圏 …………………………188
太平洋経済委員会（PBEC）……………64
太平洋経済協力会議（PECC）…………65
太平洋諸島フォーラム（Pacific Islands
　　Forum）…………………………127
太平洋ビジネス・フォーラム（PBF）…68
多角主義的地域主義 …………………62, 81
多角的貿易制度 …………61, 63, 67, 68, 73,
　　　　　　　　　　75-77, 81, 83, 85
地域委員会→国際連合経済社会理事会
地域化した多角主義 ……………………74
地域経済委員会 ……………………………139
地域主義 ……………………62, 64, 65, 77, 85,
　　　　　　104, 110, 111, 114, 117, 137
　　第一の波 ……………………155, 156
　　第二の波 …………………………156
　　利己的地域主義 ……………………79
地域的経済統合 ……………………………155
地域的国際組織 ……109, 112-118, 122-131,
　　　　　133, 134, 136, 137, 139-142, 147-149
地域的集団強制行動 …………………118
地域的取極 ……………110-112, 114-117, 126

229

事項索引

地域的平和活動 ……………………147
地域的貿易協定 ………62, 73, 75-78, 81-85,
　　　　　　　　　151-153, 156-165, 168,
　　　　　　　　　169, 172, 173, 175, 178-187
地域貿易協定委員会（CRTA）…82, 83, 158,
　　　　　　　　　161, 163-166, 168, 175, 179
知的財産権 ……………………………153
知的所有権の貿易関連の側面に関する協
　定（TRIPs）……………………79, 80, 178
　　TRIPs プラス ……………………81
仲　介 ……………………………………205
中間協定 ………………158, 164, 165, 170
仲　裁 ……………………………………205
チュニジア・EEC 間の連合協定（1969）
　………………………………………166
調　停 ……………………………………205
直接効果 …………………………………39
直接効果理論 ……………………………7
東京ラウンド …………………………157
当事者適格 ………………………202, 203
投資転換効果 …………………………156
動態的効果 ………………………154, 156
東南アジア諸国連合（Association of
　Southeast Asia Nations, ASEAN）……62,
　　　　　64-68, 72, 73, 78, 87-90, 92-95,
　　　　　97-104, 115, 127, 155, 220
　　ASEAN 10 ………………………90, 96, 100
　　ASEAN 事務局設立協定 ……………88
　　ASEAN 地域フォーラム ……………99
　　ASEAN 特恵貿易取極 ……………181
　　ASEAN＋3（APT）………………72, 83
　　平和・自由・中立地帯（ZOPFN）構想
　　　…………………………90-93, 95, 99, 100
東南アジア非核兵器地帯（SEANWFZ）
　　……………92-94, 96-98, 100, 102, 103
東南アジア非核（兵器）地帯条約（バン
　コク条約）………………89, 92-99, 100-104
東南アジア友好協力条約 ……91, 99, 100

ドーハ開発ラウンド ……………………70
ドーハ閣僚会議 …………………79, 153
独立国家共同体（CIS）……………126, 134
特許強制実施許諾 ………………………79
特恵関税 …………………………179, 180
特恵制度 …………………………………76
特恵的貿易取極（協定）…………152, 157
ドミニカ危機 ……………………117, 119
ドミノ効果 ………………………………72
トラテロルコ条約 …………………96, 98
TRIPs→知的所有権の貿易関連の側面に関
　する協定
トルコ繊維事件 ……167, 171, 174, 175, 177

な　行

NATO→北大西洋条約機構
NAFTA→北米自由貿易協定
南米南部共同市場（MERCOSUR）…47-50,
　　　　　　　　　　　　　156, 173
難民条約 ………………………………141
ニース条約 ……………………………4-9, 14
　　307条……………………………………184
　　ニース条約 bis ……………………7, 8
西アジア経済社会委員会 …………137-139
西アフリカ経済通貨連合……………………51
西アフリカ諸国経済共同体（ECOWAS）
　　……………………………122-125, 127, 134
西ヨーロッパ同盟（WEU）……………127

は　行

ハイダー（Jörg Haider）…………………23
ハイチ→国連ハイチ
バグワティ（Jagdish Bhagwati）72, 78, 79,
　　　　　　　　　　　　　　152
ハバナ会議 ……………………………174
パレスティナ問題 ……………………144
バンコク条約（東南アジア非核（兵器）
　地帯条約）………………89, 92-99, 100-104

230

バンコク宣言·················87, 90, 99, 100
　2条·································90
反植民地主義·····························155
ハント (Paul Hunt) ·······················80
反動的地域主義·························73, 74
PKO →平和維持活動
非核兵器地帯構想······················91, 92
非核兵器地帯に関する宣言················93
東アジア経済協議体 (EAEC) ············74
東アジア経済圏構想 (EAEG) ············74
東カリブ諸国機構 (OECS) ·········121, 122
非関税障壁································49
非軍事的強制措置·······················119
非特恵・無差別原則······················159
開かれた地域主義············62, 67, 68, 83, 84
封　鎖··································119
ブートロス・ガリ (Bhutrous Gali) ·······114
不干渉原則·······························99
フランス国際機構 (International
　Organization of la Francophonie)
文理解釈的アプローチ···················173
米加自由貿易協定·······················177
平均関税·······························174
米国小麦グルテン事件··············172, 173
米州機構 (Organization of American
　States, OAS) ···115, 117-120, 124, 125, 127,
　　　　　　　　　133-135, 137, 138, 142-144
　対話の文化：グアテマラにおける平和
　　構築のための人材開発 (PROPAZ)
　　·································135
　米州機構ハイチ国際文民ミッション
　　(MICIVIH) ······················134
　米州機構ハイチ民主政治強化特別使節
　　団·······························135
米州自由貿易協定 (FTAA) ··············76
米州自由貿易地域 (FTAA) ··········47, 152
米州人権裁判所··························50
米州人権条約····························50

55条····································51
米州平和部隊 (Inter-American Peace
　Force, IAPF) ···············117, 119, 120
平和維持活動 (PKO) ······110, 114, 117, 120,
　　　　　　　　　122-126, 131, 134, 148
平和維持軍·····························125
平和構築 (peace-building) ···128, 131, 148
「平和構築における協力のための枠組」
　·····································128
「平和への課題(An Agenda for Peace)」
　································114, 117
平和執行部隊 (PEU) ···················114
ペリンダバ条約··························96
貿易政策検討制度 (TPRM) ··········82, 83
貿易創出効果···························183
貿易転換·····························74, 81
貿易転換効果···············75, 154, 180, 183, 187
防止外交···························114, 127
法令遵守 (compliance) ·······192-195, 197,
　　　　　　　　　200, 201, 209, 219, 221, 222
北米自由貿易協定 (NAFTA) ·······47-49, 66,
　　　　　　　　　74, 79, 153, 156, 172, 182, 207
　103条2項························184, 185
ボゴール宣言····························69
保護主義································62
ポルトガル語諸国共同体 (Community of
　Portuguese-Speaking Countries) ······127

ま 行

マーストリヒト条約····················4, 7
マハティール····························73
ミニ・ラテラリズム······················70
無害通航権··························97, 103
無効確認訴訟 (actions for nullity) ······45
無差別原則·····························160
メガ関税同盟····························85
MERCOSUR (メルコスール) →南米南部
　共同市場

231

事項索引

黙示的権限理論 ……………………………7

や 行

優越性……………………………7, 16, 17, 39
UNHCR →国連難民高等弁務官事務所
UNDP →国連開発計画
輸出自主規制（VERs）……………………61
UNICEF →国連児童基金
UNIDO →国連工業開発機関
UNESCO →国連教育科学文化機関
緩やかな制度化……………………………70
緩やかな制度尊重主義……………………67
ヨーロッパ共同市場 ……………………181
ヨーロッパ共同体（European Community, EC）……………4, 11, 33, 44, 45, 49, 57, 66, 115, 152, 158, 159, 170, 172, 177, 178, 182, 210, 212, 214-216, 220
　単一欧州議定書 ……………………………4
　ヨーロッパ委員会 ……………34, 36, 201
　ヨーロッパ議会 ……………………………8
ヨーロッパ共同体設立条約 ………24, 44, 166, 167, 220
　68条 ………………………………………37
　224条 ……………………………………40
　225条 ……………………………………41
　226条 ……………………………………38
　228条 ……………………………………58
　234条 ………………………………37, 38, 184
　292条 …………………………………34, 46
　300条6項 ………………………………34
ヨーロッパ経済協定（EEA）…………43, 44
　108条 ……………………………………44
ヨーロッパ経済共同体（European Economic Community, EEC）………34, 43, 137, 155, 176, 178, 181, 214, 219, 220
ヨーロッパ原子力共同体（EAEC）………34
ヨーロッパ憲法…………10, 11, 15, 16, 22
ヨーロッパ憲法条約（TECE）…3, 5, 15, 35

　Ⅳ437条1項 ……………………………11
　Ⅳ438条1項 ……………………………11
　Ⅳ443条1項 ……………………………12
ヨーロッパ裁判所（European Court of Justice, ECJ）……………32-40, 42-46, 52, 54-57, 190, 208, 210-220
　第一審裁判所 ………………………34, 40, 41
　法務官 ……………………………………35, 36
ヨーロッパ裁判所規程
　20条5項……………………………………36
　49条 ………………………………………40
ヨーロッパ自由貿易連合（European Free Trade Association, EFTA）………43-46, 57, 152, 166, 170, 176, 220
ヨーロッパ自由貿易連合監視委員会……45
ヨーロッパ自由貿易連合裁判所…32, 42-47
ヨーロッパ審議会（Council of Europe）
　………………………………127, 137, 200
ヨーロッパ人権裁判所（ECHR）…32, 42-44, 50, 56, 200, 208
ヨーロッパ人権条約…………………………43
　22条 ………………………………………43
　45条2項 …………………………………44
ヨーロッパ政治共同体 …………………220
ヨーロッパ石炭鉄鋼共同体（ECSC）……6, 34, 219
ヨーロッパ防衛共同体 …………………220
ヨーロッパ理事会 ……………………6, 12
ヨーロッパ連合（European Union, EU）
　…4, 8, 11, 33, 55-59, 74, 126, 138, 217, 221
ヨーロッパ連合行政裁判所………………34
ヨーロッパ連合条約35条…………………37
ヨーロッパ連合法 …………………………8

ら 行

ラウンド交渉 ……………………………155
ラテン・アメリカエネルギー機構（OLADE）……………………………138

ラテン・アメリカ・カリブ経済委員会
　　……………………………………138
ラテン・アメリカ自由貿易連合（LAFTA）
　　…………………………………155, 220
ラロトンガ条約………………………96
リオ条約………………………………119
　6条…………………………………118
利己的地域主義………………………79
利己的覇権主義………………………79
立憲主義………………………………16
リベリア問題……………………122, 125

流民問題………………………………144
レバノン問題……………………120, 125, 144
ローマ条約（1957年）………………166, 167,
　　　　　　　　　　　　　　　181, 184, 220
ロベール・シューマン（Robert Schuman）
　　……………………………………220

わ 行

枠組条約………………………………186
WTO →世界貿易機関

──────── 成蹊大学アジア太平洋研究センター叢書 ────────

『太平洋国家オーストラリア』(川口浩・渡辺昭夫編)、アジア太平洋研究センター、東京、1988年

『アジア経済研究──貿易・投資・技術政策の展開──』(関口末夫・大野昭彦編著)、アジア太平洋研究センター、東京、1991年

『農村地域の近代化と内発的発展論──日中「小城鎮」共同研究──』(宇野重昭・朱通華編)、アジア太平洋研究センター、東京、1991年

『デモクラシーの未来──アジアとヨーロッパ──』(加藤節編)、アジア太平洋研究センター、東京、1993年

『難　民』(加藤節・宮島喬編)、アジア太平洋研究センター、東京、1993年

『内発的発展と外向型発展──現代中国における交錯──』(宇野重昭・鶴見和子編)、アジア太平洋研究センター、東京、1994年

『マス・メディアと国際関係──日本・韓国・中国の国際比較──』(内川芳美・柳井道夫編)、アジア太平洋研究センター、東京、1994年

『癒しと和解──現代における CARE の諸相──』(新屋重彦・島薗進・田邊信太郎・弓山達也編)、アジア太平洋研究センター、東京、1995年

『企業のグローバル化と管理会計』(伊藤嘉博編)、アジア太平洋研究センター、東京、1995年

East Asian Economies: Transformation and Challenges, Toshihiko Kawagoe & Sueo Sekiguchi, eds., Institute of Southeast Asian Studies, シンガポール、およびアジア太平洋研究センター、東京、1995年

『戦前期日本の貿易と組織間関係──情報・調整・協調──』(松本貴典編著)、アジア太平洋研究センター、東京、1996年

『中国とロシアの産業変革──企業改革と市場経済──』(長岡貞男・馬成三・S．ブラギンスキー編著)、日本評論社、東京、1996年

『ベトナムとタイ──経済発展と地域協力──』(礒部啓三編)、大明堂、東京、1998年

『エネルギーと環境──アジアを中心に──』(高木新太郎・小島紀徳編)、日本評論社、東京、1999年

Dreams and Dilemmas: Economic and Dispute Resolution in the Asia-Pacific, Koichi Hamada, Mitsuo Matsushita, & Chikara Komura eds., Institute of Southeast Asian Studies、シンガポール、およびアジア太平洋研究センター、東京、2000年

『ことばと共生』(桂木隆夫編)、三元社、東京、2003年

『経済現象と法』(松下満雄編)、商事法務、東京、2003年

『現代中国的制度与文化』(石剛編著)、香港社会科学出版社、香港、2004年

『からだはどこにある？』(日比野啓、村山敏勝、三浦玲一、吉原ゆかり編著)、彩流社、東京、2004年

『生産と流通の近代像』(松本貴典編)、日本評論社、東京、2004年

『マス・メディアと冷戦後の東アジア』(奥野昌宏編)、学文社、東京、2005年刊行

『日韓の地方自治と地域開発』(小原隆治・趙文富編)、第一書院、東京、2005年刊行

『家族の変容とジェンダー』(富田武・李静和編)、日本評論社、東京、2006年刊行

Nation-States and Media, kenji Suzuki ed., Akashishoten, 東京、2007年

『辺縁のアジア』(新屋重彦、綾部真雄、阿部年晴編)、明石書店、東京、2007年刊行

『日常生活の誕生──戦間期日本の文化変容──』(バーバラ・佐藤編)、柏書房、東京、2007年刊行

『教育の政治経済分析──日本・韓国における学校選択と教育財政の課題──』(中神康博・Taejong Kim 編)、シーエーピー出版、東京、2007年刊行

────成蹊大学アジア太平洋研究センター叢書についての問い合わせ先────
成蹊大学アジア太平洋研究センター　電話 0422-37-3549
Fax 0422-37-3866
E-mail： caps@jim.seikei.ac.jp

【編著者】
廣部　和也（ひろべ　かずや）
〔成蹊大学法科大学院〕

【執筆者】（執筆順）
ジョゼフ・ワイラー（Joseph H. H. Weiler）
〔New York University School of Law〕

イモーラ・シュトレーホ（Imola Streho）
〔European Court of Justice〕

チョ・ソンジュン（Cho Sungjoon）
〔Chicago-Kent College of Law〕

小沼　史彦（こぬま　ふみひこ）
〔成蹊大学法学部〕

荒木　教夫（あらき　のりお）
〔白鷗大学法学部〕

キャレン・アルター（Karen Alter）
〔Northwestern University Evanston, IL〕

成蹊大学アジア太平洋研究センター叢書

地域主義の制度論的研究

2008(平成20)年3月20日　第1版第1刷発行　9138-0101

編者　廣部和也
発行　不磨書房
〒113-0033　東京都文京区本郷6-2-9-302
TEL 03-3813-7199／FAX 03-3813-7104

発売　㈱信山社
〒113-0033　東京都文京区本郷6-2-9-102
TEL 03-3818-1019／FAX 03-3818-0344

Printed in Japan　　　　henshu@shinzansha.co.jp

© Seikei University Center for Asian and Pacific Studies 2008.
印刷・製本／松澤印刷・大三製本
ISBN978-4-7972-9138-4 C3332　分類329.401

新しい制度が利用者に有益であるためには
基本的な価値と方向を明確にしておく必要がある。
成年後見の原理(プリンシプル)を問う、画期的な本の誕生!
福祉、法制度、倫理、そして社会の現実から、
改めて自己決定と保護のディレンマを見直す。

細川瑞子(みずこ) 著

知的障害者の
成年後見の原理
プリンシプル
―自己決定と保護から新たな関係の構築へ―

A5変判 352頁　　定価:3,200円(税別)

成年後見制度に関わる人たち、関心を持つすべての人たちが成年後見とは何なのか改めて確認し、知的障害者のベスト・インタレスト(最善の利益)を見い出すための背景的原理を探るバイブル的著書。

- 第1章 成年後見制度の成立
- 第2章 障害者の自立と自己決定
- 第3章 自己決定とは何か
- 第4章 現代社会における知的障害者
- 第5章 知的障害者と成年後見制度
- 第6章 知的障害者との新たな関係の構築

――著者紹介――

著者は最重度の知的障害者の親であることを原点に、弁護士の夫とともに長年相談事業に携わってきたが、知的障害者の成年後見のあり方を大学院で研究。富山市在住。

全日本手をつなぐ育成会 中央相談室長
富山県手をつなぐ育成会 理事
社会福祉士

防災行政と都市づくり
─事前復興計画論の構想─

ISBN978-4-7972-9166-7　定価：本体4800円＋税

三井 康壽(やすひさ) 著

災害に備えた都市と事前復興計画

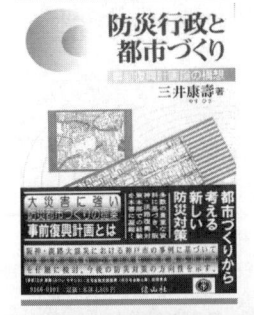

地震に対しては"備える"こと、さらには事前の復興計画こそが最も大切であることを、阪神・淡路大震災をはじめ幾多の例から提言する。

必ずくる災害に備えた都市の改修、防災都市づくりと事前復興計画は、いま行政に求められている最重要課題である。阪神・淡路復興対策本部での貴重な経験と克明な資料に基づく教訓は、行政・市民（住民）ともに実践を迫られている。

本書の内容

◆序章　防災行政と都市づくりの課題／防災対策のカテゴリー（初動・一時施設・復興計画）◆第1章　大震災時における初動体制と防災都市計画／防災対策の経緯／初動体制／初動体制の問題点の整理／初動体制の抜本改善／地震被害早期予測システムの確立／木造密集市街地の防災化へのGISの適用◆第2章　スペア都市計画論／阪神・淡路大震災で直面した課題／避難所／仮設住宅／がれき／スペア都市計画論◆第3章　復興計画／復興計画のリスクマネジメント／国家としてのリスクマネジメント／計画行政リスクマネジメント／合意形成プロセスの形成／事前復興計画論─予防的リスクマネジメント◆第4章　まとめと今後の課題

三井 康壽（みつい やすひさ）

住宅金融支援機構(旧住宅金融公庫) 副理事長　工学博士
1963年 東京大学法学部卒業、建設省入省、同省都市局都市計画課、区画整理課を経て熊本県政策審議員（天草大災害復興担当）、1992年 住宅局長、1995年 国土庁事務次官兼総理府阪神・淡路復興対策本部事務局長、2000年 建設経済研究所理事長

〒113-0033　東京都文京区本郷6-2-9-101　東大正門前
TEL:03(3818)1019　FAX:03(3818)0344　E-MAIL:order@shinzansha.co.jp
信山社
http://www.shinzansha.co.jp

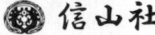

浅田正彦・戸﨑洋史 編

核軍縮不拡散の法と政治

黒澤満先生退職記念

ISBN978-4-7972-9176-6 定価：12,000円（税込）

逼迫する核問題の現状分析と研究

本書の内容

NPT体制の動揺と国際法〔浅田正彦〕／安全保障と軍備管理〔納家政嗣〕／核軍縮・不拡散問題における国際機関の役割と課題〔阿部信泰〕／日本の軍縮・不拡散政策〔天野之弥〕／戦略核軍縮の現状と課題〔岩田修一郎〕／核軍備管理における「レーガン再評価」の考察〔吉田文彦〕／米国核政策の展開〔梅本哲也〕／中国と核軍縮〔小川伸一〕／欧州における核軍縮・不拡散〔佐渡紀子〕／多国間核軍縮・不拡散交渉と核敷居国問題〔広瀬訓〕／核実験の禁止と検証〔一政祐行〕／核軍縮と広島・長崎〔水本和実〕／核兵器拡散防止のアプローチ〔戸﨑洋史〕／核拡散問題と検証措置〔菊地昌廣〕／平和利用の推進と不拡散の両立〔秋山信将〕／中国向け輸出管理〔村山裕三〕／核不拡散の新しいイニシアティヴ〔青木節子〕／米国の核不拡散政策〔石川卓〕／6者会談と北朝鮮の原子力「平和利用」の権利〔倉田秀也〕／中東の核問題と核不拡散体制〔堀部純子〕／非核兵器地帯〔石栗勉〕／北東アジア非核兵器地帯の設立を求めるNGOの挑戦〔梅林宏道〕／核テロリズム〔宮坂直史〕／核セキュリティと核不拡散体制〔宮本直樹〕

信山社

〒113-0033 東京都文京区本郷6-2-9-101 東大正門前　TEL:03(3818)1019
http://www.shinzansha.co.jp

待望の刊行

国際人権法学会15周年記念刊行

国際人権法学の集大成

編集代表
芹田健太郎・棟居快行・薬師寺公夫・坂元茂樹

講座国際人権法1・2

1 国際人権法と憲法

¥11,000(税別)
ISBN4-7972-1681-6

『講座国際人権法1 国際人権法と憲法』
発刊にあたって
第1部 最高裁判所と国際人権
1 国際人権法と裁判所…伊藤正己
2 最高裁判所における国際人権法の適用状況…園部逸夫
第2部 人権条約と憲法
3 憲法秩序と国際人権…佐藤幸治
4 国際法学からみた自由権規約の国内実施…薬師寺公夫
5 国法体系における条約と法律の関係…齊藤正彰
6 人権実施機関の判断の法的地位…佐藤文夫
7 人権条約の解釈の発展とその陥穽…坂元茂樹
8 フランスの人権保障における人権条約の影響…建石真公子
9 ヨーロッパ人権条約とイギリス1998年人権法…江島晶子
10 国家の基本権保護義務…小山 剛
11 第三者効力論の新展開…棟居快行
第3部 戦後補償と人権
12 戦後補償の理論問題…藤田久一
13 社会権立法と国籍条項…小山千蔭
14 戦後補償と立法不作為…山元 一
15 請求権放棄条項の解釈の変遷…小畑 郁
第4部 人権保障の新たな可能性
16 国際人権保障の展開とNGOの役割…今井 直
17 地域的人権機関の役割と課題…芹田健太郎
付・国際人権法学会15年の歩み…薬師寺公夫

2 国際人権規範の形成と展開

¥12,800(税別)
ISBN4-7972-1682-4

『講座国際人権法2 国際人権規範の形成と展開』
発刊にあたって
第1部 平等権・差別禁止
1 人種差別撤廃条約における私的人種差別の規制…村上正直
2 差別的表現と民事救済…内野正幸
3 女性差別の撤廃…申 惠丰
4 女性差別撤廃条約と企業の差別是正義務…浅倉むつ子
第2部 人身の自由と公正な手続
5 恣意的逮捕・拘禁からの自由の現代的課題…北村泰三
6 武器対等の原則及び国際刑事系統における展開…東澤 靖
7 少年法改正と国際人権法…葛野尋之
8 子供に対する暴力(体罰)…大谷美紀子
第3部 精神的自由
9 国際人権法における表現の自由…阿部浩己
10 表現の自由とその限界…川岸令和
11 宗教的自由と国際人権…小泉洋一
第4部 マイノリティの権利
12 マイノリティの文化的権利…窪 誠
13 先住民族の権利と環境…苑原俊明
14 二風谷ダム判決の国際法上の意義…岩沢雄司
第5部 社会的権利
15 憲法学における社会権の権利性…戸波江二
16 国際人権条約における社会権の権利性…中井伊都子
17 社会権規約の裁判適用可能性…藤原精吾
第6部 出入国管理と人権
18 外国人の入国・在留と退去強制…菅 充行
19 難民認定手続と申請者の権利…久保教彦
20 外国人住民の地方参政権…近藤 敦
21 生活保護法の外国人への適用…武村二三夫

◆既刊・新刊のご案内◆

gender law books

ジェンダーと法
辻村みよ子 著　■本体 3,400円 （税別）

導入対話による
ジェンダー法学【第2版】
監修：浅倉むつ子／阿部浩己／林瑞枝／相澤美智子
山崎久民／戒能民江／武田万里子／宮園久栄／堀口悦子　■本体 2,400円 （税別）

オリヴィエ・ブラン 著・辻村 みよ子 監訳
オランプ・ドゥ・グージュ —フランス革命と女性の権利宣言—
【共訳／解説】辻村みよ子／太原孝英／高瀬智子　■本体 3,500円 （税別）（近刊）

パリテの論理
男女共同参画へのフランスの挑戦
糠塚康江 著
待望の1作　■本体 3,200円 （税別）

ドメスティック・バイオレンス
戒能民江 著　A5変判・上製　■本体 3,200円 （税別）

キャサリン・マッキノンと語る
ポルノグラフィと買売春
角田由紀子
ポルノ・買売春問題研究会
9064-1　四六判　■本体 1,500円 （税別）

法と心理の協働
二宮周平・村本邦子 編著
松本克美／段林和江／立石直子／桑田道子／中村正／杉山暁子／松村歌子

浅倉むつ子・角田由紀子 編著
比較判例ジェンダー法
相澤美智子／小竹聡／齋藤笑美子／谷田川知恵／岡田久美子／
中里見博／申ヘボン／糠塚康江／大西祥世
ジェンダーセンシティブな法学の構築

発行：不磨書房　TEL 03(3813)7199 ／ FAX 03(3813)7104 Email：hensyu@apricot.ocn.ne.jp
発売：信 山 社　TEL 03(3818)1019 FAX 03(3818)0344 Email:order@shinzansha.co.jp

刑事訴訟法講義【第4版】　渡辺咲子 著
◇法科大学院未修者　基礎と実務を具体的に学ぶ　さらに充実　■本体 3,400 円（税別）

憲　法【第3版】　☆ポイントを押さえた分りやすい基本書
工藤達朗／畑尻剛／橋本基弘　■本体 3,200 円（税別）

◆はじめて学ぶひとのための　法律入門シリーズ◆　　［学部・LS 未修者に］

プライマリー 法学憲法
石川明・永井博史・皆川治廣 編
■本体 2,900 円（税別）

プライマリー 刑事訴訟法【第2版】　椎橋隆幸 編
■本体 2,900 円（税別）

みぢかな民事訴訟法【第4版】　石川 明 編　■本体 2,400 円（税別）

みぢかな 国際法入門　松田幹夫 編著　9077-3
鈴木淳一／安保公人／中村恵／一ノ瀬高博　■本体 2,400 円（税別）

トピック 社会保障法【第2版】　本澤巳代子・新田秀樹 編著
原田啓一郎／中江章浩／小西啓文／増田幸弘／橋爪幸代／脇野幸太郎　■本体 2,400 円（税別）

ＡＤＲの基本的視座　早川吉尚・山田 文・濱野 亮 編
垣内秀介／高橋 裕／和田仁孝／谷口安平／谷口安平／中村芳彦　■本体 3,600 円（税別）

日本の人権／世界の人権　9299-7
横田洋三 著　四六判　■本体 1,600 円（税別）

■スポーツ法■
導入対話による スポーツ法学【第2版】
9108-7
小笠原正／井上洋一／川井圭司／齋藤健司／諏訪伸夫／濱野吉生／森浩寿　2,900 円（税別）

小笠原正・塩野宏・松尾浩也（編集代表）　【編集委員】
スポーツ六法2008
浦川道太郎／川井圭司／菅原哲朗／高橋雅夫／道垣内正人／濱野吉生／守能信次／森 浩寿／吉田勝光
事故防止からビジネスまで　信山社　3,000 円（税別）

発行：不磨書房／発売：信 山 社

■ファンダメンタル法学講座■

民法 1 総則
9242-3
草野元己／鹿野菜穂子／岸上晴志
清原泰司／中山知己
本体 2,800 円 (税別)

民法 2 物権
9243-1
清原泰司／鹿野菜穂子／岸上晴志／中山知己／
草野元己／鶴井俊吉
本体 3,400 円 (税別)

民事訴訟法
9249-0
中山幸二／小松良正／近藤隆司／山本研
定価：本体 2,800 円 (税別)

■導入対話シリーズ■

導入対話による民法講義（総則）【第4版】 9259-8　■ 2,900円 (税別)
橋本恭宏／松井宏興／清水千尋／鈴木清貴／渡邊力

導入対話による民法講義（物権法）【第2版】 9104-4　■ 2,900円 (税別)
松井宏興／鳥谷部茂／橋本恭宏／遠藤研一郎／太矢一彦

導入対話による民法講義（債権総論） 9213-X　■ 2,600円 (税別)
今西康人／清水千尋／橋本恭宏／油納健一／木村義和

導入対話による刑法講義（総論）【第3版】 9083-8　■ 2,800円 (税別)
新倉 修／酒井安行／高橋則夫／中空壽雅
武藤眞朗／林美月子／只木 誠

導入対話による商法講義（総則・商行為法）【第2版】 9084-6　■ 2,800円 (税別)
中島史雄／末永敏和／西尾幸夫
伊勢田道仁／黒田清彦／武知政芳

導入対話による国際法講義【第2版】 9091-9　■ 3,200円 (税別)
廣部和也／荒木教夫　共著

導入対話による医事法講義 9269-5　■ 2,700円 (税別)
佐藤 司／田中圭二／池田良彦／佐瀬一男／転法輪慎治／佐々木みさ

導入対話によるジェンダー法学【第2版】 9130-3　■ 2,400円 (税別)
浅倉むつ子／相澤美智子／山崎久民／林瑞枝／戒能民江
阿部浩己／武田万里子／宮園久栄／堀口悦子

導入対話によるスポーツ法学【第2版】 9108-7　■ 2,900円 (税別)
井上洋一／小笠原正／川井圭司／齋藤健司／諏訪伸夫／濱野吉生／森浩寿

発行：不磨書房／発売：信山社